ESTUDOS CRÍTICOS DE TEORIA GERAL DO ESTADO

"EM HOMENAGEM À CÁTEDRA DO PROFESSOR TITULAR DE TEORIA GERAL DO ESTADO, JOSÉ LUIZ BORGES HORTA"

ORGANIZADORES

Onofre Alves Batista Júnior
Flávia Gomes Santolin Perim
Júlia Cardoso Bernardes Pires
Lucas Cunha do Valle Poubel

ESTUDOS CRÍTICOS DE TEORIA GERAL DO ESTADO

"EM HOMENAGEM À CÁTEDRA DO PROFESSOR TITULAR DE TEORIA GERAL DO ESTADO, JOSÉ LUIZ BORGES HORTA"

ORGANIZADORES

Onofre Alves Batista Júnior
Júlia Cardoso Bernardes Pires
Flávia Gomes Santolin Perim
Lucas Cunha do Valle Poubel

CASA DO DIREITO

Diretor Editorial | **Gustavo Abreu**
Diretor Administrativo | **Júnior Gaudereto**
Diretor Financeiro | **Cláudio Macedo**
Logística | **Vinícius Santiago**
Comunicação e Marketing | **Giulia Staar**
Assistente de Marketing | **Carolina Pires**
Assistente Editorial | **Matteos Moreno e Sarah Júlia Guerra**
Designer Editorial | **Gustavo Zeferino e Luís Otávio Ferreira**

Dados Internacionais de Catalogação na Publicação (CIP) de acordo com ISBD

E82 Estudos críticos de teoria geral do estado / André Felipe Reis Mendes...[et al.] ; organizado por Onofre Alves Batista Júnior...[et al.]. - Belo Horizonte, MG : Casa do Direito, 2021.
270 p. ; 15,5cm x 22,5cm.

Inclui bibliografia e índice.
ISBN: 978-65-5932-142-1

1. Direito. 2. Teoria geral do estado. 3. Estudos críticos. I. Mendes, André Felipe Reis. II. Ulhoa, André Santos III. Silva, Annache Valverde Rocha Diniz e. IV. Leite, Antônio Lucas Rocha. V. Santos, Arthur Bernardo Pereira dos. VI. Barbosa, Bianca Lopes Pereira. VII. Costa, Bruna Assumpção. VIII. Abreu, Camila Cristina de Moura. IX. Ferreira, Carlos Henrique Silva. X. Camargos Júnior, Cláudio Mateus de. XI. Lemos, Daniel Augusto Teodoro. XII. Rocha, Diego Pabulo Pinto Pereira da. XIII. Reis, Edmar dos. XIV. Souza, Eduardo Bruno das Graças Barreto de. XV. Fonseca, Eliabe Salatiel Barbosa. XVI. Araújo, Elisa Costa Batista. XVII. Silva, Esther Rodrigues da. XVIII. Pereira, Felipe Lacerda Garcia. XIX. Ferreira, Fernanda Lemos. XX. Perim, Flávia Gomes Santolin. XXI. Soares, Frederico Antonio. XXII. Lopes, Gabriel Augusto de Oliveira. XXIII. Santos, Gabriel Oliveira. XXIV. Mello, Gabriel Santos De. XXV. Cavalieri, Gabriela. XXVI. Ganda, Geovanna Magalhaes. XXVII. Neiva, Giovanna Luiz. XXVIII. Lei, Giulia Calheiros. XXIX. Coura, Gustavo Campos. XXX. Amaral, Hugo Gabriel Machado. XXXI. Matias, Isadora Albino. XXXII. Batista, Jéssica Virgínia da Silva. XXXIII. Brandão, João Marcelo de Paiva. XXXIV. Silva, João Vítor Fortes de Araujo e. XXXV. Silva, Joao Vitor Mendes da. XXXVI. Pires, Júlia Cardoso Bernardes. XXXVII. Soara, Júlia Ferreira De Menezes. XXXVIII. Bortot, Laís Lima. XXXIX. Tebúrcio, Larissa Nunes. XL. Ferreira, Leonardo Tomaz. XLI. Poubel, Lucas Cunha do Valle. XLII. Resende, Lucas Perry. XLIII. Oliveira, Luísa Lobato. XLIV. Silva, Luiz Henrique Rodrigues. XLV. Moreira, Luiz Pedro Dias. XLVI. Campos, Luiza Nunes. XLVII. Castro, Luiza Resende Costa. XLVIII. Pires, Marcella Caldas Avelino. XLIX. Oliveira, Marcella Reis de. L. Alves Filho, Marcos Henrique Domiciano. LI. Bicalho, Maria Alice Silva. LII. Moura, Maria Eduarda Vieira. LIII. Evangelista, Mariana Coelho. LIV. Ferreira, Mariana Rodrigues. LV. Nascimento, Matheus De Almeida. LVI. Figueiredo, Nathalia Melo. LVII. Pereira, Nicolas Santana. LVIII. Capelari, Osvaldo Mendonça. LIX. Soares, Pedro Henrique Rodrigues Ribeiro. LX. Cruz, Pedro Lucas Moura de Almeida. LXI. Andrade, Pedro Silluzio Ferreira. LXII. Rodrigues, Rafael Dias. LXIII. Bicalho, Rafael Martins Lobato. LXIV. Alves, Rafael Teldo Fonseca. LXV. Paiva, Rafaela Amaral Soares de. LXVI. Silva, Rafaela Assan Lopes da. LXVII. Siqueira, Rayssa Victória Nunes. LXVIII. Gontijo, Roberta Puccini. LXIX. Gontijo, Roberta Puccini. LXX. Silva, Samara Amorim. LXXI. Souza, Sarah Franco de Souza e. LXXII. Oliveira, Sarah Paula. LXXIII. Discacciati, Sofia Soares. LXXIV. Mendes, Tarcísio Mateus Martins. LXXV. Souza, Thalles Valerio Alves de. LXXVI. Carneiro, Thauane Rocha. LXXVII. Enk, Theresa. LXXVIII. Lima, Tiago Saraiva. LXXIX. Gonçalves, Tiago Zimermann de Queiroz. LXXX. Godoy, Yara Pena. LXXXI. Batista Júnior, Onofre Alves. LXXXII. Título.

CDD 340
2021-4477 CDU 34

Elaborado por Odilio Hilario Moreira Junior - CRB-8/9949

Índice para catálogo sistemático:
1. Direito 340
2. Direito 34

Belo Horizonte - MG
Rua Magnólia, 1086
Bairro Caiçara
CEP 30770-020
Fone 31 3327-5771
contato@editoraletramento.com.br
editoraletramento.com.br
casadodireito.com

Grupo Editorial Letramento
CASA DO DIREITO

Casa do Direito é o selo jurídico do Grupo Editorial Letramento

LISTAGEM DE AUTORES

ALUNOS DO 1º SEMESTRE DE 2020

Bianca Lopes Pereira Barbosa

Bruna Assumpção Costa

Carlos Henrique Silva Ferreira

Daniel Augusto Teodoro Lemos

Diego Pabulo Pinto Pereira da Rocha

Eduardo Bruno das Graças Barreto de Souza

Eliabe Salatiel Barbosa Fonseca

Elisa Costa Batista Araújo

Frederico Antonio Soares

Gabriel Augusto de Oliveira Lopes

Giulia Calheiros Lei

Jéssica Virgínia da Silva Batista

João Marcelo de Paiva Brandão

Júlia Ferreira de Menezes Soara

Leonardo Tomaz Ferreira

Luiz Henrique Rodrigues Silva

Luiz Pedro Dias Moreira

Luiza Nunes Campos

Marcella Caldas Avelino Pires

Marcella Reis de Oliveira

Marcos Henrique Domiciano Alves Filho

Maria Alice Silva Bicalho

Maria Eduarda Vieira Moura

Maria Eduarda Vieira Moura

Mariana Coelho Evangelista

Mariana Rodrigues Ferreira

Matheus De Almeida Nascimento

Pedro Henrique Rodrigues Ribeiro Soares

Rafaela Assan Lopes da Silva

Samara Amorim Silva

Sarah Paula Oliveira

Sofia Soares Discacciati

Thalles Valerio Alves de Souza

Thauane Rocha Carneiro

Theresa Enk

Tiago Saraiva Lima

Yara Pena Godoy

ALUNOS DO 2º SEMESTRE DE 2020

André Felipe Reis Mendes

André Santos Ulhoa

Annache Valverde Rocha Diniz e Silva

Antônio Lucas Rocha Leite

Arthur Bernardo Pereira dos Santos

Camila Cristina de Moura Abreu

Cláudio Mateus de Camargos Júnior

Edmar dos Reis

Esther Rodrigues da Silva

Felipe Lacerda Garcia Pereira

Fernanda Lemos Ferreira

Gabriel Oliveira Santos

Gabriel Santos De Mello

Gabriela Cavalieri

Geovanna Magalhães Ganda

Giovanna Luiz Neiva

Gustavo Campos Coura

Hugo Gabriel Machado Amaral

Isadora Albino Matias

João Vítor Fortes de Araújo e Silva

João Vitor Mendes da Silva

Laís Lima Bortot

Larissa Nunes Tebúrcio

Lucas Perry Resende

Luísa Lobato Oliveira

Luiza Resende Costa Castro

Nathalia Melo Figueiredo

Nicolas Santana Pereira

Osvaldo Mendonça Capelari

Pedro Lucas Moura de Almeida Cruz

Pedro Silluzio Ferreira Andrade

Rafael Dias Rodrigues

Rafael Martins Lobato Bicalho

Rafael Teldo Fonseca Alves

Rafaela Amaral Soares de Paiva

Rayssa Victória Nunes Siqueira

Roberta Puccini Gontijo

Sarah Franco de Souza e Souza

Tarcísio Mateus Martins Mendes

Tiago Zimermann de Queiroz Gonçalves

APRESENTAÇÃO

É com imensa satisfação que apresentamos a obra "Estudos Críticos de Teoria Geral do Estado", que reúne artigos desenvolvidos pelos discentes da Faculdade de Direito da Universidade Federal de Minas Gerais (UFMG) no decorrer da disciplina Teoria Geral do Estado II, ministrada pelo docente Onofre Alves Batista Júnior. Nos últimos anos, o Professor tem-se dedicado a lecionar a disciplina com especial preocupação em fomentar o pensamento crítico dos alunos acerca dos fundamentos do Estado e as relações que o envolvem, sob os prismas filosófico, jurídico e sociológico, apontados por Paulo Bonavides.[1]

Diante disso, o Professor Onofre Batista, juntamente aos discentes Flávia Perim, Júlia Pires e Lucas Poubel - que o acompanharam como últimos monitores - expõem à sociedade os estudos críticos empreendidos ao longo do último ano com vistas a contribuir e estimular os debates em torno de sensíveis temas que entremeiam o Estado, em consonância com a missão institucional da UFMG de gerar e difundir conhecimentos científicos, em estrito comprometimento com os interesses sociais.

Por essa razão, os organizadores almejam homenagear, por meio desta obra, a cátedra do Professor Titular de Teoria Geral do Estado, José Luiz Borges Horta, que tanto colaborou e colabora, em nome da UFMG, para a construção, desenvolvimento e estudo do poder estatal. Sua criticidade, honestidade e imparcialidade acadêmica inspiraram todo o trabalho aqui publicado. A verdade é que essa disciplina, levada a bom efeito por um excelente professor, sempre foi muito além dos conceitos básicos ou do simples decorar histórico.

Aos olhos daqueles que verdadeiramente observam o simples cotidiano, o Estado Democrático de Direito Brasileiro está em crise. A adversidade sanitária decorrente da pandemia do novo coronavírus descortinou o resquício que permanecia escondido pelas variadas ou-

1 BONAVIDES, Paulo. **Ciência Política.** 17. ed. São Paulo: Malheiros, 2010. p. 66.

tras manifestações de regresso. E a Teoria Geral do Estado, que compreende os estudos basilares e fundamentais ao Direito, não poderia ficar - e não ficou - alheia às tentativas de desmoronamento e de demolição desse Estado Democrático de Direito Brasileiro que tanto estuda, preceitua e busca proteger.

A evolução do poder que chamamos de Estado não se trata apenas da passagem de um Estado-Rei, para um Estado Liberal que se transformou em Estado Social, mas se trata da evolução do próprio Direito Público e da sociedade como um todo. Afinal, uma "organização social do poder coercitivo"[2] deve, de fato, fazer o uso desse poder para as finalidades humanas, e não em seu detrimento.

A cátedra de Teoria Geral do Estado deixa claro aos recém-chegados à Vetusta Casa de Afonso Pena que a instrumentalização do poder não é nenhuma invenção moderna ou contemporânea. As vertentes autoritárias e centralizadoras sempre se fizeram presentes no perpassar da civilização ocidental, mesmo após tentativas constitucionais de limitação das forças estatais e de obrigar o Estado a proteger os direitos e bens fundamentais que apenas ele é capaz de preservar. Os impulsos de subjugação e captura da máquina estatal, porém, tomou formas mais sutis e, por isso, e a nosso ver, perigosas.

Desde a Antiguidade, percebe-se uma lenta maturação jurídica das mentalidades que proporciona, gradativamente, maiores aspirações à liberdade e igualdade, transformando, por conseguinte, o regime democrático. No entanto, a maior ameaça ao regime democrático, preconizada por Platão,[3] permanece entre os tempos atuais: o desentoar de vozes que leva à tirania. A ameaça se torna mais eminente com a crise multidimensional ora vivenciada, configurada nas dimensões sanitária, econômica, social, institucional e fiscal. Esse contexto é fértil para o surgimento de discursos demagogos e propostas reformistas que entorpecem os cidadãos.

O cenário se agrava com o fenômeno das *fake news*, que facilita e intensifica a manipulação das massas, constituindo em verdadeiro atentado à democracia participativa, que pressupõe a participação inclusiva e ativa do cidadão nos processos de poder da sociedade e do Estado.

---

2 JHERING, Rudolf Von. **A Finalidade do Direito**. Trad. José Antônio Faria Correa. Rio de Janeiro: Editora Rio, 1979. p. 166.

3 PLATÃO. **República.** Tradução Maria Helena da Rocha Pereira. 9. ed. Lisboa: Fundação Calouste Gulbbenkian, 2001.

Coloca-se em xeque a legitimidade do direito, pois sua criação legítima é dependente de condições exigentes, decorrentes dos processos e pressupostos da comunicação, onde a razão, que instaura e examina, assume caráter procedimental.[4]

Enquanto monitores de Teoria do Estado, acreditamos que pouquíssimos graduandos passaram pela disciplina sem internalizar que o Estado Democrático de Direito, que se pretende Republicano, requer, para isso, um Poder Legislativo também Republicano, um Poder Judiciário Técnico e estritamente efetivador da Constituição, e um Poder Executivo também preocupado.

No entanto, forças centralizadas e centralizadoras, acompanhando ondas autoritárias, têm patrocinado o enfraquecimento, quiçá o fim, das próprias instituições imparciais. A Faculdade Livre de Direito da UFMG, que sempre atuou como unidade de ensino e centro formador de ideias livres, desenvolvimentistas e republicanas, cujos estudantes, em sua grande maioria, se preocupam com a luta pelos direitos e princípios democráticos, não se queixa inerte ou deixa de se atentar para as tentativas de desmonte institucional. A Casa de Afonso Pena, palco de resistência à opressão, não se cala diante de um tormento. Pelo estudo da ciência do direito e pelo fortalecimento dos princípios jurídicos maiores da República, temos em nossas mãos o poder de fazer a diferença.

A diferença, a vanguarda e o avançar do direito são marcas do trabalho de José Luiz Borges Horta, Titular da Cátedra homenageada. A obra que ora apresentamos dialoga profundamente com temas sensíveis da Teoria do Estado, seja o autoritarismo, seja a manutenção da ordem constitucional. O Estado é forte para tão somente assegurar os direitos de seus cidadãos, e seu estudo pleno não se vale apenas para compreendê-lo, mas também para propor seu aperfeiçoamento.

Nesta singela oportunidade, registramos nossa profunda admiração por todos aqueles juristas, professores e profissionais da justiça que permanecem em consueto patrocínio da Constituição, que irradia os limites ao arbítrio autoritário. Com esta obra, nos despedimos, junto ao professor Onofre Batista, da cátedra de Teoria do Estado formalmente, mas com a missão e desafio de perpetrar o respeito à norma e a boa fundamentação em nossa prática jurídica. Esperamos que esta

---

4 HABERMAS, Jürgen. **Direito e democracia: entre facticidade e validade.** Rio de Janeiro: Tempo Brasileiro, 1997. p. 9.

coleção de breves textos possa elucidar e, ao menos, registrar os temas críticos que foram mais afetos ao Estado de Direito na passagem de década. Desejamos, com isso, uma boa leitura e reflexão.

Flávia Gomes Santolin Perim
Júlia Cardoso Bernardes Pires
Lucas Cunha do Valle Poubel

PREFÁCIO

Quis a Providência que, por ocasião desta singela, ainda linda, homenagem, eu estivesse em condições de, imerecidamente, ser convidado para prefaciar esta obra. Esse preciso momento, de celebração pela conquista da cátedra de Teoria do Estado foi, não apenas por mim, mas também por um grande grupo de alunos e admiradores, de há muito antevisto, longa e intranquilamente ansiado. O Professor José Luiz Borges Horta concatenou todos os estágios de sua vida, concentrou a inteireza de sua força intelectual e esgotou quaisquer recursos que mente e o Espírito pudessem cogitar, para a realização desse sonho, que sempre foi muito mais um "nosso", que um "meu".

Bem por isso, uma obra coletiva, editada para, digamos assim, recepcionar o galardão intelectual, é propriamente um epítome de seu significado coletivo, ou sintético, como certamente preferirá o Professor. Sua carreira acadêmica nunca foi orientada por bases individuais, havendo sido edificada como um projeto de equipe. Dono de uma personalidade mercurial, o Professor José Luiz Borges Horta sempre procurou explicitar sua vinculação intelectual a uma tradição de pensamento, sem receio de dela parecer um refém. À tradição, ao contrário, sempre empenhou toda sua formação, antes como um afortunado herdeiro, que como um desenganado autômato.

A essa tradição fez grandes acréscimos, os quais, para além das diversas obras e conferências, contam em suas fileiras a concepção e implementação do curso de Ciências do Estado. É essa compreensão do fenômeno estatal, como revelação do Espírito e ponto de cumeada da história, que devemos, aqui, render nossas homenagens, sobretudo, nesta quadra, em que o obscurantismo e o apedeutismo assumem à galope, espaço em nossa sociedade.

Sua trajetória como acadêmico e professor é, agora, reconhecida e honrada, por aqueles a quem consagrou, quase monasticamente, a sua vida – seus alunos. A vida frugal que leva, os hábitos simples que cultiva e a dedicação que consagra a seus estudos, aulas, conferências e orientações testemunham a profundidade das renúncias, a que se submeteu, para cumprir com a tarefa que se auto atribuiu: formar pessoas capazes de honrarem o Estado.

Em boa hora e com redobrado esmero, os organizadores, Professor Onofre Alves Batista Júnior, Flávia Gomes Santolin Perim, Júlia Cardoso Bernardes Pires e Lucas Cunha do Valle Poubel, em colaboração com a Editora Letramento - Casa do Direito, coligiram uma série de trabalhos acadêmicos, em cujos horizontes granjeiam espaço não apenas os temas clássicos, como também atualidades da Teoria e da Ciência do Estado, para afiançarem que a hipoteca de uma vida de dedicação pode, sim, dar grandes frutos.

Recebemos todos essa obra com grande satisfação intelectual e alegria d'alma, certos de que os leitores encontrarão aqui farto material para apaixonados debates, o *ex libris* do Professor José Luiz Borges Horta.

Primavera de 2021

Daniel Cabaleiro Saldanha

Doutor e Mestre em Direito pela Universidade Federal de Minas Gerais

A ESPIRAL RECESSIVA NO CONTEXTO DA PANDEMIA DE COVID-19 COMO CONSEQUÊNCIA DAS MAZELAS DO CAPITALISMO

André Felipe Reis Mendes[1]
Annache Valverde Rocha Diniz e Silva[2]
Arthur Bernardo Pereira dos Santos[3]

1. INTRODUÇÃO

Modo de produção econômica largamente adotado pelos países contemporâneos, o capitalismo origina-se no findar do medievo. Partindo de seus primórdios, uma breve contextualização histórica é apresentada no presente artigo, a fim de compreender um de seus lados perversos, bem como o surgimento de uma de suas malfadadas consequências: a espiral recessiva, extremamente criticada e debatida nas obras de Weber e Marx. Posto isso, relaciona-se a ocorrência de ciclos econômicos recessivos e seu agravamento, decorrente das consequências da atual pandemia de COVID-19, assim como as medidas tomadas pelo Governo brasileiro visando atenuar os prejuízos na saúde e, principalmente, na economia.

---

1 Graduando em Direito pela Universidade Federal de Minas Gerais (UFMG). E-mail: reismendesandre@gmail.com.

2 Graduanda em Direito pela Universidade Federal de Minas Gerais (UFMG). E-mail: annache31@gmail.com.

3 Graduando em Direito pela Universidade Federal de Minas Gerais (UFMG). E-mail: arthurbernardo17@gmail.com.

2. ORIGEM DO CAPITALISMO E DAS CRISES CÍCLICAS DE SUPERPRODUÇÃO

O capitalismo surgiu com o fim do sistema feudal e o advento de uma nova classe dotada de poder econômico, a burguesia. Esta passagem se deu por meio dos cercamentos e expropriações de terras realizadas pelos senhorios, Monarquia Nacional e Parlamento Inglês, que romperam com a estrutura agrária feudal e deram origem às propriedades privadas - instituição fundamental do capitalismo - e, consequentemente, a um grande contingente de pessoas desempregadas vindas do campo. O resultado disso foi a perda dos meios de produção por parte dos servos, transformados em operários nas manufaturas que surgiam, podendo vender apenas sua força de trabalho. Desse modo, ocorre o início do capitalismo, denominado por Marx como acumulação primitiva.

Assim como explica Vieira *et al* (2015), a Revolução Industrial, possível graças à acumulação primitiva de capitais durante o mercantilismo, foi o marco de passagem deste para o capitalismo industrial, uma vez que os produtos deixaram de ser manufaturados e passaram a ser maquino faturados. Isso resultou em produtos mais acessíveis, maior poder de compra e melhoria na qualidade de vida dos trabalhadores, minimizando as crises de escassez até então comuns na Europa. Em sequência, após a Segunda Guerra Mundial, com a aliança entre bancos e indústrias, surge o capitalismo financeiro, que se expande notavelmente e fornece insumos para o surgimento de empresas transnacionais e multinacionais, além dos oligopólios. Contudo, esse mesmo modelo de capitalismo se modificou de modo a se tornar primordialmente especulativo, que se mantém por meio do "jogo de inversões financeiras"[4]. Além disso, por meio da globalização - fenômeno responsável pela interdependência de diversos aspectos de uma nação para com outras - impulsionada pela Terceira Revolução Industrial, torna-se possível fazer investimentos em diversas bolsas de valores ao mesmo tempo, acentuando a interinfluência entre as diversas regiões econômicas.

Para que essas drásticas transformações ocorressem na Europa, a começar pela Inglaterra, uma mudança de pensamento, isto é, da ética predominante, deveria ser feita, a fim de possibilitar a busca incessante pelo capital. Nesse ponto, partindo das análises de Weber (1972), per-

---

4 Despesas com a aquisição de imóveis ou bens de capital já em utilização; aquisição de títulos representativos do capital de empresas ou entidades de qualquer espécie, já constituídas, quando a operação não importe aumento do capital; e com a constituição ou aumento do capital de empresas.

cebe-se que nos locais onde o capitalismo surgiu, a ética majoritária era a protestante, que possibilita uma busca pelo acúmulo incessante do capital e horas de trabalho, como sinais de que o indivíduo pertenceria a um grupo dos predestinados, dando assim, uma base ideológica pela qual os indivíduos enxergam o acúmulo de capital.

Percebe-se, portanto, que o capitalismo trouxe diversos benefícios à sociedade. Entretanto, sua má gestão acaba por gerar um movimento cíclico, iniciado também na Inglaterra (1980), depois nos Estados Unidos e nos diversos países capitalistas do mundo.

Este movimento é denominado espiral recessiva do capitalismo ou crises cíclicas de superprodução. Referido fenômeno dispõe de regularidade e pode manifestar-se de distintas maneiras, mas sempre em economias capitalistas, conforme ensinam Mendonça (1990, pp. 73-81), Mendel'son (2013) e Ribeiro (2008). À vista disso, tais eventos periódicos caracterizam-se pela superprodução generalizada de capitais, além de decorrerem da própria dinâmica concorrencial capitalista, uma vez que as empresas, buscando maior lucratividade, aumentam a quantidade de produtos disponíveis. Todavia, os salários da grande massa consumidora permanecem inalterados, tal como seu poder de consumo, corroborando para que existam muitos produtos e poucos consumidores. Sendo assim,

> A crise seria, portanto, um efeito produzido pelo choque dos dois polos da contradição fundamental do capitalismo: o impulso ao desenvolvimento ilimitado das forças produtivas e as relações de produção e distribuição antagônicas desse modo de produção (ALMEIDA JÚNIOR, 2017).

Nesse cenário, percebe-se que a periodicidade está ligada ao processo de renovação do capital fixo, devido ao desgaste físico e/ou moral deste (RIBEIRO, 1988; 2008; RANGEL, 1983; 1985). Logo, o desenvolvimento do capitalismo passa a ser constituído de ciclos endógenos de expansão e crise. Contudo, partindo das teorias liberais de Adam Smith, tem-se que a mão invisível do mercado, no contexto de preços e salários perfeitamente flexíveis, moldados pela demanda, poderia dissolver rapidamente qualquer crise de desemprego, retornando ao equilíbrio original (SMITH, 1776). Entretanto, segundo Kalecki (1944), "uma queda de preços poderia abalar as finanças dos devedores, deprimir o valor de ativos não-monetários componentes da riqueza e piorar o estado de confiança dos empresários, desestimulando-os ao gasto".

Ademais, de acordo com Marx (1996), o capitalista visa sempre aumentar sua taxa de lucros. Para isso, é necessário ampliar o excedente extraído, isto é, a diferença entre o preço de venda e o valor da mercadoria. O valor da mercadoria se refere ao trabalho vivo, o qual tende a ser minimizado, a fim de aumentar a extração da mais valia, substituindo trabalhadores por máquinas. Portanto, percebe-se que a própria gestão do capital, se desvinculada do Estado, não é sustentável, uma vez que a grande massa consumidora não poderá consumir, gerando uma superprodução.

Sendo assim, para que se amenize as crises de superprodução, favorecendo o pleno emprego, de acordo Keynes (1964, pp 378), é necessário que o Estado, por meio de políticas econômicas, como o investimento em obras de infraestrutura, impulsione gastos por parte de toda a população, além de investimentos externos. Com isso, visa-se a correção das flutuações cíclicas da economia capitalista, assegurando um mercado consumidor constante e baixos índices de desemprego, mesmo que para isso ocorra, a curto prazo, o endividamento estatal.

Ademais, para que os empresários, detentores dos ativos de liquidez universal (moeda), invistam em ativos de liquidez específica (indústrias), é necessário que o lucro seja maior que a taxa de lucros. Logo, o Estado deve reduzir a taxa de juros até o nível em que, em relação à curva da eficiência marginal do capital (lucro), realize-se o pleno emprego. Portanto, por meio de operações como o *open-market*, que administra a taxa de juros básicos da economia, tem-se a possibilidade do alinhamento dos preços relativos aos ativos passíveis de investimento no sistema econômico. Por fim, medidas que visem redistribuir a renda, no sentido de aumentar a propensão ao consumo, podem ser muito favoráveis ao crescimento do próprio capital, uma vez que, favorecendo a maior certeza de lucro futuro, estimula-se maiores investimentos por parte dos empresários.

Sendo assim, a política estatal, para Keynes, deve se pautar em três aspectos:

> [...] eficiência econômica, justiça social e liberdade individual. O primeiro precisa de crítica, precaução e conhecimento técnico; o segundo, um espírito não egoísta e entusiasta que ame o homem médio; o terceiro, tolerância, amplitude, apreciação da variedade e da independência, que prefere, sobretudo, oferecer oportunidade progressista ao excepcional e ao aspirante". (KEYNES *apud* MINSKY, 1986, p. 8).

3. A PANDEMIA DE COVID-19 E SUAS CONSEQUÊNCIAS ECONÔMICAS

O que se iniciou no fim de dezembro de 2019, com o alerta à Organização Mundial de Saúde (OMS) sobre vários casos de pneumonia por origem desconhecida, em Wuhan, na China, era, na verdade, o que viria a se tornar a Pandemia de um novo coronavírus. Registrado pela primeira vez em humanos, o vírus SARS-CoV-2 é responsável por causar a COVID-19, doença infecciosa que pode levar a síndromes respiratórias graves (OPAS, 2020). Com um vírus de alta transmissibilidade, a COVID-19 teve rápida disseminação pelo mundo altamente globalizado, de modo que, nas primeiras semanas de março de 2020, o número de casos na China aumentou em 13 vezes, o de países acometidos alcançou a marca de 114 e um total de 4.291 mortes ao redor do mundo foi contabilizado. Isto fez com que a OMS declarasse oficialmente, por meio de coletiva de imprensa, em 11 de março de 2020, pandemia por COVID-19.

Até em janeiro de 2021, a pandemia da COVID-19 ceifou mais de 2 milhões de vidas, além de suscitar uma contração na economia mundial de 4,4% e baixa na produção mundial de US$11 trilhões em 2020. Por tais razões, o desemprego tornou-se algo esperado, e, apenas no Brasil, entre março e maio, 7,8 milhões de empregos foram perdidos (NEXO, 2020), alcançando assim um novo recorde histórico de desemprego (Figura 2). Outrossim, comparando as Figuras 2 e 3, percebe-se que a crise cíclica do capitalismo ocorre juntamente ao aumento da taxa de desemprego, verificando uma redução do poder de compra dessas pessoas e um consequente choque entre o excesso de oferta e a baixa do consumo. Tendo em vista que a oferta se orienta pela demanda e que a sua redução tende a aumentar o índice de empregos perdidos, a incerteza quanto ao futuro favorece a diminuição de investimentos, sugerindo-se uma postura contrária à "Lei de Say"[5], e exigindo cada vez mais uma intervenção estatal para minimizar essa problemática.

Desse modo, a estrondosa proporção tomada pela crise sanitária que se instaurava foi impulsionada pela rede de intensa circulação de pessoas, mercadorias e transportes ao redor de todo o mundo – a globali-

---

5 A "Lei de Say" afirma que não poderia ocorrer "escassez de poder de compra" no sistema econômico, porque o processo de produção capitalista é também o de geração de renda, atrelado a existência dos mecanismos automáticos dos mercados livres, em que os movimentos corretivos e espontâneos de salários, preços e juros garantiriam que os níveis de demanda não ficassem permanentemente aquém dos níveis de produção de pleno emprego.

zação. Visando conter o contágio, juntamente com o pânico frente ao crescente número de mortes diárias, diversos países adotaram medidas como: realizar o maior número de testes possíveis, rígidos protocolos de higiene, isolamento dos infectados e distanciamento social, além da pronta ação dos agentes de saúde. Entretanto, mesmo com a relutância de diversos chefes de Estado, o agravamento exponencial da pandemia pressionou as autoridades de cidades e de países inteiros a optarem pelo fechamento de suas fronteiras, escolas, áreas de lazer e comércios, pelo cancelamento de voos, eventos e festivais, tanto quanto pela proibição da prestação de serviços não essenciais.

Assim sendo, analisando-se os valores e as previsões para o Produto Interno Bruto[6] (PIB) de modo multidirecional (Figura 1), é possível ter uma noção da magnitude da crise enfrentada. Ademais, segundo pesquisas de Mahler *et al.* (2020), em abril de 2020, mais de 50 milhões de pessoas entraram na situação de extrema pobreza, recebendo US$1,90 por dia[7] [Tabela 1]. Logo, uma vez que essas pessoas geralmente têm piores condições de vida, alimentação deficitária e detém poucos recursos para obter acesso aos serviços de saúde privados, a chance de uma sobrevivência digna, participando ativamente do mercado consumidor, é praticamente inexistente.

---

6 "PIB é a soma de todos os bens e serviços finais produzidos por um país, estado ou cidade, geralmente em um ano. Todos os países calculam seu PIB nas suas respectivas moedas. [...] O PIB mede apenas os produtos finais para evitar dupla contagem. [...] Os bens e serviços finais que compõem o PIB são medidos no preço em que chegam ao consumidor. dessa forma, levam em conta também os impostos sobre os produtos comercializados." (IBGE, 2021).

7 US$1,90 por dia é o valor que indica a linha da pobreza.

Figura 1: Previsões para 2020 e 2021 do crescimento do PIB no mundo, economias desenvolvidas, emergentes e/ou em desenvolvimento

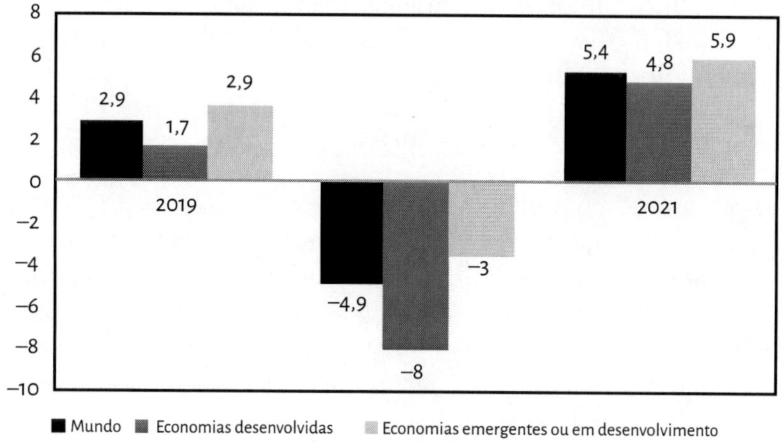

Fonte: Caderno de Pesquisa NEPP 2020.

Tabela 1: Projeções da distribuição dos pobres induzidos pela pandemia de Covid-19, abril e junho de 2020

Região	Projeções de abril ($1,90)	Projeções de junho ($1,90)	Projeções de abril ($1,90)	Projeções de junho ($1,90)	Projeções de abril ($1,90)	Projeções de junho ($1,90)
Sul da Ásia	16	32	56	115	44	85
África Subsaariana	23	26	19	23	12	14
Leste da Ásia e Pacífico	4	6	14	19	35	41
América Latina e Caribe	3	4	6	9	13	18
Oriente Médio e Norte África	3	3	7	7	11	12
Europa e Ásia Central	1	1	2	2	6	6
América do Norte			1	1	1	1
Total	50	72	105	176	122	177

Fonte: Caderno de Pesquisa NEPP, 2020.

Do mesmo modo, apesar da adoção do ensino remoto durante o isolamento social, é forte a tendência à evasão escolar, haja vista a necessidade do trabalho por parte do adolescente, a fim de complementar a renda familiar. Todavia, na maioria das vezes, os empregos são informais e de baixíssimos salários. Sendo assim, essa problemática tende a perdurar e a agravar demasiadamente a referida crise, uma vez que pessoas pobres tendem a diminuir seu consumo, impulsionando a crise de superprodução. Logo, a queda do PIB e seu efeito na renda e na pobreza em conjunto com o aumento da mortalidade e o declínio da educação efetiva, resultam no declínio do Índice de Desenvolvimento Humano[8] (FELICIELLO; GAVA, 2020).

3.1. ESPIRAL RECESSIVA COMO CONSEQUÊNCIA DA PANDEMIA NO BRASIL

Se por um lado o mundo fechava suas portas e erguia suas barreiras geográficas, por outro, era obrigado a se manter ainda mais conectado. O isolamento social, tal qual o fechamento de instituições públicas e privadas, acarretou a transferência de atividades presenciais para os ambientes virtuais. É nesse panorama que se podem considerar visionários os dizeres do magnata Bill Gates, em sua "Estrada para o futuro" (1995), ao prenunciar que:

> Não está longe o dia em que você poderá realizar negócios, estudar, explorar o mundo e suas culturas, assistir a um grande espetáculo, fazer amigos, frequentar mercados da vizinhança e mostrar fotos a parentes distantes sem sair da sua escrivaninha ou de sua poltrona. [...] Será seu passaporte para uma nova forma de vida, intermediada. (GATES, 1995, p 17)

Assim, a adesão rápida e em massa destes meios de conectividade contribuiu para uma grande mudança na forma de sociabilidade, concomitantemente com o modo de consumo, da população brasileira. Destarte, os novos 7,3 milhões de usuários brasileiros do *e-commerce*, contribuíram para o crescimento anabólico do referido setor em 2020, que apresentou faturamento 70% maior no país do que no ano anterior[9] (G1, 2020)

Todavia, apesar do indubitável crescimento do setor de vendas *online*, os impactos de algumas deliberações no contexto da COVID-19 não se restringiram ao âmbito das questões de saúde pública, levando à notória desaceleração das atividades econômicas mundiais. Logo após a declaração oficial da OMS sobre a situação pandêmica pelo qual o

---

8 De acordo com o Programa das Nações Unidas para o Desenvolvimento (PNUD): "O Índice de Desenvolvimento Humano (IDH) é uma medida resumida do progresso em três dimensões básicas do desenvolvimento humano: renda, educação e saúde. O objetivo do Índice de Desenvolvimento Humano foi o de oferecer um contraponto a outro indicador muito utilizado, o Produto Interno Bruto (PIB), per capita, que considera apenas a dimensão econômica do desenvolvimento.

9 Comparação entre os mesmos dias de 2020 e 2019.

mundo tem passado, o Senado Federal Brasileiro aprovou o projeto de decreto legislativo reconhecendo o estado de calamidade pública no país. Com isso, o Brasil passa a ficar isento da obrigação de cumprir com determinadas metas fiscais, bem como de manter o limite de gastos com saúde pública estipulado pela Lei Orçamentária Anual (LOA) para 2020 (BRASIL, 2020), durante o período ali descrito.

O fechamento de comércios e indústrias e a consequente permanência da maior parte da população em suas residências – tendo que lidar com as incertezas sobre o curso da economia global ao longo da pandemia –, ocasionou uma brusca queda da demanda consumidora de produtos serviços. Tal redução na procura foi sequenciada pela crise e desestruturação de diversas micro e pequenas empresas, as quais "representam 99% dos negócios brasileiros, respondem por 30% de tudo que é produzido no país e são responsáveis por 55% dos empregos gerados no Brasil" (BRASIL, 2020). Sendo assim, com as medidas de segurança decorrentes dos esforços de contenção da COVID-19, ao vislumbrar a perda de seus negócios, investimentos e fonte de renda, empresários reduziram jornadas de trabalho, suspenderam e cancelaram contratos empregatícios. Por tais razões, resultado do grande número de demissões, fez com que o país terminasse o terceiro trimestre de 2020 com 14,6% da população brasileira desempregada (Figura 2) (IBGE, 2020)[10].

---

10 Segundo Instituto Brasileiro de Geografia e Estatística (2020): "O desemprego, de forma simplificada, se refere às pessoas com idade para trabalhar (acima de 14 anos) que não estão trabalhando, mas estão disponíveis e tentam encontrar trabalho. Portanto, para alguém ser considerado desempregado, não basta não possuir emprego".

Figura 2 - Variação trimestral da taxa de desempregados no Brasil (%)

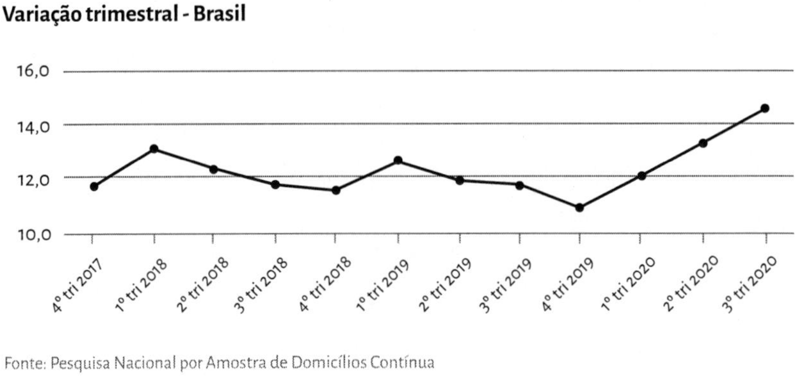

Fonte: Painel de indicadores sociais - desemprego, IBGE, 2020[11]

Desse modo, junto à taxa de desemprego, outro indicador que mostrou uma significativa alteração foi a variação do PIB brasileiro. Tal indicador macroeconômico, já no primeiro trimestre de 2020, apresentou uma retração de 1,3% em relação ao final de 2019 (de +1,6 para -0,3), mas o valor mais alarmante foi o registrado no segundo trimestre de 2020, atingindo a marca histórica de -10,9% (Figura 3) (IBGE, 2021). Posto isso, na tentativa de impedir e frear a abrupta recessão que aguarda a economia brasileira, foi aprovado pelo Congresso Nacional o Orçamento de Guerra[12], facilitando os gastos governamentais ao instituir um regime fiscal, financeiro e de contratações extraordinário, além de autorizar o Banco Central a comprar e vender títulos privados no mercado secundário, com o intuito de atender às necessidades em caráter de urgência e garantir a liquidez do mercado de capitais (BRASIL, 2020). Adjunto a isso, medidas excepcionais, como o Auxílio Emergencial, o saque emergencial do FGTS, a postergação de pagamento de parcelas de financiamentos públicos (v.g., Sistema Financeiro de Habitação), ou a prorrogação de incentivos fiscais a determinados setores (BRASIL, 2020), consubstanciam as soluções en-

11 A partir do primeiro trimestre de 2020, coincidindo com o avanço global da COVID-19, a taxa apresenta uma alta considerável (em comparação ao final de 2019) e ultrapassa os 12%. Essa alta se repete nos trimestres seguintes até alcançar os 14,6%.

12 Emenda Constitucional nº 106 de 07 de maio de 2020. Sua vigência terminou juntamente com o fim da vigência do estado de calamidade pública, no dia 31 de dezembro de 2020.

contradas para a necessidade de fomento à economia, paralelamente ao suporte à população. Não obstante, os resultados conquistados não reagiram suficientemente para evitar a recessão econômica, de maneira que, apesar de um crescimento em relação ao valor anterior, o PIB nacional fechou o terceiro trimestre de 2020 com uma variação de -3,9% (Figura 3) (IBGE, 2021).

Figura 3: Variação trimestral do PIB (%)

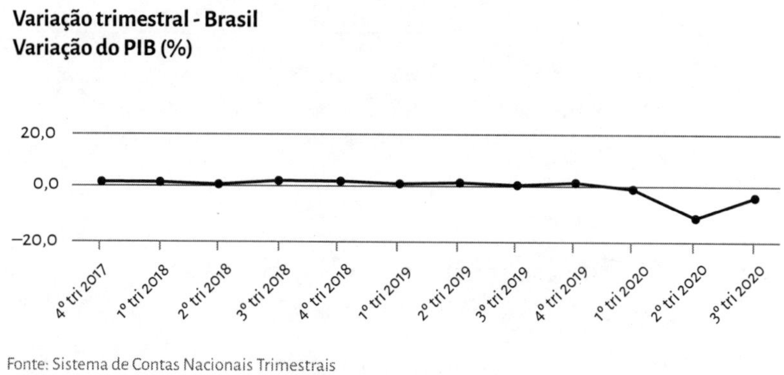

Fonte: Painel de indicadores econômicos - variação do PIB (%), IBGE, 2021

Períodos de crescimento seguidos por períodos de retração na economia fazem parte do desenvolvimento cíclico do capitalismo, de modo que a atual recessão brasileira compõe apenas mais um dos diversos vales em sua atividade econômica. Sendo assim, o Comitê de Datação de Ciclos Econômicos (CODACE) identificou que o período de expansão que se apresentava no país teve fim no terceiro trimestre de 2019 e que a situação de crise pela qual o Brasil tem passado, em virtude dos motivos já mencionados, "sinaliza a entrada do país em uma recessão a partir do primeiro trimestre de 2020." (FGV IBRE, 2020). Apesar dessas variações comporem um evento econômico considerado comum, o grande problema da presente crise brasileira é que o país não havia se recuperado completamente de seus últimos 11 trimestres de recessão, período registrado entre o 4º trimestre de 2014 e o 4º trimestre de 2016 (Figura 4). A Figura 4 mostra os diversos outros períodos de recessão no Brasil – contabilizados a partir da taxa de variação trimestral do PIB a preço de mercado.

Figura 4: Séries históricas: PIB a preços de mercado - Taxa acumulada em 4 trimestres (%)

PIB a preços de mercado - Taxa acumulada em 4 trimestres (%), 1º trimestre 1996 - 3º trimestre 2020

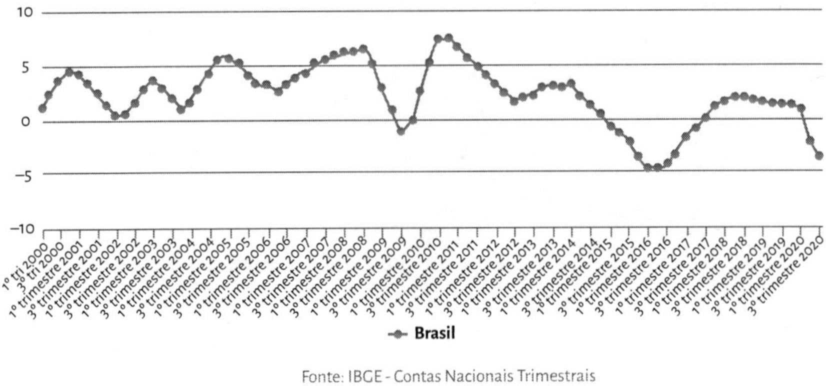

Representação da variação (%) cíclica do PIB nacional brasileiro por trimestres. 1º trimestre 2000 - 3º trimestre 2020)

Fonte: IBGE, 2020

4. CONSIDERAÇÕES FINAIS

Diante do exposto no presente artigo, é possível assimilar que, apesar das inúmeras benesses trazidas pelo capitalismo, tal modo de produção também é responsável por uma frequente e danosa consequência: os ciclos econômicos recessivos, também chamado de espiral recessiva. Estes fenômenos – caracterizados por um desbalanço entre oferta e demanda e uma consequente alternância entre momentos de expansão e retração de dada economia capitalista – foram intensificados pela pandemia de um novo coronavírus, agravando e perdurando ainda mais seu ciclo. Por fim, a partir da apresentação de problemas que acometeram – e ainda acometem – o Brasil em seu período pandêmico, além da observação de soluções adotadas pelos órgãos competentes, demonstrou-se a ineficácia do capitalismo quanto à sua autogestão, consagrando as intervenções estatais como melhor solução para a presente situação.

REFERÊNCIAS BIBLIOGRÁFICAS

ALMEIDA , Lucas Milanez de Lima; JÚNIOR, Antônio Carneiro de Almeida. A primeira crise endógena brasileira e o movimento cíclico da economia mundial: novas evidências estatísticas **XXIV Encontro Nacional de Economia Política.** Vitória, ES, 1 jun. 2019. Disponível em: <https://www.researchgate.net/

publication/335989477_A_PRIMEIRA_CRISE_ENDOGENA_BRASILEIRA_E_O_MOVIMENTO_CICLICO_DA_ECONOMIA_MUNDIAL_NOVAS_EVIDENCIAS_ESTATISTICAS >. Acesso em: 14 jan. 2021;

ALVARENGA, Darlan; SILVEIRA, Daniel. PIB tem tombo recorde de 9,7% no 2º trimestre e Brasil entra de novo em recessão. **G1**. São Paulo e Rio de Janeiro, 01 set. 2020, Economia. Disponível em: <https://g1.globo.com/economia/noticia/2020/09/01/pib-tem-queda-recorde-de-97percent-no-2o-trimestre-e-brasil-entra-de-novo-em-recessao.ghtml> Acesso em: 18 de jan 2021;

BONFANTI, Cristiane. Com coronavírus, 53% das empresas têm queda intensa na demanda, diz pesquisa da CNI. **Agência CNI de notícias.** [*S. l.*], 30 mar. 2020, Economia. Disponível em: <https://noticias.portaldaindustria.com.br/noticias/economia/com-coronavirus-53-das-empresas-tem-queda-intensa-na-demanda-diz-pesquisa-da-cni/> Acesso em: 18 jan 2021;

BRASIL, Ministério da Economia. **Nota informativa: Resultado do PIB do 2º trimestre de 2020**. Brasília, DF. gov.br. 01 set 2020. Disponível em: https://www.gov.br/economia/pt-br/centrais-de-conteudo/publicacoes/notas-informativas/2020/resultadopib2otrimestre2020.pdf Acesso em: 19 jan 2021;

———. Emenda Constitucional n. 106 de 07 de maio de 2020. Institui regime extraordinário fiscal, financeiro e de contratações para enfrentamento de calamidade pública nacional decorrente de pandemia. **Diário Oficial da União**: seção 1, Brasília, DF 08 maio 2020. Disponível em: <https://pesquisa.in.gov.br/imprensa/jsp/visualiza/index.jsp?jornal=515&pagina=1&data=08/05/2020&totalArquivos=222 >

———. Imprensa Nacional. Decreto Legislativo nº 6, de 2020. Reconhece, para os fins do art. 65 da Lei Complementar nº 101, de 4 de maio de 2000, a ocorrência do estado de calamidade pública, nos termos da solicitação do Presidente da República encaminhada por meio da Mensagem nº 93, de 18 de março de 2020. Brasília, DF. **Diário Oficial da União**. 20 mar. 2020. Seção 1- extra, p. 1. Disponível em: <https://www.in.gov.br/en/web/dou/-/decreto-legislativo-249090982> acesso em: 17 jan. 2021;

———. Ministério da Economia. Governo destaca papel da Micro e Pequena empresa para a economia do país. Brasília, DF. **gov.br.** 05 out. 2020. Disponível em: <https://www.gov.br/economia/pt-br/assuntos/noticias/2020/outubro/governo-destaca-papel-damicro-e-pequena-empresa-para-a-economia-do-pais> Acesso em: 17 jan. 2021;

BRITO, Flávia Lorena; PERIPOLLI, Odimar João. Origem e desenvolvimento do Capitalismo no campo: uma discussão para além dos números. Revista NERA, **UNESP**, Presidente Prudente, n. 40, pp. 39-60, 1 dez. 2017. Disponível em: https://revista.fct.unesp.br/index.php/nera/article/download/4490/4016 >. Acesso em: 12 jan. 2021;

CARVALHO, Talita. Marx e Keynes. 228. ed. Cult, 6 out. 2017. Disponível em: https://revistacult.uol.com.br/home/marx-e-keynes/ >. Acesso em: 15 jan. 2021;

CATANI, Afrânio Mendes. **O que é capitalismo**. 1. ed. [*S. l.*]: Brasiliense, 2017.

CAVALCANTE, Zedequias Vieira; SILVA, Mauro Luis Siqueira da. A importância da revolução industrial no mundo da tecnologia. *In:* ENCONTRO INTERNACIONAL DE

PRODUÇÃO CIENTÍFICA, 25 out. 2011. Maringá. **Anais eletrônicos** Disponível em: <http://rdu.unicesumar.edu.br/handle/123456789/6395 >. Acesso em: 14 jan. 2021;

COSTA, Simone da Silva. Pandemia e desemprego no Brasil. **Revista de Administração Pública**, Rio de Janeiro, vol.54, nº4 pp 970, 973, 975 - 976. jul/ago. 2020. Scielo Brasil. Acesso em 18 jan. 2021;

ENTRA em vigor estado de calamidade pública no Brasil. **gov.br. Brasília**, 20 de mar. de 2020. Disponível em: <https://www.gov.br/planalto/pt-br/acompanhe-o-planalto/noticias/2020/03/entra-em-vigor-estado-de-calamidade-publica-no-brasil> Acesso em: 15 jan. 2021;

FATURAMENTO de lojas online no Brasil cresce 47% no 1º semestre de 2020, maior alta em 20 anos. [*S. l.*]: **G1**, ago. 2020. Disponível em: https://g1.globo.com/economia/tecnologia/noticia/2020/08/28/faturamento-de-lojas-online-no-brasil-cresce-47-por-cento-no-1o-semestre-de-2020-maior-alta-em-20-anos.ghtml> Acesso em: 21 jan. 2021;

FELICIELLO, Domenico; GAVA, Gustavo Bonin. Economia e pandemia: lockdown, flexibilização e defesa da vida. **Caderno de Pesquisa NEPP**, [*s. l.*], 2020. Disponível em: https://www.nepp.unicamp.br/upload/documents/publicacoes/bab8beb42dac07efe3ab6e7b6ebfcde9.pdf >. Acesso em: 20 jan. 2021;

FERRARI FILHO, Fernando; TERRA, Fábio. As disfunções do capitalismo na visão de Keynes e suas proposições reformistas. **Revista de Economia Contemporânea**, Rio de Janeiro, v. 15, n. 2, pp. 271-295, ago, 2011. Disponível em: <http://www.scielo.br/scielo.php?script=sci_arttext&pid=S1415-98482011000200003&lng=en&nrm=iso > Acesso em: 16 jan. 2021;

GATES, Bill; MYHRVOLD, Nathan; RINEARSON, Peter. **A estrada do futuro**. Tradução: Beth Vieira *et al*. São Paulo, Companhia das Letras, 1995. pp 17;

HENRIQUES, Cláudio M P; VASCONCELOS, Wagner. Crise dentro da crise: respostas incertezas e desencontros no combate à pandemia da covid-19 no Brasil. **Estudos Avançados**, São Paulo, vol.34, nº99, pp 25 - 27 maio/ago 2020. Scielo Brasil. Acesso em: 17 jan 2021;

IBGE - INSTITUTO BRASILEIRO DE GEOGRAFIA E ESTATÍSTICA. **O que é desemprego**, [*S. l.*], 2020. Disponível em: https://www.ibge.gov.br/explica/desemprego.php> Acesso em: 21 jan. 2021;

———. INSTITUTO BRASILEIRO DE GEOGRAFIA E ESTATÍSTICA. **O que é o PIB**. Instituto Brasileiro de Geografia e Estatística, [*S. l.*], 2020. Disponível em: https://www.ibge.gov.br/explica/pib.php . Acesso em: 21 jan. 2021;

———. INSTITUTO BRASILEIRO DE GEOGRAFIA E ESTATÍSTICA. Sistema de Contas Nacionais Trimestrais - SCNT, **Séries históricas**. [*S. l.*], 2020. Disponível em: https://www.ibge.gov.br/estatisticas/economicas/contas-nacionais/9300-contas-nacionais-trimestrais.html?=&t=series-historicas&utm_source=landing&utm_medium=explica&utm_campaign=pib#evolucao-taxa >. Acesso em: 20 jan. 2021;

———. INSTITUTO BRASILEIRO DE GEOGRAFIA E ESTATÍSTICA. Estatísticas: Painel de Indicadores. In: **IBGE**. [*S. l.*], 2020. Disponível em: <https://www.ibge.gov.br/indicadores> Acesso em 20 jan 2021;

LEVIEN, Michael. Da acumulação primitiva aos regimes de desapropriação. **Sociologia e Antropologia,** Rio de Janeiro, v. 4, n. 1, pp. 21-53, jun 2014. Disponível em: <http://www.scielo.br/scielo.php?script=sci_arttext&pid=S2238-38752014000100021 &lng=en&nrm=iso> Acesso em: 16 jan 2021

LIS, Laís. Banco Mundial reduz previsão de queda do PIB do Brasil em 2020 para 5,4%. **G1**. Brasília, 09 de out. de 2020, Economia. Disponível em: <https://g1.globo.com/economia/noticia/2020/10/09/banco-mundial-reduz-previsao-de-queda-do--pib-do-brasil-em-2020-para-54percent.ghtml> Acesso em: 17 jan. 2021;

MACHADO, Nuno Miguel Cardoso. A "Primeira Versão" da Teoria da Crise de Marx: a queda da massa de mais-valia social e o limite interno absoluto do capital. **Estudos Econômicos.** São Paulo, v. 49, n. 1, pp. 163-203. mar. 2019 Disponível em: <http://www.scielo.br/scielo.php?script=sci_arttext&pid=S0101-41612019000100163&lng=en&nrm=iso> Acesso em: 16 jan. 2021;

MENDONÇA, A. A Crise Econômica e sua Forma Contemporânea. Lisboa: Editorial Caminho, 1990;

MOREIRA, Ardilhes; PINHEIRO, Lara. OMS declara pandemia de coronavírus. **G1**. [*S. l.*], 11 de mar. De 2020. Disponível em: <https://g1.globo.com/bemestar/coronavirus/noticia/2020/03/11/oms-declara-pandemia-de-coronavirus.ghtml> Acesso em: 15 jan. 2021;

NEM profecia, nem dogma. [*S. l.*], 5 out. 2017. Disponível em: https://revistacult.uol.com.br/home/nem-profecia-nem-dogma/ >. Acesso em: 15 jan. 2021;

OPAS, Organização Pan-Americana de Saúde. **Folha Informativa COVID-19 - Escritório da OPAS e da OMS no Brasil**. [*S. l.*], 17 jan 2021. Disponível em: <https://www.paho.org/pt/covid19> Acesso em: 17 jan 2021;

PNUD. Programa das Nações Unidas para o Desenvolvimento no Brasil: Desenvolvimento humano e IDH. [*s. l.; s. d*] Disponível em: <https://www.br.undp.org/content/brazil/pt/home/idh0.html> Acesso em: jan 2021

SÃO PAULO, Secretaria de Fazenda do estado de São Paulo. **Despesa orçamentária: conceitos, codificação e classificação.** Disponível em: <https://www.fazenda.sp.gov.br/sigeolei131/paginas/arquivoslc/lc_131_despesas.pdf > Acesso em: 20 jan. 2021;

SICSÚ, João; MENDONÇA, Helder Ferreira de. Deflação, desemprego e recuperação econômica: um modelo keynesiano. **Revista Brasileira de Economia,** Rio de Janeiro, v. 54, n. 4, pp. 473-492, dez. 2000. Disponível em: <http://www.scielo.br/scielo.php?script=sci_arttext&pid=S0034-71402000000400004&lng=en&nrm=iso>. Acesso em: 10 jan. 2021

SMITH, Adam. **A riqueza das nações: investigação sobre sua natureza e suas causas.** São Paulo: Nova Cultural, 1996, ed. 1

SOUZA, Diego de O. A pandemia de COVID-19 para além das Ciências da Saúde: reflexões sobre sua determinação social. **Ciência e Saúde Coletiva**. Rio de Janeiro, v.25 supl.1 pp 2470 - 2474 jun. 2020. Scielo Brasil. Acesso em: 17 jan. 2021;

SOUZA, Felipe; FELLET, João. Coronavírus: o desespero de pequenos empresários forçados a fechar as portas. **BBC News Brasil.** São Paulo, 27 mar. 2020. Disponível em: <https://www.bbc.com/portuguese/geral-51967940> Acesso em: 17 jan. 2021;

THIRY-CHERQUES, Hermano Roberto. Max Weber: o processo de racionalização e o desencantamento do trabalho nas organizações contemporâneas. **Revista de Administração Pública,** Rio de Janeiro, v. 43, n. 4, pp. 897-918, ago 2009. Disponível em: <http://www.scielo.br/scielo.php?script=sci_arttext&pid=S0034-76122009000400007&lng=en&nrm=iso >Acesso em: 16 jan. 2021.

TRUBEK, David M. Max Weber sobre o Direito e ascensão do capitalismo (1972). **Revista Direito GV** 5, [s. *l.*], v. 3, ed. 1, pp. 151-179, jan/jun. 2007. Disponível em: http://bibliotecadigital.fgv.br/ojs/index.php/revdireitogv/article/view/35203/34005> Acesso em: 14 jan. 2021;

VIEIRA, José Daniel; *et al.* Uma breve história sobre o surgimento e desenvolvimento do capitalismo. **Caderno de Graduação - Ciências Humanas e Sociais Unit**. Aracaju v. 2 n.3 pp. 125 - 136 mar. 2015. Disponível em: periodicos.set.edu.br

VILELLA, Caio. Monocausalidade marxista e crise no capitalismo contemporâneo. 7ª Conferência Internacional de História Econômica e IX Encontro de Pós Graduação em História Econômica, [s. *l.*], 2018. Disponível em: http://www.abphe.org.br/uploads/Encontro_2018/VILELLA.%20MONOCAUSALIDADE%20MARXISTA%20E%20CRISES%20NO%20CAPITALISMO%20CONTEMPOR%C3%82NEO.pdf. Acesso em: 20 jan. 2021.

AUXÍLIO EMERGENCIAL E OS DEVERES DO ESTADO DEMOCRÁTICO DE DIREITO DE DESIDERATO SOCIAL

Esther Rodrigues da Silva [1]
Laís Lima Bortot [2]
Luiza Resende Costa Castro [3]
Rafaela Amaral Soares de Paiva [4]
Rayssa Victória Nunes Siqueira [5]

1. INTRODUÇÃO

Em março de 2020 a Organização Mundial da Saúde (OMS) declarou a pandemia de Covid-19, doença causada pelo novo coronavírus (Sars-Cov-2). A doença, que foi registrada primeiramente na província de Wuhan, na China, se espalhou pelo mundo, e hoje registra milhões de casos confirmados e óbitos.

Seguindo recomendações de entidades internacionais, governantes adotaram medidas de prevenção à doença, entre as quais: a restrição de circulação de pessoas e a suspensão de atividades que geram aglome-

1 Graduanda em Direito pela Universidade Federal de Minas Gerais (UFMG). E-mail: estherzinha24@outlook.com.

2 Graduanda em Direito pela Universidade Federal de Minas Gerais (UFMG). E-mail: laisbortot@gmail.com.

3 Graduanda em Direito pela Universidade Federal de Minas Gerais (UFMG). E-mail: luizaresende60@gmail.com.

4 Graduanda em Direito pela Universidade Federal de Minas Gerais (UFMG). E-mail: rafaela.rasp@gmail.com.

5 Graduanda em Direito pela Universidade Federal de Minas Gerais (UFMG). E-mail: rayssansiqueira@gmail.com.

ração. Elas foram capazes de transformar a realidade social do mundo todo e desafiaram entidades governamentais a adotarem ações protetivas, destinadas especialmente aos cidadãos de maior vulnerabilidade econômico-social. Nesse sentido, atenção especial pode ser direcionada à situação das Américas, uma vez que:

> As Américas são a região mais desigual do planeta, caracterizada por profundas disparidades [...] A isso somam-se altas taxas de informalidade do trabalho e renda precária que afetam grande número de pessoas na região e tornam ainda mais preocupante o impacto socioeconômico da COVID-19.[6]

No Brasil não chegou a se estabelecer um lockdown total, mas sim uma espécie de lockdown parcial, com a argumentação de que era necessário salvar a economia. O resultado, como era de se esperar, foi o aumento na quantidade de infectados e, consequentemente, de mortos pela doença, ao mesmo tempo em que se observou retração econômica, e o desamparo das pessoas financeiramente mais vulneráveis.

Dessa forma, medidas prestacionais e interventivas precisaram ser adotadas para preencher a brecha de proteção social a essas pessoas. Dentre elas, a mais notável foi a implementação da Lei n° 13.982 de 2 de abril de 2020, que instituiu o auxílio emergencial e colaborou na redução de implicações socioeconômicas causadas pela pandemia. Neste contexto, este artigo tem como objetivo realizar uma breve análise acerca da implementação do auxílio emergencial, suas consequências e sua relação com o paradigma do Estado Democrático de Direito de desiderato social.

2. O ESTADO DEMOCRÁTICO DE DIREITO DE DESIDERATO SOCIAL

A partir de meados da década de 1970, diante da ineficiência dos aparatos burocráticos associada ao aumento da carga tributária, a crítica aos discursos tecnocráticos, a crise financeira, a desigualdade social, e o crescente aumento da complexidade da sociedade, evidencia-se uma insuficiência do Estado Social de Direito e uma necessidade de mudança paradigmática.[7] Nesse contexto, face às falhas dos modelos liberal e social do Estado de Direito, emerge o denominado Estado Democrático de Direito no qual:

---

6 Cf. Resolução 1/2020 da CIDH.

7 BATISTA JÚNIOR, Onofre Alves. **O outro Leviatã e a corrida ao fundo do poço.** São Paulo: Almedina, 2015. P. 23.

> [...] a Constituição é reconhecida como ordem de valores central a orientar a estruturação e o agir estatal; os direitos de participação democrática adquirem destaque; e a tutela e implantação dos direitos fundamentais deixam de ser reconhecidas como tarefas exclusivas dos poderes públicos, passando a ser distribuídas por toda a coletividade em um processo cooperativo.[8]

O Estado Democrático de Direito consiste, então, em um modelo de Estado baseado em uma Constituição que seja reflexo da vontade do povo, o qual é voltado para a igualdade e para a participação democrática. Para tanto, ele tem como fundamentos a soberania popular e a dignidade humana, e assinala como deveres a garantia de direitos fundamentais, a busca pelo bem comum, a luta por justiça social e a defesa de uma democracia representativa e pluralista. Assim, a tendência que se nota é a de aproximação entre política e esfera pública, com o desenvolvimento de novos mecanismos participativos e de controle da sociedade sobre o Estado[9] de modo que o poder político seja efetivamente submetido aos seus destinatários, ou seja, ao povo.[10]

Nesse sentido, ao possibilitar a participação dos administrados na Administração Pública e proporcionar uma gestão mais eficiente, o Estado Democrático de Direito constitui-se como um Estado da Eficiência Pública o qual objetiva atender de forma otimizada e inin-

8 SANTIAGO, Marcus Firmino. Estado democrático de direito: uma utopia possível? **Revista da Faculdade de Direito da UFG.** Fac. Dir. UFG, v. 43, p. 01-19, 2019. P. 10. Disponível em: <http://www.mpsp.mp.br/portal/page/portal/documentacao_e_divulgacao/doc_biblioteca/bibli_servicos_produtos/bibli_informativo/bibli_inf_2006/Rev-FD-UFG_v.43.04.pdf>. Acesso em: 02 de março de 2021.

9 FACCIOLI, Cesar Luis De Araújo. **Democracia e corrupção, conexões, tensões e condicionantes:** o enfrentamento às práticas corruptivas como condição de consolidação da democracia no Brasil. Tese (mestrado) – Faculdade de Direito da Fundação Escola Superior do Ministério Público, mestrado em Tutelas à Efetivação de Direitos Indisponíveis, Porto Alegre, 2018, 120 f, p. 23. Disponível em: <https://www.fmp.edu.br/wp-content/uploads/2018/07/Cesar-Luis-de-Araujo-Faccioli.pdf>. Acesso em: 02 de março de 2021.

10 SILVA, Enio Moraes da. O Estado Democrático de Direito. **Revista de informação legislativa**, Brasília, v. 42, n. 167, p. 213-230, jul./set. 2005. P. 225. Disponível em: <https://www12.senado.leg.br/ril/edicoes/42/167/ril_v42_n167_p213.pdf>. Acesso em: 02 de março de 2021.

terrupta o bem comum e satisfazer as necessidades da coletividade.[11] Isso porque:

> A formatação democrática e eficiente do Estado exige que, ao lado da atuação da Administração Pública central, seja viabilizada e fomentada a atuação cidadã do povo mobilizado, envolvido por um senso de responsabilidade social, para o atendimento das necessidades de um povo fragilizado pela exclusão social.[12]

Ademais, cabe destacar que o Estado Democrático de Direito, de desiderato social, configura-se também como um Estado solidário de justiça social, tributário e distribuidor. Portanto, ele assume como responsabilidade uma atuação prestacional – a exemplo de programas de distribuição de benefícios e de assistência – e uma atuação interventiva e, para tanto, busca "arrecadar recursos de quem pode e prestar serviços a quem deles necessita, conforme as necessidades sociais".[13]

3. A IMPORTÂNCIA DO AUXÍLIO EMERGENCIAL NO CONTEXTO DA PANDEMIA

A pandemia da Covid-19 provocou drásticas sequelas no sistema de saúde pública e afetou gravemente o cenário socioeconômico brasileiro. O agravamento da crise econômica evidenciou a carência de planejamento estratégico e de investimentos capazes de garantir a efetividade dos direitos humanos fundamentais e expôs o cenário de pobreza e de desproteção social e trabalhista em que milhões de brasileiros estão inseridos.

Uma vez que o isolamento social é a medida mais eficaz para reduzir a disseminação do vírus, a economia mundial sofre com a paralisação de atividades econômicas e a população é atingida pela incerteza de garantia de emprego e de renda. Nesse contexto, direcionado a pessoas em estado de vulnerabilidade, a instauração do auxílio emergencial pelo governo brasileiro, por meio da Lei n° 13.982 de 2 de abril de

11 BATISTA JÚNIOR, Onofre Alves. O Estado Democrático de Direito Pós-Providência brasileiro em busca da eficiência pública e de uma administração pública mais democrática. **Revista Brasileira de Estudos Políticos**, Belo Horizonte, v. 98, p. 119-158, 2009. P. 152. Disponível em: <https://pos.direito.ufmg.br/rbep/index.php/rbep/article/view/71>. Acesso em: 02 de março de 2021.

12 BATISTA JÚNIOR, Onofre Alves. O Estado Democrático..., *op. cit.* p. 157.

13 BATISTA JÚNIOR, Onofre Alves. O Estado Democrático..., *op. cit.* p. 128.

2020, trouxe alento a 67,2 milhões de brasileiros[14] e foi capaz de diminuir o impacto econômico causado pelas medidas de isolamento social. Em suma, trata-se de um amortecedor de impactos negativos da pandemia.

3.1. IMPACTOS POSITIVOS DO AUXÍLIO EMERGENCIAL NA ESFERA ECONÔMICA

O aumento das taxas de extrema pobreza no Brasil não tem como causa única a pandemia. Dados divulgados pelo IBGE em 2019 apontam que cerca de 13,88 milhões de brasileiros viviam em condição de miséria, alta de 170 mil pessoas em comparação com os dados de 2018.[15] Um estudo da Fundação Getúlio Vargas (FGV) com base na pesquisa PNAD COVID-19[16] revelou que em 2020, através do auxílio emergencial foi possível reverter, temporariamente, esse cenário.

Segundo a Secretaria de Política Econômica (SPE), os 600 reais oferecidos através do auxílio emergencial representaram em média 93% de toda a renda da população mais pobre do Brasil.[17] Logo, é possível inferir que a distribuição de renda básica universal permitiu o acesso dos grupos vulneráveis ao mínimo necessário para sobreviver durante este período. Dito em outros termos, o benefício alcançou 86,6% dos brasileiros mais pobres, fazendo com que a pobreza alcançasse o menor patamar da história, resultando na queda da taxa de população em

---

14 OLIVEIRA, Kelly. Auxílio emergencial chega a R$207,9 bi para 67,2 milhões de pessoas. Agência Brasil, Brasília, 25 de set. de 2020. Disponível em: <https://agenciabrasil.ebc.com.br/economia/noticia/2020-09/auxilio-emergencial-chega-r--2079-bi-para-672-milhoes-de-pessoas>. Acesso em: 04 de março de 2021.

15 Os cálculos que preveem mais 115 milhões de pessoas na miséria no mundo, enquanto fortuna de bilionários cresceu 27%. **BBC NEWS**, 11 de out. 2020. Disponível em: <https://g1.globo.com/mundo/noticia/2020/10/11/os-calculos-que-preveem-mais-115-milhoes-de-pessoas-na-miseria-no-mundo-enquanto-fortuna-de-bilionarios-cresceu-27.ghtml >. Acesso em: 04 de março de 2021.

16 CERIONI, Clara. FGV: Auxílio emergencial reduz extrema pobreza ao menor nível em 40 anos. **Exame**, 28 de julho de 2020. Disponível em: <https://exame.com/economia/fgv-auxilio-emergencial-reduz-extrema-pobreza-ao-menor-nivel-em-40-anos/>. Acesso em: 04 de março de 2021.

17 RIBEIRO, Mariana. Mais de 93% da renda dos mais pobres vêm do auxílio emergencial. **Valor**, Brasília, 08 de jul. de 2020. Disponível em: <https://valor.globo.com/politica/noticia/2020/07/08/mais-de-93percent-da-renda-dos-mais-pobres-veio-do-auxilio-emergencial.ghtml>. Acesso em: 03 de março de 2021.

extrema miséria no país, ao apresentar uma taxa de 2,4% de pobreza monetária em setembro.[18]

Além de impactar positivamente quem o recebe, a implementação do auxílio emergencial trouxe alento para a economia de forma geral. Através desse benefício, foi possível manter e assegurar o poder de consumo nas classes mais altas e o ampliar nas classes mais baixas, colaborando para a recuperação da economia.

Com o aumento do consumo de bens e serviços essenciais, gera-se um impacto sobre a demanda e também sobre o PIB, composto em cerca de 65% pelo consumo das famílias. Dessa forma, considerando que grande parte do dinheiro concedido mediante auxílio emergencial é estritamente gasto no consumo, desenvolve-se um efeito multiplicador, uma espécie de ciclo econômico.[19] A instauração desse ciclo é verificável na medida em que, dos R$186,90 bilhões cedidos para a população através do Auxílio Emergencial, cerca de R$100,74 bilhões retornaram aos cofres públicos através da arrecadação de impostos. Do mesmo modo, para cada R$1,00 oferecido para as famílias verifica-se o crescimento de R$1,78 no PIB, o que faz com que o efeito multiplicador seja capaz de gerar um impacto positivo de cerca de R$332,68 bilhões.[20] Essa dinâmica produziu um efeito estabilizador que impediu a queda do PIB e, diante disso, estudiosos afirmam que sem o Auxílio Emergencial a recessão ligada à pandemia teria alcançado escalas ainda maiores no Brasil.[21]

---

18 Programas sociais evitaram que a pobreza atingisse quase 30 milhões de pessoas.Gov.br, 20 de nov. de 2020. Disponível em: <https://www.gov.br/pt-br/noticias/assistencia-social/2020/11/programas-sociais-evitaram-que-pobreza-atingisse-quase-30-milhoes-de-pessoas#:~:text=%E2%80%9CA%20pobreza%20est%C3%A1%20no%20menor,%C3%89%20um%20n%C3%BAmero%20muito%20baixo>. Acesso em: 04 de março de 2021.

19 Especialista analisa impacto do auxílio emergencial de R$600 na economia. **Sagres**, 13 de agosto de 2021. Disponível em: <https://sagresonline.com.br/especialista-analisa-impacto-do-auxilio-emergencial-de-r-600-na-economia/>. Acesso em: 04 de março de 2021.

20 A importância econômica e social do auxílio emergencial. **CSB**, 29 de set. de 2020. Disponível em: <https://csb.org.br/noticias/nota-dieese-importancia-economica-e-social-do-auxilio-emergencial>. Acesso em: 04 de março de 2021.

21 ROUBICEK, Marcelo. Os efeitos do auxílio emergencial no PIB, segundo este estudo. **Nexo Jornal**, 06 de fev. de 2021. Disponível em: <https://www.nexojornal.com.br/expresso/2021/02/06/Os-efeitos-do-aux%C3%ADlio-emergencial-no-PIB-segundo-este-estudo>. Acesso em: 04 de março de 2021.

4. A RELAÇÃO ENTRE O ESTADO DEMOCRÁTICO DE DIREITO DE DESIDERATO SOCIAL E O AUXÍLIO EMERGENCIAL

Como evidenciado anteriormente, o Governo estabeleceu o auxílio emergencial em uma tentativa de "[...] concentração de esforços e custos operacionais na construção das ações necessárias à mitigação dos prejuízos causados pelo Covid-19 à população mais vulnerável".[22] Nesse viés, com a pandemia do coronavírus e a necessidade do isolamento social, muitas pessoas perderam suas fontes de sustento, e o Governo adotou essa medida para garantir uma fonte de renda para essas pessoas que foram prejudicadas e encontram-se em uma situação vulnerável durante este período de calamidade pública.

De modo geral, pode-se relacionar essas medidas adotadas pelo Estado brasileiro com o paradigma do Estado Democrático de Direito de desiderato social na medida em que a Constituição da República Federativa do Brasil postula como principal propósito da República o estabelecimento de um Estado Democrático de Direito, social em seu desiderato ao determinar a construção de um Estado de Direito necessariamente social com fundamentos democráticos.[23]

A concretização e adoção desse Estado prevê a construção de uma sociedade em que o povo que detém o poder (democrático de direito) e que vise atender as demandas e anseios da população, garantindo direitos e assegurando bem-estar social (de desiderato social), principalmente, para as minorias.

> As camadas sociais mais necessitadas, desempregadas ou subempregadas, discriminadas, em um Estado distribuidor que pretende (e deve) ser democrático, necessitam da adoção de estratégias diversas de atendimento das necessidades sociais, que possibilitem a aproximação do Governo com a sociedade organizada. Nesse cenário desponta a necessidade de se adotar estratégias de atuação que possibilitem fomentar ou favorecer o atendimento das necessidades sociais através da atuação de grupos ou organizações da sociedade civil que atuem diretamente junto aos segmentos sociais mais carentes. [24]

---

22 MINTO, Tulio Martinez. **Auxílio Emergencial de R$600,00 - Lei 13.982/2020: Coronavoucher e outras ferramentas de combate à crise do Covid-19**. Jus.com.br, 2020. Disponível em: <https://jus.com.br/artigos/84499/auxilio-emergencial-de-r-600-00-lei-13-982-2020>. Acesso em: 03 de março de 2021

23 BATISTA JÚNIOR, Onofre Alves. O Estado Democrático..., *op. cit.* p. 122.

24 BATISTA JÚNIOR, Onofre Alves. O Estado Democrático..., *op. cit.* p. 156.

Parafraseando José Carlos [25], esse Estado em vigor foi o que mais teve sucesso em conciliar avanço econômico com validação social e política, devido a uma convenção do Governo com políticas públicas que visem o combate a desigualdade social. Essa busca por diminuição de discrepâncias econômicas, sociais e assistenciais faz com que muitos projetos e medidas sejam adotados pelo Estado, de forma que:

> (...) ao incorporar a máxima segundo a qual "a desigualdade se perpetua quando a lei trata igualmente os desiguais". Formaram-se então hegemonias políticas que viabilizaram uma maior integração destas sociedades nacionais com base na aceitação - pela maioria da população - de políticas de redistribuição voltadas especialmente para os trabalhadores (normatização das relações trabalhistas), para os desempregados (assistência social), e para as regiões mais pobres e atrasadas da sociedade nacional. [26]

Percebe-se, então, uma relação entre esses projetos que buscam dar assistência a população e o Estado Democrático de Direito de desiderato social, uma vez que a CRFB/88 orienta a criação de uma República que almeje o bem comum e a igualdade fundamental, e a socialização da satisfação dos interesses, com lastro no humanismo democrático.[27]

Essa participação e ação do Estado não se concretizou apenas com o auxílio emergencial, desde a década de 90 programas sociais vêm sendo estabelecidos e construídos no país. O primeiro programa federal de transferência de renda nasceu com o presidente Fernando Henrique Cardoso, chamado de Programa Comunidade Solidária, além desse, muitos outros projetos foram instalados nesse Governo e também em outros, como o Bolsa Família, no Governo Lula.[28]

Fica evidente a participação e o papel que o Estado Democrático de Direito de desiderato social possui e se manifesta na sociedade, de maneira que o auxílio emergencial pode ser relacionado e visto como

---

25 ARAÚJO, José Carlos Evangelista de. **O Estado Democrático Social de Direito em face do princípio da igualdade e as ações afirmativas.** 2007. 576p. Dissertação (mestrado) Curso de Pós-Graduação em Direito do Estado (Constitucional) da Faculdade de Direito da Pontifícia Universidade Católica de São Paulo.

26 ARAÚJO, 2007, p. 327.

27 BATISTA JÚNIOR, Onofre Alves. O Estado Democrático..., *op. cit.* p. 124.

28 ROCHA, Miriam Aparecida. et al. Programas sociais brasileiros e sua relação com a pobreza, a desigualdade e o desenvolvimento. **Revista Brasileira de Políticas Públicas** / Programa de Mestrado e Doutorado em Direito do UniCEUB. – vol. 10, n. 3 (dez. 2020) - . Brasília : UniCEUB, 2011.

uma ponte que o Governo possui, nesse momento de pandemia, de promover um certo bem-estar social para a população, principalmente a mais vulnerável. Cabe, então, perceber a necessidade de otimização e adequação dos projetos sociais oferecidos pelo Governo em cada momento e a situação que a sociedade se encontra, buscando uma adequação e um equilíbrio.

5. COMO A TECNOLOGIA BEM APLICADA PODE SER ÚTIL PARA O ESTADO DEMOCRÁTICO DE DIREITO DE DESIDERATO SOCIAL E OS DESAFIOS NO USO DA TECNOLOGIA ENFRENTADOS PELO GOVERNO BRASILEIRO ATUAL

No contexto atual, o elevado desenvolvimento tecnológico, a internet, os recursos *online* e digitais atingem diversas áreas da vida privada e pública, individual e coletiva. Por isso, entidades públicas se valem desses recursos para proporcionar maior acesso, ação e comunicação com os cidadãos, podendo auxiliar na efetividade e no alcance da democracia.[29]

Logo, no contexto atual de elevado desenvolvimento tecnológico, que se expande por todas as áreas de interação e construção humana, surge o conceito de Governo eletrônico (*e-gov*), o qual refere-se à utilização das Tecnologias de Informação e Comunicação (TICs) na administração pública, para promover, segundo Abranson e Means, melhoria de processos, aumento da eficiência, melhor governança, elaboração e monitoramento de políticas públicas e aumento da transparência.[30]

Um exemplo de instrumento digital que proporciona e auxilia a aplicação de políticas públicas é o CadÚnico, utilizado pelo governo federal para obter informações e dados pessoais e socioeconômicos sobre famílias brasileiras de baixa renda. Essa ferramenta é utilizada para selecionar os

---

29 SUZUKI, Manuella Barbosa. A influência da democracia na tecnologia: avaliando aumento ou modificação da participação popular no voto visando eleições ou decisões. São Carlos: **UFSCar**, 2017, p. 46-47. Disponível em: <https://repositorio.ufscar.br/bitstream/handle/ufscar/8907/DissMBS.pdf?sequence=1&isAllowed=y>. Acesso em: 02 de março de 2021.

30 ABRANSON, M.; MEANS, G. E. E-government 2001 – IBM endowment for the business of government. Rowman & Littlefield Publishers, 2001 apud. BALBE, Ronald da Silva. Uso de tecnologias de informação e comunicação na gestão pública: exemplos no governo federal. **Revista do Serviço Público**, v. 61, n. 2, Brasília, abr/jun 2010, p. 192. Disponível em: <https://revista.enap.gov.br/index.php/RSP/issue/view/7/85>. Acesso em: 02 de março de 2021.

indivíduos que serão atendidos por programas sociais.[31] Nesse sentido, fica claro que "a inclusão digital e a compreensão de que o cidadão é o grande consumidor dos serviços eletrônicos eventualmente oferecidos pelo governo é outro tópico importante dentro da evolução do *e-gov*"32, visto que essas tecnologias nas esferas administrativa, governamental e política devem visar atender, de forma otimizada, o bem comum e satisfazer as necessidades da coletividade em um Estado Democrático de Direito.

Dessa maneira, para a implementação do auxílio emergencial fez-se necessária a utilização de meios tecnológicos, para a realização de um cadastro via Internet ou aplicativo e o preenchimento sobre diversos dados para o cadastramento. Além disso, o benefício é depositado em contas poupanças digitais e para movimentar o dinheiro nelas é preciso ter um aplicativo.[33]

Ademais, segundo Bruno Baranda Cardoso, quase metade do público-alvo do auxílio não era inscrito no CadÚnico, sendo necessário realizar um cadastro dessas pessoas [34], o que evidencia a importância das TICs e da inclusão digital em um Estado Democrático de Direito de desiderato social, uma vez que estas agilizam o processo de elaboração, computação e distribuição de funções prestacionais e promoção de políticas públicas. Nesse sentido, Gustavo Canuto, presidente do Dataprev, afirma que esse levantamento de dados foi benéfico, porque "O governo passou a conhecer 30 milhões de pessoas que antes eram

---

31 CARDOSO, Bruno Baranda. A implementação do Auxílio Emergencial como medida excepcional de proteção social. **Revista de Administração Pública**, vol. 54, n. 4, Rio de Janeiro, jul/ago 2020. Disponível em: <http://bibliotecadigital.fgv.br/ojs/index.php/rap/article/view/81902/78127>. Acesso em: 02 de março de 2021.

32 BALBE, Ronald da Silva. Uso de tecnologias de informação e comunicação na gestão pública: exemplos no governo federal. **Revista do Serviço Público**, Brasília, abr/jun 2010, p. 195. Disponível em: <https://revista.enap.gov.br/index.php/RSP/issue/view/7/85>. Acesso em: 02 de março de 2021.

33 Veja passo a passo de como pedir o auxílio emergencial de R$600. **Estadão**, maio de 2020. Disponível em: <https://economia.estadao.com.br/noticias/geral,veja-passo-a-passo-de-como-pedir-o-auxilio-emergencial-de-r-600-,70003263272>. Acesso em: 02 de março de 2021.

34 CARDOSO, Bruno Baranda. A implementação do Auxílio Emergencial como medida excepcional de proteção social. **Revista de Administração Pública**, vol. 54, n. 4, Rio de Janeiro, jul/ago 2020. Disponível em: <http://bibliotecadigital.fgv.br/ojs/index.php/rap/article/view/81902/78127>. Acesso em: 02 de março de 2021.

invisíveis para as políticas públicas. Sabemos agora quem são, quantos filhos tem cada família, qual a faixa de renda dela".[35]

Apesar de todos esses recursos, a implementação do auxílio emergencial passa por dificuldades e desafios de ordem tecnológica. De acordo com Paolo Giuseppe Araújo, que comanda um projeto tira-dúvidas sobre o cadastramento para o recebimento do benefício, a maioria das pessoas que buscam esclarecimentos são de baixa renda, pouca escolaridade e residentes de bairros de maior vulnerabilidade, e possuem dúvidas acerca do preenchimento de informações e quais dados devem ser colocados no cadastro.[36]

Portanto, a utilização de aplicativos e sites na internet são tarefas difíceis para a população vulnerável à pobreza, seja por carência de aparelhos eletrônicos ou de conexões à internet, pela falta de familiaridade e conhecimento para manuseio da tecnologia ou por dificuldades de leitura e interpretação de texto, principalmente entre os idosos.[37] Observa-se, por conseguinte, que a desigualdade social presente no Brasil afeta o problema da inclusão digital, uma vez que os mais vulneráveis têm maior dificuldade para acessar políticas públicas que utilizam o meio *online*. Dessa maneira, segundo Assumpção, é necessário que o vínculo entre inclusão digital e governo eletrônico seja consolidado, para que não ocorra de apenas os privilegiados acessarem os serviços públicos na internet[38], e para que o Estado Democrático de Direito efetivamente zele pela justiça social.

---

35 Como a tecnologia pode aproximar cidadão e governo durante a pandemia. **ENAP**, 2020. Disponível em: <https://enap.gov.br/es/acontece/noticias/como-a-tecnologia-pode-aproximar-cidadao-e-governo-durante-a-pandemia.> Acesso em: 2 de março de 2021.

36 Pouco acesso à tecnologia pode dificultar o recebimento de auxílio. **Diário do Nordeste**. Abril de 2020. Disponível em: <https://diariodonordeste.verdesmares.com.br/negocios/pouco-acesso-a-tecnologia-pode-dificultar-recebimento-de-auxilio-1.2239742>. Acesso em: 2 de março de 2021.

37 IPEA. As transferências monetárias federais de caráter assistencial em resposta à COVID-19: mudanças e desafios de implementação. **Nota técnica n. 72**, maio de 2020, p. 11. Disponível em: <https://www.ipea.gov.br/portal/images/stories/PDFs/nota_tecnica/200526_nt_disoc_n_72.pdf>. Acesso em: 02 de março de 2021.

38 ASSUMPÇÃO, Rodrigo Ortiz D'Avila. Inclusão digital e governo eletrônico: esforços conjuntos para redução das desigualdades. XIV Congreso internacional del CLAD sobre la Reforma del Estado y de la Administración Pública, Salvador, 2009 apud. BALBE, Ronald da Silva. Uso de tecnologias de informação e comunicação na

6. CONCLUSÃO

Em uma conjuntura social de pandemia, que impede que parte da população providencie seu próprio sustento, o Estado não pode atuar como espectador dos acontecimentos, mas deve agir através de políticas públicas interventivas para reduzir os danos causados pela Covid-19 e garantir melhores condições de vida à população.

Nesse sentido, a implantação da Lei n° 13.982 de 2020, que instituiu o auxílio emergencial, possibilitou a minimização de impactos econômicos negativos e assegurou o poder de consumo nas classes mais baixas. Desenvolveu-se, assim, uma espécie de efeito multiplicador na medida em que grande parte do que é gasto pelo governo para manter o auxílio retorna para ele em forma de impostos.

Desse modo, a partir desse artigo, pode-se concluir que através de políticas públicas interventivas é possível atingir um Estado de desiderato social, o que evidencia o fato de que a superioridade hierárquica não é meramente ilustrativa, mas o resultado de um trabalho proficiente da população.[39] Assim, o auxílio emergencial funciona como meio de concretização de direitos sociais fundamentais.

No entanto, é válido ressaltar que o auxílio não é uma medida absoluta, que consegue amparar todos os cidadãos, seja pelo processo burocrático envolvido, a falta de informações ou até mesmo a falta de recursos e conhecimentos tecnológicos necessários para obtenção do benefício.

Nesse contexto, mostra-se necessário a adoção de ações de longo prazo que garantam a efetivação dos direitos sociais previstos na Constituição e constitua uma rede de proteção aos cidadãos brasileiros, em especial aqueles de maior vulnerabilidade socioeconômica.

---

gestão pública: exemplos no governo federal. **Revista do Serviço Público**, v. 61, n. 2, Brasília, abr/jun 2010, p. 195. Disponível em: <https://revista.enap.gov.br/index.php/RSP/issue/view/7/85>. Acesso em: 02 de março de 2021.

39 BAHIA, Cláudio José Amaral; TOLEDO, Cláudia Mansani Queda de. O Estado e seu dever inafastável de concretização do direito fundamental à convivência familiar e comunitária de crianças e adolescentes também em tempos extraordinários: A Covid-19 e a Concessão do auxílio emergencial retratado pela lei N° 13.982/2020. **Revista Relações Internacionais do Mundo Atual.** V. 1, n. 26. Curitiba. Jan/ Mar 2020. Disponível em: < http://revista.unicuritiba.edu.br/index.php/RIMA/article/view/4060 >. Acesso em 06 de março de 2021.

REFERÊNCIAS BIBLIOGRÁFICAS

A importância econômica e social do auxílio emergencial. CSB, 29 de set. de 2020. Disponível em: <https://csb.org.br/noticias/nota-dieese-importancia-economica-e-social-do-auxilio-emergencial>. Acesso em: 04 de mar. de 2021.

ABRANSON, M.; MEANS, G. E. E-government 2001 – IBM endowment for the business of government. Rowman & Littlefield Publishers, 2001 apud. BALBE, Ronald da Silva. Uso de tecnologias de informação e comunicação na gestão pública: exemplos no governo federal. **Revista do Serviço Público**, Brasília, abr/jun 2010, p. 192.

ARAÚJO, José Carlos Evangelista de. **O Estado Democrático Social de Direito em face do princípio da igualdade e as ações afirmativas.** 2007. 576p. Dissertação (mestrado) Curso de Pós-Graduação em Direito do Estado (Constitucional) da Faculdade de Direito da Pontifícia Universidade Católica de São Paulo. Disponível em: < http://www.dominiopublico.gov.br/download/teste/arqs/cp032111.pdf >. Acesso em: 02 de março de 2021.

BAHIA, Cláudio José Amaral; TOLEDO, Cláudia Mansani Queda de. O Estado e seu dever inafastável de concretização do direito fundamental à convivência familiar e comunitária de crianças e adolescentes também em tempos extraordinários: A Covid-19 e a Concessão do auxílio emergencial retratado pela lei Nº 13.982/2020. **Revista Relações Internacionais do Mundo Atual.** V. 1, n. 26. Curitiba. Jan/ Mar 2020. Disponível em: < http://revista.unicuritiba.edu.br/index.php/RIMA/article/view/4060 >. Acesso em 06 de março de 2021.

BALBE, Ronald da Silva. Uso de tecnologias de informação e comunicação na gestão pública: exemplos no governo federal. **Revista do Serviço Público**, v. 61, n. 2, Brasília, abr/jun 2010. Disponível em: <https://revista.enap.gov.br/index.php/RSP/issue/view/7/85>. Acesso em: 02 de março de 2021.

BATISTA JÚNIOR, Onofre Alves. O Estado Democrático de Direito Pós-Providência brasileiro em busca da eficiência pública e de uma administração pública mais democrática. **Revista Brasileira de Estudos Políticos**, Belo Horizonte, v. 98, p. 119-158, 2009. Disponível em: <https://pos.direito.ufmg.br/rbep/index.php/rbep/article/view/71>. Acesso em: 02 de março de 2021.

BATISTA JÚNIOR, Onofre Alves. **O outro Leviatã e a corrida ao fundo do poço.** São Paulo: Almedina, 2015.

CARDOSO, Bruno Baranda. A implementação do Auxílio Emergencial como medida excepcional de proteção social. **Revista de Administração Pública**, vol. 54, n. 4, Rio de Janeiro, jul/ago 2020. Disponível em: <http://bibliotecadigital.fgv.br/ojs/index.php/rap/article/view/81902/78127>. Acesso em: 02 de março de 2021.

CERIONI, Clara. **FGV: Auxílio emergencial reduz extrema pobreza ao menor nível em 40 anos.** Exame, 28 de julho de 2020. Disponível em <https://exame.com/economia/fgv-auxilio-emergencial-reduz-extrema-pobreza-ao-menor-nivel-em-40-anos/>. Acesso em: 04 de março de 2021

Como a tecnologia pode aproximar cidadão e governo durante a pandemia. ENAP, 2020. Disponível em: <https://enap.gov.br/es/acontece/noticias/como-a-tecnologia-pode-aproximar-cidadao-e-governo-durante-a-pandemia>. Acesso em: 02 de março de 2021.

Especialista analisa impacto do auxílio emergencial de R$600 na economia. Sagres, 13 de agosto de 2021. Disponível em: <https://sagresonline.com.br/especialista-analisa-impacto-do-auxilio-emergencial-de-r-600-na-economia/>. Acesso: 04 de março de 2021.

FACCIOLI, Cesar Luis De Araújo. **Democracia e corrupção, conexões, tensões e condicionantes:** o enfrentamento às práticas corruptivas como condição de consolidação da democracia no Brasil. Tese (mestrado) – Faculdade de Direito da Fundação Escola Superior do Ministério Público, mestrado em Tutelas à Efetivação de Direitos Indisponíveis, Porto Alegre, 2018, 120 f. Disponível em: <https://www.fmp.edu.br/wp-content/uploads/2018/07/Cesar-Luis-de-Araujo-Faccioli.pdf>. Acesso em: 02 de março de 2021.

IPEA. **As transferências monetárias federais de caráter assistencial em resposta à COVID-19: mudanças e desafios de implementação**. Nota técnica n. 72, maio de 2020. Disponível em: <https://www.ipea.gov.br/portal/images/stories/PDFs/nota_tecnica/200526_nt_disoc_n_72.pdf>. Acesso em: 02 de março de 2021.

MINTO, Tulio Martinez. Auxílio Emergencial de R$600,00 - **Lei 13.982/2020: Coronavoucher e outras ferramentas de combate à crise do Covid-19.** Jus.com.br, 2020. Disponível em: <https://jus.com.br/artigos/84499/auxilio-emergencial-de-r-600-00-lei-13-982-2020>. Acesso em: 02 de março de 2021

OEA. **RESOLUÇÃO 01/2020**. Pandemia e direitos humanos nas américas. Comissão Interamericana de Direitos Humanos. Disponível em: <https://www.oas.org/pt/cidh/decisiones/pdf/Resolucao-1-20-pt.pdf>. Acesso em 05 de março de 2021

OLIVEIRA, Kelly. **Auxílio emergencial chega a R$207,9 bi para 67,2 milhões de pessoas.** Agência Brasil, Brasília, 25 de set. de 2020. Disponível em: <https://agenciabrasil.ebc.com.br/economia/noticia/2020-09/auxilio-emergencial-chega-r-2079-bi-para-672-milhoes-de-pessoas>. Acesso em: 04 de março de 2021.

Os cálculos que preveem mais 115 milhões de pessoas na miséria no mundo, enquanto fortuna de bilionários cresceu 27%. BBC NEWS, 11 de out. 2020. Disponível em: <https://g1.globo.com/mundo/noticia/2020/10/11/os-calculos-que-preveem-mais-115-milhoes-de-pessoas-na-miseria-no-mundo-enquanto-fortuna-de-bilionarios-cresceu-27.ghtml>. Acesso em: 04 de março de 2021.

Pouco acesso à tecnologia pode dificultar recebimento de auxílio. Diário do Nordeste, Abril de 2020. Disponível em: <https://diariodonordeste.verdesmares.com.br/negocios/pouco-acesso-a-tecnologia-pode-dificultar-recebimento-de-auxilio-1.2239742>. Acesso em: 02 de março de 2021.

Programas sociais evitaram que a pobreza atingisse quase 30 milhões de pessoas. Gov.br, 20 de nov. de 2020. Disponível em: <https://www.gov.br/pt-br/noticias/assistencia-social/2020/11/programas-sociais-evitaram-que-pobreza-atin-

gisse-quase-30-milhoes-de-pessoas#:~:text=%E2%80%9CA%20pobreza%20est%C3%A1%20no%20menor,%C3%89%20um%20n%C3%BAmero%20muito%20baixo.>. Acesso em: 04 de março de 2021

RIBEIRO, Mariana. **Mais de 93% da renda dos mais pobres vêm do auxílio emergencial.** Valor, Brasília, 08 de jul. de 2020. Disponível em: <https://valor.globo.com/politica/noticia/2020/07/08/mais-de-93percent-da-renda-dos-mais-pobres-veio-do-auxilio-emergencial.ghtml>. Acesso em: 03 de março de 2021

ROCHA, Miriam Aparecida. et al. Programas sociais brasileiros e sua relação com a pobreza, a desigualdade e o desenvolvimento. **Revista Brasileira de Políticas Públicas** / Programa de Mestrado e Doutorado em Direito do UniCEUB. – vol. 10, n. 3 (dez. 2020) - . Brasília : UniCEUB, 2011. Disponível em: <file:///C:/Users/55379/Downloads/2661-13568-1-PB.pdf>. Acesso em: 02 de março de 2021

ROUBICEK, Marcelo. **Os efeitos do auxílio emergencial no PIB, segundo este estudo.** Nexo Jornal, 06 de fev. de 2021. Disponível em: <https://www.nexojornal.com.br/expresso/2021/02/06/Os-efeitos-do-aux%C3%ADlio-emergencial-no-PIB-segundo-este-estudo>. Acesso em: 04 de março de 2021.

SANTIAGO, Marcus Firmino. Estado democrático de direito: uma utopia possível? **Revista da Faculdade de Direito da UFG**. Fac. Dir. UFG, v. 43, p. 01-19, 2019. P. 10. Disponível em: <http://www.mpsp.mp.br/portal/page/portal/documentacao_e_divulgacao/doc_biblioteca/bibli_servicos_produtos/bibli_informativo/bibli_inf_2006/Rev-FD-UFG_v.43.04.pdf>. Acesso em: 02 de março de 2021.

SILVA, Enio Moraes da. O Estado Democrático de Direito. **Revista de informação legislativa**, Brasília, v. 42, n. 167, p. 213-230, jul./set. 2005. Disponível em: <https://www12.senado.leg.br/ril/edicoes/42/167/ril_v42_n167_p213.pdf>. Acesso em: 02 de março de 2021.

SUZUKI, Manuella Barbosa. **A influência da democracia na tecnologia: avaliando aumento ou modificação da participação popular no voto visando eleições ou decisões**. São Carlos: UFSCar, 2017. Disponível em: <https://repositorio.ufscar.br/bitstream/handle/ufscar/8907/DissMBS.pdf?sequence=1&isAllowed=y>. Acesso em: 02 de março de 2021.

Veja Passo a passo de como pedir o auxílio emergencial de R$ 600. O Estado de São Paulo. Maio de 2020. Disponível em: <https://economia.estadao.com.br/noticias/geral,veja-passo-a-passo-de-como-pedir-o-auxilio-emergencial-de-r-600-,70003263272>. Acesso em: 02 de março de 202

AS GRANDES EMPRESAS DE TECNOLOGIA E O CIBERLEVIATÃ

Daniel Augusto Teodoro Lemos[1]
Elisa Costa Batista Araújo[2]
Frederico Antonio Soares[3]
Gabriel Augusto de Oliveira Lopes[4]

1. INTRODUÇÃO

A estrutura capitalista mundial se reformulou ao longo da história. Com a mundialização do capital, criou-se um sistema financeiro global integrado que conectou grandes metrópoles e favoreceu novas maneiras de obter lucros. Essa mundialização se caracterizou pela extrema ampliação das operações de capital, ou seja, pela globalização dos investimentos e da produção. A acelerada evolução tecnológica, sobretudo com a integração online mundial, deixou o produtor cada vez mais distante de seu consumidor, o que favoreceu ainda mais o processo de integração e globalização da economia. Nesse contexto de uma sociedade contemporânea tecnológica, surge então o que vem a se chamar de capitalismo digital.

As gigantes de tecnologia, como Amazon, Facebook e Google, reinam praticamente como monopólios em suas respectivas áreas de atuação e avançam sobre outros setores da economia. Nessa nova estrutura de mercado, os dados se tornam o novo petróleo. No entanto, os impactos da concentração de poder dessas empresas não são

1 Graduando em Direito pela Universidade Federal de Minas Gerais (UFMG).

2 Graduanda em Direito pela Universidade Federal de Minas Gerais (UFMG).

3 Graduando em Direito pela Universidade Federal de Minas Gerais (UFMG).

4 Graduando em Direito pela Universidade Federal de Minas Gerais (UFMG).

apenas econômicos, envolvem também questões como o controle de informações privadas. Surge, assim, um Ciberleviatã, como coloca José María Lassalle, "um capitalismo de plataforma desumano e desigual que rompe as costuras políticas e institucionais das democracias liberais em todo o Ocidente",[5] um Novo Leviatã, em que dados pessoais se tornam o insumo da economia.

O mundo interligado, digital, reduz custos de transação e assimetrias de informação. A reorganização do mercado de prestação de serviços por empresas como Uber e Rappi, a reforma trabalhista, o crescimento de trabalhos pontuais sob demanda, apontam para uma sociedade de empreendedores individuais, para o fim de vínculos empregatícios estáveis e, consequentemente, para um mercado de trabalho ainda mais flexível. A elevada lucratividade dessas plataformas digitais aponta para uma eliminação sem precedentes de empregos decorrente da automação e da inteligência artificial, o que tende a aumentar ainda mais a desigualdade de renda e riqueza no planeta.

Diante disso, o presente trabalho pretende se aprofundar na explicação da relação entre o capital e as grandes empresas de tecnologia e os impactos gerados a partir dessa relação, sobretudo com a crescente digitalização.

2. NOVAS FORMAS DE PRECARIZAÇÃO: MITO DO EMPREENDEDORISMO DIGITAL E "UBERIZAÇÃO"

Diante do papel econômico da Internet, em que plataformas digitais remodelaram o mercado global, empresas, como Ifood e Uber, vendem uma espécie de mito do empreendedorismo individual. Incentivam a ideia de que seria possível atingir a autonomia financeira por meio do esforço próprio. Assim, as pessoas seriam microempresárias, chefes de si mesmas. Como a Uber bem define em seu website: "As oportunidades surgem, as portas se abrem e os sonhos se tornam realidade."[6]

---

5 LASSALE, Jose María. Uma ética digital para as cidades. **Clarín**, 2019. Tradução CEPAT. Disponível em: <http://www.ihu.unisinos.br/78-noticias/594106-uma-etica-digital-para-cidades>. Acesso em: 4 set. 2020.

6 Trecho retirado diretamente do website da empresa Uber. Disponível em:< www.uber.com/pt-BR>. Acesso em: 6 set. 2020.

A realidade, no entanto, é um tanto mais perversa do que essa simplificação. O fato é que essas empresas apenas reforçam a precariedade das relações de trabalho. Como Schwab bem coloca:

> o Uber, a maior empresa de táxi do mundo, não tem veículos; o Facebook, a mídia mais popular do mundo, não cria conteúdo; o Alibaba, o varejista mais valioso, não tem estoque; a Airbnb, o maior fornecedor de acomodações do mundo, não tem imóveis.[7]

Esse fenômeno é o que se convencionou chamar de Uberização do trabalho. A Uberização gira em torno de uma retórica que envolve as ideias de "capitalismo colaborativo", onde cada "empreendedor individual" oferece seus serviços a consumidores interessados, e essas transações são apenas intermediadas por uma empresa de tecnologia. Ter-se-ia, portanto, uma dinâmica de trabalho, em que todas as partes sairiam ganhando?

O fato é que por trás dos negócios capitalistas "colaborativos", tem-se uma concentração de capital e a consequente exploração do capital, de modo que se eliminam direitos trabalhistas e aumenta-se a precariedade. Sejam entregadores de encomendas da Rappi ou Ifood, ou sejam quaisquer outros "colaboradores" que trabalham de forma associada a esse tipo de empresa, jornadas exaustivas de trabalho e ausência de direitos trabalhistas (férias remuneradas, salário-mínimo, licença médica etc.) são a prática comum: "As plataformas operam a conexão entre grandes conglomerados buscando formas de valorizar seu capital e uma massa de trabalhadores procurando garantir sua subsistência".[8]

Diante disso, tem-se atualmente uma pressão, cada vez maior, por parte desses trabalhadores, por direitos que os amparem, tal qual a greve realizada por entregadores de aplicativos, como o Ifood. Além disso, no Brasil, em decisão, o juiz Atila da Rold Roesler, no Rio Grande do Sul, reconheceu o vínculo empregatício entre a Uber e motoristas. Conforme o magistrado afirma na sentença: "Assim é que estipular preço por um serviço prestado por um trabalhador, controlar sua jornada de trabalho por algoritmos e GPS e impor punições por supostas falhas certamente configuram vínculo empregatício".[9]

---

7 SCHWAB, Klaus. **A quarta revolução industrial**. São Paulo: Edipro, 2018, p. 29.

8 VALENTE, Jonas. **Tecnologia, Informação e Poder**: Das plataformas online aos monopólios digitais. Universidade de Brasília, 2019, p.183.

9 Decisão do juízo da 28ª vara do Trabalho de Porto Alegre/RS. Trecho e notícia referente à sentença disponível em: <https://www.migalhas.chttps://www.migalhas.

Essas são algumas das respostas frente a essas mobilizações, apesar de ainda não existir nenhum aceno concreto para uma possível mudança na relação entre as empresas de tecnologia e seus empregados. O único fato que se tem, hoje, é que esse vínculo é marcado por: "A mão invisível que afaga os bilionários da tecnologia é a mesma que apedreja os trabalhadores precarizados".[10]

Mas até que ponto pessoas podem ser meras pontes para o lucro?

3. CAPITALISMO CULTURAL E CAPITALISMO DE VIGILÂNCIA: O VERDADEIRO PODER DAS GRANDES EMPRESAS DE TECNOLOGIA

As grandes corporações utilizam-se de uma forma de poder muito mais sutil e perigosa, sobretudo a partir da dominação cultural e psicológica sobre seus usuários. Os cidadãos se transformaram em verdadeiros insumos humanos que têm coletadas suas informações pessoais, posteriormente monetizadas pelas gigantes da tecnologia para geração de lucro. Márcia Tiburi afirma: "O engraçado é que o capitalismo, que é uma máquina de esvaziar subjetividades e humilhar e submeter corpos, conseguiu chegar ao seu ápice deixando a todos contentes por acreditarem que são donos de si mesmos".[11]

As empresas de tecnologia não são apenas fornecedoras de produtos e plataformas digitais. Além disso, são verdadeiras produtoras de conteúdo artístico, cultural e de entretenimento, em um processo que é definido, por Éder Alves,[12] como capitalismo-cultural-digital. Elas criam uma própria cultura digital que as colocam como uma atividade essencial, no sentido de fazer parte da vida pessoal e profissional do cidadão. O uso

---

com.br/quentes/321334/justica-do-rs-reconhece-vinculo-de-emprego-entre-motorista-e-uberom.br/quentes/321334/justica-do-rs-reconhece-vinculo-de-emprego-entre-motorista-e-uber> Acesso em: 6 set. 2020

10 Uberização e exploração, a verdadeira cara do capitalismo "colaborativo". Tradução de Douglas Silva. **La Izquierda Diario**. Disponível em: <https://www.esquerdadiario.com.br/Uberizacao-e-exploracao-a-verdadeira-cara-do-capitalismo-colaborativo> Acesso em: 06 set. 2020

11 TIBURI, Márcia. A produção de si como mercadoria nas redes sociais. **Revista Cult**. Disponível em: <https://revistacult.uol.com.br/home/producao-de-si-mercadoria-redes-s> Acesso em: 3 set. 2020.

12 ALVES, Éder P. Maia. **O capitalismo cultural-digital: investimento cultural público versus incentivos fiscais**. Disponível em: <artigo-itau-elder.pdf (d3nv1jy4u7zmsc.cloudfront.net)>. Acesso em: 3 set. 2020.

das tecnologias é praticamente visto como um requisito necessário para a aceitabilidade social do indivíduo e projeção de si para com seu grupo.

As grandes empresas de tecnologia possuem como fim influenciar o ambiente digital e o modo como os indivíduos relacionam-se entre si e com as instituições. O processo que monetiza dados adquiridos por vigilância foi definido, por Shoshana Zuboff,[13] como capitalismo de vigilância. Este consiste em extrair dados dos usuários e analisá-los, a fim de posteriormente personalizar os serviços oferecidos a eles (limitando as possibilidades de escolha e tornando seu comportamento mais previsível). Como afirma Roger Mcnamme, um dos primeiros investidores da Amazon e Facebook: "enquanto o capitalismo industrial faz uso da tecnologia para manipular o ambiente, o capitalismo digital manipula o comportamento humano".[14]

Algumas funcionalidades já existentes parecem ter saído diretamente de uma distopia de ficção científica, para os mais desinformados. O Facebook possui patentes de tecnologias que, a partir da verificação de atos como velocidade de retirada do celular do bolso, intensidade e velocidade de uso do teclado para escrever uma mensagem, são capazes de aferir as emoções do usuário ao executar determinada atividade em suas plataformas. Dessa forma, sendo capazes de traçarem perfis psicológicos detalhados que podem ser usados posteriormente para direcionar ao usuário propagandas ou posts, que funcionam como verdadeiros gatilhos emocionais, é possível induzir o usuário a consumir determinado produto, ou hipoteticamente apoiar determinada ideologia ou candidato. Como coloca Ricardo Dudda: "Estamos diante do "fim do livre-arbítrio", como apontou Yuval Noah Harari?"[15]

As empresas de tecnologia têm oferecido diversos serviços para órgãos públicos, por exemplo, avançados sistemas de reconhecimento

---

13 ZUBOFF, Shoshana. **The age of surveillance capitalism**: The fight for a human future at the new frontier of power. Profile Books, 2019.

14 MCNAMME, Roger. O desejo de poder das big techs como Google e Facebook. **Revista Exame**, 2020. Disponível em: <https://exame.com/blog/opiniao/o-desejo-de-poder-de-big-techs-como-google-e-facebook/>. Acesso em: 3 set. 2020.

15 DUDDA, Ricardo. O futuro do Google é também seu passado: colonialismo digital e capitalismo de vigilância. **Letras Libres**, 2019. Tradução CEPAT. Disponível em:< http://www.ihu.unisinos.br/78-noticias/595033-o-futuro-do-google-e-tambem-seu-passado-colonialismo-digital-e-capitalismo-de-vigilancia>Acesso em: 3 set. 2020

facial. Tais tecnologias podem conceder a essas empresas um poder indevido frente a gestão das diretrizes de segurança pública.

Eventuais omissões do Estado, em oferecer serviços de qualidade, podem aumentar o espaço de influência das big techs de forma irreparável. Mcnamme arremata:

> [...] a Sidewalk Labs, uma subsidiária da empresa matriz do Google, Alphabet, oferece a possibilidade de tomar o lugar de serviços públicos locais em troca do controle dos dados públicos e do poder de tomar decisões. Seja porque foi feito assim ou por acidente, este modelo de negócios poderia aos poucos substituir a escolha pessoal, além de usar algoritmos para tomar o lugar da democracia na esfera local. [16]

Por fim, o controle de dados não se restringe apenas aos governos e indivíduos isolados como também a outras empresas de tecnologia e empresas de outros setores tradicionais. A *Amazon Web Services* (AWS) é um sistema de nuvem da empresa que armazena dados essenciais de várias outras companhias, de diversos setores, desde Netflix até de grandes bancos, além do próprio Departamento de Estado dos EUA. A AWS tornou-se o negócio mais lucrativo da Amazon, atingindo, ainda no início de 2020, o valor de mercado de 35 bilhões de dólares.

Com o surgimento da pandemia do COVID-19, tornou-se ainda mais necessário que as empresas aumentassem o oferecimento de serviços referentes à suas plataformas online, o que as tornou ainda mais dependentes do data center da Amazon (aumento de demanda de 59%), fazendo com que alguns especialistas denominem esta empresa como a "grande vencedora da pandemia".

4. PERSPECTIVAS E POSSIBILIDADES DE CONTROLE DO CIBERLEVIATÃ

A necessidade de regulamentar essa expansão digital torna-se imprescindível, sobretudo frente ao poderio das empresas de tecnologia. Tal fato fica claro ao pensar que corporações, por exemplo a Google, buscam oferecer internet gratuita a países em desenvolvimento. No caso da empresa citada, por meio do *Google Station*, que já está disponível em locais no México, na Índia e até mesmo no Brasil. Seria essa apenas uma ação para diminuir a desigualdade no acesso à internet? Engana-se quem assim o vê. Lassalle evidencia o contrário:

---

16 MCNAMME, Roger. O desejo de poder das big techs como Google e Facebook. **Revista Exame**, 2020. Disponível em: <https://exame.com/blog/opiniao/o-desejo-de-poder-de-big-techs-como-google-e-facebook/> Acesso em: 3 set. 2020

> Creo que ha habido, en un determinado momento, una responsabilidad clara por parte de quienes pensaban que Internet iba a ser una experiencia de libertad y no se daban cuenta de que esa experiencia de libertad generaba un modelo de negócio basado en el tráfico de datos, un tráfico de datos que se podía llevar por delante los derechos de propiedad intelectual y basado en un consumo de aplicaciones [...].[17]

Contudo, seria possível colocar limites a essas empresas de tecnologia? A pressão por direitos digitais, sobretudo ao se pensar em uma legislação de proteção de dados, e até mesmo a tributação dessas empresas são discussões cada vez mais recorrentes, as quais versam sobre a possibilidade de frear esse poder, que a princípio parece ilimitado.

O conhecimento de que essas empresas utilizam de paraísos fiscais para pagarem menos impostos não é de agora. Entre 2013 e 2015, os países europeus perderam 5,4 bilhões de euros em impostos do Google e Facebook. O desejo por um tributo digital é expressivo, e a OCDE (Organização para a Cooperação e Desenvolvimento Econômico) já se manifestou nesse sentido.

No entanto, a proposta tem sofrido críticas, sobretudo por beneficiar em grande parte os países membros, excluindo muitos outros da discussão, de modo que a proposta deixaria a desejar, além de não ir contra as desigualdades de tributação, sobretudo na esfera internacional. A busca por um sistema justo de tributação, e consequente repartição, ainda é um grande desafio, todavia, necessário.

Dentro desse cenário, insere-se a importância de se tributar empresas digitais, principalmente diante da alta lucratividade que têm apresentado. Como pontua Ludmila Oliveira e Tarcísio Magalhães:

> A explicação para esse fenômeno se deve ao fato de estar-se aqui diante de monopólios ou quase-monopólios e oligopólios com "poder de mercado de plataforma", resultantes de falhas de mercado e da incapacidade de leis antitruste e demais regulações da concorrência de desconstituí-los, como tem ressaltado vasta literatura em direito e economia. Muito disso decorre da

---

17 Tradução livre: Creio que houve, em um determinado momento, uma responsabilidade clara por parte de quem pensava que a internet ia ser uma experiência de liberdade e não se dava conta de que essa experiência de liberdade gerava um modelo de negócio baseado no tráfico de dados, um tráfico de dados que se podiam levar por cima dos direitos de propriedade intelectual e baseado em um consumo de aplicações. VALLIN, Pedro. Entrevista com Jose María Lassalle. **La Vanguardia**. 2019. Disponível em: <https://www.lavanguardia.com/politica/20190525/462458421427/lassalle-ciberleviatan-google-netflix.html > Acesso em: 3 set. 2020

possibilidade de essas empresas reduzirem sobremaneira seu ônus tributário global, movendo lucros de países de alta tributação para países de baixa tributação (em razão do uso de intangíveis de difícil valoração e da ausência de presença física), aliado à inexistência de custos de oportunidade na exploração e monetização de usuários e dados (network effects), bem como a tática de supressão da concorrência como killer acquisitions [...].[18]

Outro grande debate, é a importância de uma legislação que proteja os cidadãos, mormente diante do tráfico de dados realizado pelas empresas de tecnologia. Nessa linha, o Brasil aprovou a Lei nº 13709/18, conhecida como Lei Geral de Proteção de Dados, a qual entra em vigor em 2020. Essa lei possui como base a tutela dos dados das pessoas frente ao setor público, o qual também pode possibilitar o vazamento de dados, e a entes privados.

Assim, por exemplo, empresas não poderiam, como atualmente fazem, comercializar dados pessoais dos cidadãos sem o consentimento desses. Prega-se pela privacidade e controle de informação dos indivíduos, de modo a pôr limites ao atual capitalismo de vigilância. E por que uma legislação que paute esse resguardo é tão importante?

> A proteção de dados é um direito fundamental voltado à regulação social dos mercados, à imposição de limites ao modo como informações são processadas e negociadas, ao esforço por dar mais poder às pessoas no controle do fluxo de informações gerado por elas próprias, mas manejados por grandes corporações. É uma questão de democracia e de equilíbrio de poder.[19]

Desse modo, proteger as informações pessoais dos indivíduos é resguardar os direitos fundamentais e sobretudo a democracia. A importância de se criar direitos digitais é cada vez maior, como José María Lassalle bem descreve:

> É necessário que a lei regulamente como os algoritmos são executados, ou que se introduza uma função social acerca dos mesmos, que os desaproprie do controle das corporações, passados alguns anos, ou que nos empo-

---

18 MAGALHÃES, Tarcísio Diniz, Oliveira, Ludmila Mara Monteiro. **Tributação de lucros extraordinários no Brasil**: da guerra à pandemia e além, 2020, p. 5.

19 ZANATTA, Rafael. Haverá proteção contra o capitalismo de vigilância? **Outras Palavras**. 2018. Disponível em: <http://www.ihu.unisinos.br/78-noticias/577324-havera-protecao-contra-o-capitalismo-de-vigilancia> Acesso em: 3 set. 2020

dere sobre como administrar nossa pegada digital e decidir com quem e a que preço nossos dados são usados. [20]

Tanto a tributação quanto a legislação para proteger dados são perspectivas do que se pode fazer frente ao cenário de capitalismo digital. Todavia, é importante ressaltar a necessidade de cooperação entre os países para que se consiga a efetividade dessas medidas. Afinal, poderia ser a flexibilização de leis de proteção de dados e de tributos sobre empresas digitais o mais novo artifício de competição entre os países, sobretudo subdesenvolvidos?

5. CONSIDERAÇÕES FINAIS

Diante do que já foi exposto, percebe-se que as empresas de tecnologia não são neutras, pelo contrário, são extremamente poderosas e refletem os interesses daqueles que as comandam. Inseridas em um contexto de mundialização do capital, esses monopólios se configuram para além da presença de um capital leviatã, o qual, apenas visa ao lucro, sem compromisso com o social. Tem-se um Ciberleviatã, que utiliza como insumo os dados dos usuários, além de reforçar a precarização das relações de trabalho. Dessa forma, caminha-se para uma ditadura de algoritmos, em que empresas de tecnologia dominarão não apenas o capital, mas todos os aspectos das relações sociais.

Para efetivar uma contenção desse Novo Leviatã tecnológico é fundamental uma cooperação entre os países. Como Einstein já bem coloca em seu diálogo com Freud, os Estados não querem ceder suas respectivas soberanias. Entretanto, o que é preciso salientar, no momento, que, com o tamanho do poder dessas empresas de tecnologia, talvez seja difícil ao menos pensar em soberania estatal no futuro, se é que ainda possa fazê-lo atualmente.

REFERÊNCIAS BIBLIOGRÁFICAS

AGÊNCIA BRASIL. Lei de Proteção de Dados traz mudanças, mas falta órgão fiscalizador. **Istoé**, 2020. Disponível em: <https://istoe.com.br/lei-de-protecao-de-dados-traz-mudancas-mas-falta-orgao-fiscalizador/>. Acesso em: 3 set. 2020.

---

20 LASSALE, Jose María. Uma ética digital para as cidades. **Clarín**, 2019. Tradução CEPAT. Disponível em:<http://www.ihu.unisinos.br/78-noticias/594106-uma-etica-digital-para-cidades> Acesso em: 4 set. 2020.

ALVES, Éder P. Maia. **O capitalismo cultural-digital: investimento cultural público versus incentivos fiscais.** Disponível em: <artigo-itau-elder.pdf (d3nv1jy4u7z-msc.cloudfront.net)>. Acesso em: 3 set. 2020.

BARBOSA, Gustavo. A uberização sem volta e a pedagogia do socialismo. **Outras Palavras**, 2020. Disponível em:< https://outraspalavras.net/tecnologiaemdisputa/a-uberizacao-sem-volta-e-a-pedagogia-do-socialismo/>. Acesso em: 5 set. 2020.

BATISTA JÚNIOR, Onofre Alves. **O Outro Leviatã e a Corrida ao Fundo do Poço**. 1 ed . São Paulo: Alamedina, 2015.

CHRISTIANS, Allison; MAGALHAES, Tarcisio Diniz. A New Global Tax Deal for the Digital Age. **Canadian Tax Journal/Revue fiscale canadienne**, v. 67, n. 4, p. 1153–1178, 2019.

DUDDA, Ricardo. O futuro do Google é também seu passado: colonialismo digital e capitalismo de vigilância. **Letras Libres**, 2019. Tradução CEPAT. Disponível em: <http://www.ihu.unisinos.br/78-noticias/595033-o-futuro-do-google-e-tambem-seu-passado-colonialismo-digital-e-capitalismo-de-vigilancia>. Acesso em: 3 set. 2020.

FRANÇA, Victor. Anarcocapitalismo digital, monopólios tecnológicos e precarização das relações de trabalho. **Diplomatique**, 2019. Disponível em:< https://diplomatique.org.br/monopolios-tecnologicos-e-precarizacao-das-relacoes-de-trabalho/>. Acesso em: 4 set. 2020.

GORZ, André. A crise e o êxodo da sociedade salarial. **Caderno IHU Ideias**, v. 31, n. 19, 2005.

INGIZZA, Carolina; RIVEIRA, Carolina SERRANO, Filipe; LOUREIRO, Felipe. Vencedores da pandemia. **Revista Exame**, 2020. Disponível em: <https://exame.com/revista-exhttps://exame.com/revista-exame/vencedoras-da-pandemia/ame/vencedoras-da-pandemia/>. Acesso em: 3 set. 2020.

LASSALE, Jose María. Uma ética digital para as cidades. **Clarín**, 2019. Tradução CEPAT. Disponível em : <http://www.ihu.unisinos.br/78-noticias/594106-uma-etica-digital-para-cidades> . Acesso em: 4 set. 2020.

MACEDO, Joyce. Google Station: Wi-Fi grátis do Google chega ao Brasil. **Canaltech**, 2019. <https://canaltech.com.br/internet/google-station-wi-fi-gratis-do-google-chega-ao-brasil-141073/>. Acesso em: 3 set. 2020.

MAGALHÃES, Tarcísio Diniz, Oliveira, Ludmila Mara Monteiro. **Tributação de lucros extraordinários no Brasil**: da guerra à pandemia e além, 2020, p. 5.

MAIA ALVES, Elder P. The digitalization of the symbolic and the cultural-digital capitalism: The expansion of cultural-digital services in Brazil. **Sociedade e Estado**, v. 34, n. 1, p. 129–157, 2019.

MCNAMME, Roger. O desejo de poder das big techs como Google e Facebook. **Revista Exame**, 2020. Disponível em: <https://exame.com/blog/opiniao/o-desejo-de-poder-de-big-techs-como-google-e-facebook/>. Acesso em: 3 set. 2020.

MINETTO, Dirceu. "Uberização" é o presente e o futuro dos negócios. **Canaltech**, 2015. Disponível em: <https://canaltech.com.br/negocios/uberizacao-e-o-presente-e-o-futuro-dos-negocios-51625/>. Acesso em: 6 set. 2020.

Organização de COELHO, Ed Ricardo. **Um dialogo entre Einstein e Fred**: por que a guerra? Ed. Fadisma, 2005, p.23.

ORSOLINI, Márcio. Google usa paraísos fiscais para pagar menos impostos. **Revista Exame**, 2012. Disponível em: <https://exame.com/negocios/google-usa-paraisos-fiscais-para-pagar-menos-impostos/>. Acesso em: 3 set. 2020.

RIBEIRO, Gabriel Francisco. Greve não para apps, mas mostra força de entregadores: nova data é votada. **UOL**, 2020 – Disponível em: <https://www.uol.com.br/tilt/noticias/redacao/2020/07/01/greve-nao-para-apps-mas-afeta-sistema-e-mostra-forca-de-entregadores>. Acesso em: 6 set. 2020.

RUDNITZKI, Ethel; OLIVEIRA, Rafael. Como o Facebook está patenteando as suas emoções. **Revista Galileu**, 2019. Disponível em: <https://revistagalileu.globo.com/Tecnologia/noticia/2019/07/como-o-facebook-esta-patenteando-suas-emocoes.html>. Acesso em: 3 set. 2020.

SCHWAB, Klaus. **A quarta revolução industrial**. São Paulo: Edipro, 2018, p. 29.

TIBURI, Márcia. A produção de si como mercadoria nas redes sociais. **Revista Cult**. Disponível em:< https://revistacult.uol.com.br/home/producao-de-si-mercadoria-redes-s>. Acesso em: 3 set. 2020.

UBERIZAÇÃO e exploração, a verdadeira cara do capitalismo "colaborativo". Tradução de Douglas Silva. **La Izquierda Diario**. Disponível em: <https://www.esquerdadiario.com.br/Uberizacao-e-exploracao-a-verdadeira-cara-do-capitalismo-colaborativo>. Acesso em: 6 set. 2020.

VALENTE, Jonas. **Tecnologia, Informação e Poder**: Das plataformas online aos monopólios digitais. Universidade de Brasília, 2019.

VALLIN, Pedro. Entrevista com Jose María Lassalle. **La Vanguardia**, 2019. Disponível em: <https://www.lavanguardia.com/politica/20190525/462458421427/lassalle-ciberleviatan-google-netflix.html>. Acesso em: 3 set. 2020.

VAUGHAN, Adam. O Google está assumindo os contratos do NHS da DeepMind - devemos nos preocupar? **Srmonza**, 2019. Disponível em: <https://pt.srmonza.com/google-is-438899>. Acesso em 7 set. 2020.

VEGA, Miguel Angél Garcia. Como fazer com que os super-ricos paguem mais impostos? **EL País**, 2019. Disponível em: <https://brasil.elpais.com/brasil/2018/05/17/economia/1526572029_215786.html>. Acesso em: 3 set. 2020.

ZANATTA, Rafael. Haverá proteção contra o capitalismo de vigilância? **Outras Palavras**, 2018. Disponível em: <http://www.ihu.unisinos.br/78-noticias/577324-havera-protecao-contra-o-capitalismo-de-vigilancia>. Acesso em: 3 set. 2020.

ZUBOFF, Shoshana. **The age of surveillance capitalism**: The fight for a human future at the new frontier of power. Profile Books, 2019.

QUANTOS LEVIATÃS? A MUNDIALIZAÇÃO DO CAPITAL E O CONFLITO ENTRE EUA E CHINA

Carlos Henrique Silva Ferreira[1]
Eduardo Bruno das Graças Barreto de Souza[2]
Eliabe Salatiel Barbosa Fonseca[3]
Diego Pabulo Pinto Pereira da Rocha[4]

1. A MUNDIALIZAÇÃO DO CAPITAL, O OUTRO LEVIATÃ

Duas guerras mundiais, crise do constitucionalismo liberal e o advento do constitucionalismo social, marcaram a primeira metade do século XX. Já na segunda metade desse mesmo século, a humanidade presenciou uma guerra ideológica, a Guerra Fria, protagonizada pelos Estados Unidos da América (EUA) de um lado e de outro a União das Repúblicas Socialistas Soviéticas (URSS), que foi um período de tensão da geopolítica pela supremacia da influência ideológica. Não bastasse isso, o *Welfare State*, fruto das deficiências do capitalismo liberal em assegurar direitos sociais, entrou em crise e uma nova política econômica, com fundamentos no liberalismo, ganhou traços a partir da década de 1970, sendo denominada de neoliberalismo.

Nesse sentido, a partir de 1980 uma nova ordem econômica se impôs a nível mundial, comumente denominada como "mundialização do ca-

1 Graduando em Direito pela Universidade Federal de Minas Gerais (UFMG).

2 Graduando em Direito pela Universidade Federal de Minas Gerais (UFMG).

3 Graduando em Direito pela Universidade Federal de Minas Gerais (UFMG).

4 Graduando em Direito pela Universidade Federal de Minas Gerais (UFMG).

pital". Segundo Alves,[5] essa nova ordem consistiu em, sobretudo, um novo regime de acumulação capitalista que possui características próprias, sendo uma nova fase de internacionalização do capital que não se confunde com as etapas anteriores do desenvolvimento do capitalismo.

O ponto de partida para a mundialização do capital ocorreu em meados de 1975, quando "o capital procurou, de todas as formas, romper as amarras das relações sociais, leis e regulamentações dentro das quais se achava possível prendê-lo com a ilusão de 'civilizá-lo'", conforme descreve Alves.[6] Nesse mesmo sentido, afirma Chesnais que o capitalismo, nesse novo contexto, pode ser resumido a partir de sua nova característica principal: "propensão à mobilidade",[7] haja vista que a nova ordem possibilitou maior fluidez do capital financeiro e industrial.

O clássico Leviatã de Thomas Hobbes,[8] vinculado à territorialidade, i. e. às suas fronteiras, não conseguiu mais "domar" o "novo Leviatã (o capital),"[9] que surgia com a mundialização do capital e que, para alcançar os seus objetivos, submetia os Estados nacionais às suas próprias regras, buscando, assim, saciar a sua fome por mais lucros. Nesse sentido, os Estados nacionais se viram reféns, sem poder manter o capitalismo parasitário sob o seu controle, bem como não conseguiram conter as suas exigências de desregulamentações, sobretudo nas áreas do direito do trabalho e tributário, o que impôs privatizações e estabeleceu um Estado mínimo. O que se vê, de certa forma, é que o capitalismo mundializado passou a ditar as "regras do jogo" e não mais o Estado-nação. Nesse sentido, expõe Faria que:

> Diante da crescente mobilidade dos fatores de produção, dos riscos de fuga em massa de capitais e das dificuldades subsequentes de acesso a fontes de crédito e de inovação tecnológica, os custos políticos, econômicos e

---

5 ALVES, G. **Trabalho e mundialização do capital:** A nova degradação do trabalho na era da globalização. 2ª. ed. Londrina: Praxis, 1999. p. 53.

6 ALVES, G. **Trabalho e mundialização do capital...**, *op. cit.* p. 56.

7 CHESNAIS, F. **A mundialização do capital**. São Paulo: Xamã Editora, 1996. p. 28.

8 Segundo Thomas Hobbes o Leviatã é uma criação humana chamada de República ou Estado. Cf.: HOBBES, Thomas. **Leviatã ou matéria, forma e poder de um Estado eclesiástico e civil**. Tradução de Rosina D'ANGINA. 1ª. ed. São Paulo: Martin Claret, 2014. p. 21.

9 Esse termo foi empregado por Onofre Batista Alves Júnior para denominar o capitalismo da modernidade líquida. Cf.: BATISTA JÚNIOR, Onofre Alves. **O Outro Leviatã e a Corrida ao Fundo do Poço**. São Paulo: Almedina Brasil, 2015. p. 136.

> sociais de uma opção hostil a esses mercados e de uma recusa à abertura e liberalização econômicas tendem a crescer em ritmo de progressão geométrica, levando, assim, aos riscos de isolamento comercial, financeiro e tecnológico; e quanto maiores são esses riscos, mais pragmática tende a ser a reação dos governos nacionais, rendendo-se a uma inserção subordinada aos mercados globalizados.[10]

Com isso, os Estados nacionais perderam a sua autonomia territorial. A sua soberania, em relação à criação de regras e regulamentação das relações públicas e privadas, sucumbiu-se à coerção velada do capitalismo, que trouxe consigo maior fluidez nas interações político-econômicas, culminando no afrouxamento da soberania estatal. Caso o Estado optasse por rechaçar a dogmática capitalista, incorreria em um inevitável isolamento comercial, correndo o risco de prejudicar sua economia.

Assim, segundo os relatórios oficiais da Organização para a Cooperação e Desenvolvimento Econômico (OCDE), embora sejam admitidos os problemas da globalização, esta também apresentava algumas vantagens e, por isso, era necessária a "adaptação" do Estado e da sociedade voltada para a liberalização e desregulamentação.[11]

2. A ASCENÇÃO DA CHINA: DE UM PAÍS FECHADO PARA O MUNDO À ABERTURA AO CAPITAL MUNDIAL

O ano de 1949 marca a vitória dos chineses, liderados por Mao Tsé-Tung, frente a interferência externa japonesa que o país vinha sofrendo na primeira metade do século XX. A ascensão dos comunistas ao poder marca 22 anos de lutas de uma guerra armada.[12] Logo após a tomada do poder "para controlar a inflação galopante, o novo governo tomou o controle do sistema bancário e fechou a Bolsa de Valores de Xangai, o "centro de especulações",[13] além de modificar a economia interna estatizando os produtos mais importantes e aumentar a produção de mercadorias de necessidades básicas para a população chinesa.[14] Assim, a China se fechou completamente para o mundo.

---

10 CHESNAIS, F. **A mundialização do capital**..., *op. cit.* p. 32.

11 CHESNAIS, F. **A mundialização do capital**..., *op. cit.* p. 25.

12 SHENG, S. **A história da China Popular no século** XX. 1ª. ed. Rio de Janeiro: FGV, 2012. p. 19.

13 SHENG, S. **A história da China...**, *op. cit.* p. 19-20.

14 SHENG, S. **A história da China...**, *op. cit.* p. 20.

Para Mao, todos deveriam compartilhar as suas riquezas e o Estado era o representante da comunidade coletiva, de modo que a China deveria ser autossuficiente na sua economia interna e na produção tanto de alimentos quanto de bens. Nesse sentido, no período entre os anos de 1949 e 1952, o seu governo executou a reforma agrária, que culminou na coletivização da agricultura, com a apropriação, pelo Estado chinês, de terras e animais de tração para serem entregues a cooperativas. Os camponeses foram transformados de proprietários de terras a operários rurais, podendo usufruir somente de frações, cerca de 10%, das suas terras originais, para criação de animais e cultivo de alimentos para seu consumo.[15]

Em 1958, Mao Tsé-Tung, com a euforia de crescimento de uma China comunista e desenvolvida economicamente, acelerou a reforma agrária. O seu governo passou a estabelecer metas de produção agrícola, muitas delas bastante difíceis de serem alcançadas, e sua política causou consequências graves para a população chinesa, recebendo, assim, fortes críticas internas. Esses anos de euforia foram marcados por mentiras que maquiavam as produções agrícolas e as supervalorizavam, fato esse que resultou na repressão dos críticos do Grande Salto.[16] Segundo Sheng, "enquanto Mao estava reprimindo os críticos do Grande Salto, os camponeses de todo o país já estavam famintos em suas aldeias",[17] pois as produções agrícolas, a partir de 1957, entraram em queda, época que ficou conhecida como a "Grande Fome".[18]

Em 1966, foi deflagrada a Revolução Cultural por Mao Tsé-Tung que objetivou perseguir dirigentes do Partido Comunista Chinês (PCC), os quais eram acusados por ele de serem capitalistas.[19] Foram 10 anos de terror, de perseguição a dissidentes e de críticos ao governo comunista, período em que Sheng chamou de "grande tumulto" e "grande caos",[20] que terminaram apenas em 1976, com a sua morte.

É entre esse mesmo período, mais especificamente em 1972, que houve uma certa aproximação dos EUA com a China, a fim de buscar o seu apoio, tendo em vista o afastamento que se deu entre ela e a URSS

---

15 SHENG, S. **A história da China...**, *op. cit.* p. 44-46.

16 SHENG, S. **A história da China...**, *op. cit.* p. 47-55.

17 SHENG, S. **A história da China...**, *op. cit.* p. 56.

18 SHENG, S. **A história da China...**, *op. cit.* p. 56.

19 SHENG, S. **A história da China...**, *op. cit.* p. 95.

20 SHENG, S. **A história da China...**, *op. cit.* p. 112.

durante a Guerra Fria. Essa busca de reaproximação resultou na primeira visita de um presidente norte-americano a esse país.

Em 1978, quando Deng Xiaoping assumiu o governo, houve um estreitamento das relações diplomáticas e comerciais entre EUA e China, que se aprofundou ainda mais após as reformas político-sociais e, principalmente, econômicas que foram consolidadas com o "lema "Quatro Modernizações" (da agricultura, da indústria, da ciência & tecnologia e da defesa)"[21].

Nessa época, a China criou Zonas Econômicas Especiais completamente abertas para o ocidente e desfez políticas de Mao que custaram caro à China, levando em consideração o novo contexto político-econômico trazido pela mundialização do capital. Nesse sentido, Medeiros destaca que Deng Xiaoping instaurou um sistema mercantil-socialista com o objetivo de "elevar o status internacional da China como potência econômica e política capaz de influenciar o sistema internacional".[22]

Com uma população de 981 milhões em 1980[23] e mão de obra barata, a China era uma verdadeira mata verde para o capital mundializado, com grande potencial para investimento. Ainda que com fortes mudanças dentro do aspecto econômico Chinês, Deng Xiaoping e seus sucessores sempre buscaram manter vigorando o comunismo no interior do país, pois o objetivo não era transformar a China em uma economia de mercado, mas apenas atrair o capital externo, moderado pelo Estado, objetivando viabilizar a modernização econômica Chinesa.[24]

---

21 LYRIO, M. C. **A ascensão da China como potência:** fundamentos políticos internos. Brasília: FUNAG, 2010, p. 88.

22 MEDEIROS, C. A. D. Desenvolvimento Econômico e Ascensão Internacional. *In:* GUSMÃO, F. A. D. **III Conferência Nacional de Política Externa e Política Internacional - CNPEPI "O Brasil no mundo que vem aí"**. Brasília: Fundação Alexandre Gusmão, 2008, p. 19.

23 MUNDIAL, Banco. **World Bank Open Data**. Disponível em: <https://datos.bancomundial.org/pais/china >. Acesso em: 10 set. 2020.

24 ARAÚJO, C. G. D.; BRANDÃO, C. M.; DIEGUES, A. C. As transformações no modelo de desenvolvimento: de Deng Xiaoping ao período atual. **Economia Ensaios**, Uberlândia, p. sem paginação, 04 jun. 2019. Disponível em: <http://www.seer.ufu.br/index.php/revistaeconomiaensaios/article/view/39517/26075>. Acesso em: 12 set. 2020. p. 11.

3. O CONFLITO ENTRE EUA E CHINA NO SÉCULO XXI E A CORRIDA PELA HEGEMONIA ECONÔMICA E TECNOLÓGICA

Após essas grandes mudanças ocorridas durante a Era Deng Xiaoping (1978-1992), elas foram mantidas pelos seus sucessores e, além da forte imersão da China no mercado internacional, houve um aumento gradual na tensão China-EUA. Embora a crise de 2008 também tenha afetado a China, principalmente em relação às exportações, e causado uma desaceleração no crescimento econômico, sua economia continuou crescendo de forma considerável com suas políticas voltadas ao mercado interno.

Atualmente, a China tem a segunda maior economia do planeta, sendo o único país capaz de superar os EUA. A evolução econômica chinesa é clara no próprio comércio com os norte-americanos, tendo em vista o seu déficit comercial em relação às exportações com a China, pois esta exporta muito mais para os EUA do que o contrário. Em 2018, por exemplo, enquanto os EUA exportaram US$ 120 bilhões de dólares para a China, os chineses exportaram US$ 539 bilhões de dólares para os estadunidenses, o que representa um déficit de US$ 419 bilhões para os norte-americanos[25].

Além disso, esse crescimento estrondoso da economia chinesa pode ser verificado a partir da evolução de seu Produto Interno Bruto (PIB) que, em 31 anos (1978 a 2019), aumentou de US$ 150 bilhões para US$ 13,34 trilhões de dólares.[26] Esse crescimento vertiginoso tem incomodado os norte-americanos e, nos últimos anos, tem causado bastante tensão nas relações internacionais entre esses dois países. Essas tensões refletem nas constantes guerras comerciais entre ambos, que acabam afetando também os países periféricos e em desenvolvimento.

Em março de 2018, o presidente Donald Trump estipulou uma tarifa de 25% e 10%, respectivamente, sobre as importações de aço e alumínio.[27] Essa estratégia claramente visa à alta no valor dos produtos chineses, tornando assim mais viável para a população norte-americana com-

---

25 PALUMBO, D.; COSTA, A. N. D. Guerra comercial: 5 gráficos para entender a disputa entre EUA e China. **BBC News Brasil**, 13/05/2019. Disponível em: <https://www.bbc.com/portuguese/internacional-48228954>. Acesso em: 12 set. 2020.

26 MUNDIAL, Banco. **World Bank Open Data**. Disponível em: <https://datos.bancomundial.org/pais/china >. Acesso em: 10 set. 2020.

27 GAZZONI, M.; TREVIZAN, K.; ALVARENGA, D. EUA impõem sobretaxa de 25% ao aço importado e 10% ao alumínio. **G1**, 2018. Disponivel em: <https://g1.globo.com/economia/noticia/eua-impoem-sobretaxa-de-25-ao-aco-importado-e-10-ao-aluminio.ghtml>. Acesso em: 12 set. 2020.

prar os produtos nacionais. Como retaliação, em abril do mesmo ano, a China impôs uma sobretaxa de 25% a 128 produtos estadunidenses.[28]

Houve uma tentativa de reconciliação entre os países, em dezembro de 2019. Porém, esse momento tranquilo permaneceu somente até o começo de 2020, pois, com o advento da pandemia do novo coronavírus (COVID-19), os ânimos entre as duas potências se alteraram, com trocas de agressões verbais, sobretudo de Donald Trump acusando a China por provocar a nova pandemia mundial. Até mesmo a corrida por uma vacina tem causado conflitos entre esses dois países, tendo em vista que o presidente americano acusou os chineses de tentarem invadirem o seu sistema e roubarem os dados coletados na busca da cura, o que motivou, inclusive, o fechamento do consulado da China em Houston, no Texas. Em retaliação, a China fechou o consulado estadunidense na cidade de Chengdu.[29]

Todavia, o conflito entre EUA e China não está circundado apenas em relação à hegemonia econômica, mas também tem raízes na corrida pela evolução tecnológica que permeia o século XXI. A quinta revolução industrial, como muitos denominam, está voltada ao desenvolvimento da tecnologia do 5G, que marca uma nova era da geração da telecomunicação móvel. Essa tecnologia permite uma maior conexão entre dispositivos e tem sido desenvolvida, em especial, por causa do crescimento da internet das coisas. Ela permite uma maior velocidade de conexão e diminui a latência e uma maior capacidade de banda objetivando que os dispositivos tenham aplicações em tempo real. A Huawei é a empresa responsável por esse desenvolvimento tecnológico no país chinês, enquanto os EUA buscam sua influência na Europa e Coreia do Sul para manter a sua hegemonia econômica e tecnológica que está em risco com o constante crescimento do Estado chinês.

Diante do exposto, muito tem se especulado na mídia e até mesmo por economistas que o conflito entre EUA e China é uma "nova Guerra Fria", também denominada como "Guerra Fria 2.0". Todavia, esse ter-

---

28 G1. China adota tarifas sobre produtos dos EUA e tensão comercial aumenta. **G1**, 2018. Disponivel em: <https://g1.globo.com/economia/noticia/china-adota-tarifas-sobre-produtos-dos-eua-e-tensao-comercial-aumenta.ghtml>. Acesso em: 12 set. 2020.

29 G1. China manda fechar consulado dos EUA em Chengdu em retaliação a Trump. **G1**, 24/07/2020. Disponível em: <https://g1.globo.com/mundo/noticia/2020/07/24/china-fecha-consulado-dos-eua-em-chengdu.ghtml> Acesso em: 12 set. 2020.

mo é bastante grotesco e simplista para explicar a complexibilidade dos acontecimentos no âmbito mundial e o conflito protagonizado por essas duas potências mundiais, sendo um termo incapaz de explicar de forma satisfatória todas as nuances que englobam essa guerra.

O termo mais correto ou o que mais se aproxima do que hoje representa esse grande conflito é o termo "Guerra Irrestrita". Isso porque consiste em uma guerra que não está limitada pela influência ideológica, pela ocupação territorial e muito menos pelo conflito militar ou iminente conflito militar que foi protagonizado no século XX pelos EUA e a URSS, é muito mais complexo. A influência, tanto da China quanto dos EUA, avança na direção econômica e tecnológica e uma guerra, especialmente militar, atrapalharia os anseios capitalistas dessas duas potências de se manterem no topo da economia mundial, causando, sobretudo, sérios prejuízos e aprofundando a recessão econômica provocada pela crise de 2008 que arrastou diversos países e muito mais agora com a crise mundial provocada pela pandemia do novo coronavírus.

4. CONCLUSÃO

A evolução econômica que se deu na China a partir de 1978 é bastante evidente. A política empregada por Deng Xiaoping, de abertura comercial, foi um importante propulsor para a guinada do Estado chinês que vivenciou desastrosos momentos, como a Grande Fome no governo anterior, para se tornar uma das maiores potências econômicas do século XXI. A China, em 1978, já possuía uma população extremamente grande e muito disciplinada, o que era um verdadeiro atrativo, e ainda é hoje, para as grandes empresas e multinacionais, uma vez que ela contava com uma mão de obra, especializada ou não, extremamente abundante e barata. Nesse sentido, a China era uma verdadeira mata verde com um potencial significativo de gerar maiores rentabilidades para investidores capitalistas externos que buscavam por mais lucros. Contudo, muito embora o novo governo tenha buscado um novo sentido para a política econômica, isso não significou uma mudança no regime de governo para a democracia, mas continuou sendo um governo autocrático, sem liberdade de expressão e de imprensa.

Um ponto bastante importante do conflito atual entre a China e os EUA é a sua magnitude. O conflito comercial e tecnológico entre essas duas grandes potências, instigado cegamente pelo outro Leviatã (o capital) e o desejo de se firmar como hegemonia econômica e tecnológica, não afeta apenas os países envolvidos, posto que as políticas internacionais entre esses dois Leviatãs também afetam outros Estados nacionais, sobretudo aqueles influenciados por eles ou com quem mantêm algum tipo de relação político-econômica, tendo em vista a complexa interconexão estabelecida pela mundialização do capital. As guerras comerciais, fiscais e a desregulamentação tributária e do trabalho causam uma maior mobilidade do capital e, consequentemente, promove a precarização do trabalho por todo o mundo e aprofunda ainda mais as desigualdades sociais existentes, especialmente nos países do terceiro mundo.

Por fim, essas duas potências, que possuem intensa influência internacional, deveriam buscar estreitar suas relações, a fim de formar uma coalização e juntas direcionarem o mundo, criando um órgão supranacional e multicultural, a fim de alcançar medidas para reduzir as desigualdades causadas pela concentração de renda e aprofundadas pela mundialização do capital, bem como pelas inovações tecnológicas que vem, cada vez mais, substituindo trabalhadores nas indústrias e formando uma grande massa de desempregados.

REFERÊNCIAS BIBLIOGRÁFICAS

ALVES, G. **Trabalho e mundialização do capital: A nova degradação do trabalho na era da globalização**. 2. ed. Londrina: Praxis, 1999.

ARAÚJO, C. G. D.; BRANDÃO, C. M.; DIEGUES, A. C. As transformações no modelo de desenvolvimento: de Deng Xiaoping ao período atual. **Economia Ensaios**, Uberlândia, p. sem paginação, 04 jun. 2019. Disponível em: <http://www.seer.ufu.br/index.php/revistaeconomiaensaios/article/view/39517/26075>. Acesso em: 12 set. 2020.

BATISTA JÚNIOR, Onofre Alves. **O outro Leviatã e a corrida ao fundo do poço.** São Paulo: Almedina, 2015.

CHESNAIS, F. **A mundialização do capital**. São Paulo: Xamã Editora, 1996.

FARIA, J. E. Policentrismo x soberania: as novas ordens normativas. São Paulo: Saraiva, 2010.

G1. China adota tarifas sobre produtos dos EUA e tensão comercial aumenta. **G1**, 2018. Disponivel em: <https://g1.globo.com/economia/noticia/china-adota-tarifas-sobre-produtos-dos-eua-e-tensao-comercial-aumenta.ghtml>. Acesso em: 12 set. 2020.

G1. China manda fechar consulado dos EUA em Chengdu em retaliação a Trump. **G1**, 24/07/2020. Disponível em: <https://g1.globo.com/mundo/noticia/2020/07/24/china-fecha-consulado-dos-eua-em-chengdu.ghtml> Acesso em: 12 set. 2020.

GAZZONI, M.; TREVIZAN, K.; ALVARENGA, D. EUA impõem sobretaxa de 25% ao aço importado e 10% ao alumínio. **G1**, 2018. Disponivel em: <https://g1.globo.com/

economia/noticia/eua-impoem-sobretaxa-de-25-ao-aco-importado-e-10-ao-aluminio.ghtml>. Acesso em: 12 set. 2020.

HOBBES, Thomas. **Leviatã ou matéria, forma e poder de um Estado eclesiástico e civil**. Tradução de Rosina D'ANGINA. 1ª. ed. São Paulo: Martin Claret, 2014.

LYRIO, Maurício Carvalho. **A ascensão da China como potência: fundamentos políticos internos.** Brasília: FUNAG, 2010.

MEDEIROS, C. A. China: Desenvolvimento Econômico e Ascensão Internacional. **Grupo de Economia Política IE-UFRJ**. Disponível em: <https://www.excedente.org/wp-content/uploads/2014/11/10.pdf>. Acesso em: 12 set. 2020.

MUNDIAL, Banco. **World Bank Open Data**. Disponível em: <https://datos.bancomundial.org/pais/china >. Acesso em: 10 set. 2020.

PALUMBO, D.; COSTA, A. N. D. Guerra comercial: 5 gráficos para entender a disputa entre EUA e China. **BBC News Brasil**, 13/05/2019. Disponível em: <https://www.bbc.com/portuguese/internacional-48228954>. Acesso em: 12 set. 2020.

SHENG, S. **A história da China Popular no século XX**. 1ª. ed. Rio de Janeiro: FGV, 2012.

LIBERDADES INDIVIDUAIS E O CONTROLE DA PANDEMIA NO ESTADO DEMOCRÁTICO DE DIREITO

Sarah Paula Oliveira[1]

Tiago Saraiva Lima[2]

Thauane Rocha Carneiro[3]

Thalles Valerio Alves de Souza[4]

1. INTRODUÇÃO

As discussões no âmbito da Teoria do Estado geralmente têm como pano de fundo as correntes de pensamentos chamadas "contratualistas". Estas teorias buscam um pressuposto filosófico, uma causa de justificação, para a existência do poder estatal. Hobbes é um reconhecido expoente do Estado absolutista, e, ainda, considerado o avatar do positivismo jurídico devido à sua compreensão de que o poder político-jurídico deve monopolizar os meios coercivos, recusando qualquer ordem normativa adversária.[5] Locke, por sua vez, é considerado o precursor do individualismo liberal, que admite a intervenção estatal apenas para garantir a inviolabilidade da propriedade – vida, liberdade e bens.[6]

---

1 Graduanda em Direito pela Universidade Federal de Minas Gerais (UFMG).

2 Graduando em Direito pela Universidade Federal de Minas Gerais (UFMG).

3 Graduanda em Direito pela Universidade Federal de Minas Gerais (UFMG).

4 Graduando em Direito pela Universidade Federal de Minas Gerais (UFMG).

5 MATOS, Andityas Soares de Moura Costa. Thomas Hobbes, avatar do positivismo jurídico: uma leitura jusfilosófica do Leviatã. **Phronesis - Revista do Curso de Direito da FEADMinas**, v.1, n. 1, jan./2006.

6 MELLO, Leonel Itaussu Almeida. John Locke e o individualismo liberal. *In:* WEFFORT, Francisco C. (org.). **Os clássicos da política**. 14.ed. São Paulo: Ática, 2011.

Apesar das notáveis divergências entre as teorias desses autores, em síntese, elas admitem a existência de um homem em um estado de natureza hipotético, isto é, um estado que antecede o Estado propriamente dito, no qual persistem condições que independem da existência do aparato estatal. No entanto, nessa fase pré-estatal esses sujeitos não possuem qualquer segurança, vista a inexistência de um poder central capaz de controlar eventuais excessos ou conflitos que poderiam surgir entre os homens nesse Estado.

Devido à ausência de qualquer garantia ou resguardo dessas disposições, os seres humanos optaram pela criação de um agente exterior, que funcionaria como árbitro na solução de possíveis conflitos, capaz de estabelecer a paz entre os homens e colocar um fim às inseguranças do estado natural. Ao concordarem com essa delegação de poderes, é estabelecido o contrato social. Assim, percebe-se a forma como é feita o contrato social entre o Estado e seu povo: a população deixa certos aspectos da sua vida sob o controle do Estado, que, por sua vez, deve garantir direitos considerados como essenciais à vida do ser humano.

A compreensão de Hobbes do Estado, longe de ser liberal, torna-se relevante aqui na medida em que se aproxima de uma concepção positivista do direito, isto é, busca causas de justificação do poder político que não mais se baseiam no poder divino do rei. Segundo Hobbes, ao se adotar um órgão intermediador de conflitos para solucionar os problemas do estado de natureza, os homens renunciam a certas predisposições individuais para garantirem a sua segurança. Em contrapartida, o soberano tem de cumprir a tarefa que lhe foi atribuída, ou seja, a proteção da vida. Caso haja abuso de poderes, o contrato social se tornará nulo, por não garantir a paz civil, podendo o povo se rebelar contra o Estado e eleger um novo soberano que cumpra com as obrigações estipuladas no acordo.

Em um contexto de desastre natural ou uma pandemia, entre outras situações excepcionais, resgatamos a ideia de um estado de natureza para ilustrar as inseguranças que surgem nessas circunstâncias. Tal como no estado de natureza hobbesiano, ainda que hipotético, a conjuntura atípica suscitada por uma pandemia é marcada pelo medo. Em uma tentativa de adaptar a teoria de Hobbes para o contexto atual, estamos diante de uma condição de guerra de todos contra o vírus. O inimigo não é mais o homem, mas um microrganismo bastante mortal e, como temos observado, difícil de ser combatido.

Nesse sentido, uma situação atípica caracterizada pelo medo e pela insegurança, como concebida por Hobbes, justifica uma intervenção estatal ampliada, mas limitada, tal como foi proposto por Locke. Deste modo, torna-se relevante uma reflexão sobre os limites e aspirações do Estado: é possível conciliar um Estado relativamente forte e capaz de colocar fim ao medo e às inseguranças, preservar à vida e, ainda, resguardar os direitos individuais consagrados pelo Estado liberal, como o direito à vida, à liberdade e à propriedade?

2. PANDEMIA E O ESTADO CONSTITUCIONAL DE EXCEÇÃO

Primeiramente, é necessário termos em mente que o Estado Democrático de Direito consiste em um Estado marcado pela divisão de poderes a fim de limitar o poder estatal. Esse ente deve se encarregar de proteger e promover as garantias e direitos fundamentais, sobretudo, a dignidade humana. Ainda, esse Estado fundamenta-se no princípio democrático e na soberania popular, de modo que configura uma administração representativa, pluralista e participativa, sendo prevista a sua performance estritamente nesses termos em momentos de paz e normalidade.

Todavia, em situações de anormalidade que representem risco a nível federal, é comum nos depararmos com a previsão do Estado de Exceção. Este se trata de um mecanismo legal de conservação do funcionamento da ordem nacional e do bem-estar público, acionado somente em casos excepcionais de extrema e absoluta necessidade, que apresentem um grave risco à coletividade. Nessa restrita hipótese, o Estado é autorizado a suspender os direitos fundamentais, durante o período em que tal situação permaneça, com o intuito de que, a partir da ampliação do poder de decisão do governo, este possa oferecer uma solução mais eficaz contra a crise instaurada.

O mecanismo de Estado de Exceção, de maneira explícita ou implícita, encontra-se presente em diversas ordenações jurídicas de diferentes países, cada qual com suas respectivas restrições e taxações. No Brasil, uma modalidade do Estado de Exceção, denominada como Estado de Defesa, é prevista no art. 136 da Constituição da República de 1988 (CRFB/1988), no qual são estabelecidas as hipóteses excepcionais nas quais o Presidente da República pode decretá-la. Entre tais hipóteses, está a ameaça à ordem pública ou paz social em decorrência de "calamidade de grandes proporções", que, para alguns juristas, como Winter de Carvalho, estaria configurada com a pandemia do Covid-19.[7] Isso porque a pandemia demanda uma resposta estatal urgente com o objetivo de preservar a saúde pública e o recurso ao Estado de Defesa é uma medida extrema prevista pelo próprio Estado Democrático de Direito para restabelecer a normalidade.

Em termos constitucionais, o Estado de Defesa trata-se de um Estado de Emergência, concebido legalmente em um "regime específico para situações de crise, compatível com os princípios estruturantes do Estado de direito democrático."[8] Assim, não se confunde com as formas autoritárias de Estado, nos quais não existe a garantia de direitos individuais e/ou coletivos. Pelo contrário, a atuação do Estado em um cenário atípico de pandemia legitima-se na medida em que visa proteger um direito individual de extrema importância, o direito à vida, e um direito social igualmente reconhecido constitucionalmente, o direito à saúde pública.

Por conseguinte, o Estado de Exceção não se configura como um Estado autoritário, trata-se de um Estado de Direito que opera de forma atípica. As limitações aos direitos fundamentais consequentes desta situação prevista se justificam somente para a proteção de outros bens constitucionalmente protegidos. Em vista disso, a doutrina reconhece e alerta para a importância de utilizá-lo somente como última opção, além de frisar a necessidade de monitoração por parte dos Poderes Legislativo e Judiciário.

Portanto, devemos ter uma atenção intensificada para identificar e evitar os perigos advindos de tentativas de instauração de governos autoritários que podem surgir com a atuação e o contexto do Estado de Exceção. Por essa razão, esse mecanismo apenas pode ser legítimo quando a própria lei extraordinária determinar seus pressupostos, competências, instrumentos, procedimentos e consequências jurídicas, conformando a legalidade excepcional ao próprio Estado de Direito.[9]

Diante do surgimento da doença causada pelo vírus SARS-CoV-2 (Covid-19), identificada pela primeira vez no final de dezembro de 2019,

---

7 CARVALHO, Délton Winter de. O Estado de Direito em modo de operação de normalidade. **Revista Consultor Jurídico**, 18 de maio de 2020. Disponível em: <https://www.conjur.com.br/2020-mai-18/direito-pos-graduacao-estado-direito-modo-operacao-anormalidade> Acesso em: 7 set. 2020.

8 CANOTILHO, José Joaquim. **Direito Constitucional e Teoria da Constitucional.** 7ª ed. Coimbra: Almedina, 2003. p. 1.099.

9 CARVALHO, Délton Winter de. O Estado de Direito..., *op. cit.*

na cidade de Wuhan, na China, o mundo foi capaz de observar a transição de uma crise sanitária local para uma grave crise sanitária de proporção global. Nesse contexto, a Organização Mundial da Saúde (OMS) declarou, no dia 11 de março de 2020, a doença do Covid-19 uma pandemia e, desde então, os Estados procuram sancionar medidas para enfrentar o vírus.[10] Já em 2020, havia 29.910.816 de casos de infectados e 941.541 mortes espalhadas em 5 continentes, sendo esperado que esse número crescesse.[11]

Sendo caracterizado por ser um vírus altamente contagioso e com um potencial letal, a rapidez do contágio proporciona uma disseminação com crescimento exponencial em larga escala. Nesse sentido, emergiu a preocupação de que a multiplicação descontrolada do número de infectados acarretasse a sobrecarga de leitos hospitalares (tanto públicos quanto privados), que não seriam o suficiente para atender todos os pacientes contaminados, além da eventual falta de equipamentos adequados e indisponibilidade de testes, o que resultaria em mais mortes. Segundo a OMS as melhores alternativas disponíveis para neutralizar o crescimento do vírus, enquanto não há uma vacina, seriam o distanciamento social, o investimento na área da saúde e a identificação de casos seguidos por isolamento.[12]

Nesse contexto, após o coronavírus ter se mostrado como um problema urgente para a saúde pública, com sua chegada nos territórios nacionais, os Estados rapidamente tomaram providências, declarando, em sua maioria, estado de emergência e calamidade, decretando o isolamento social e outras diretrizes da OMS por meio de uma série de medidas excepcionais, compartilhando o entendimento de que essa seria a estratégia mais eficaz contra a pandemia.

Embora a pandemia aparentemente seja uma situação a qual demanda a necessidade da utilização da exceção como meio de evitar um grande número de mortes, até então ela não se apresenta como uma razão satisfatória o suficiente para a justificação da confirmação de um Estado de Exceção em seu sentido estrito, uma vez que este deve ocorrer somente

---

10 World Health Organization. **Overview of Public Health and Social Measures in the context of COVID-19**. 18 maio 2020. Disponível em: <https://www.who.int/publications/i/item/overview-of-public-health-and-social-measures-in-the-context-of-covid-19>. Acesso em: 24 ago. 2020.

11 Organização Pan-Americana de Saúde. **Folha informativa**. Disponível em: <https://www.paho.org/pt/covid19> Acesso em: 24 ago. 2020.

12 World Health Organization. **Transmission**..., *op. cit.*

em última circunstância, quando já não houver outros meios para solução do problema. O que não é o caso, visto que a doença se mostrou possível de ser evitada e monitorada caso sejam tomados os devidos cuidados.

Pesquisas apontam que países, como a Coreia do Sul, Nova Zelândia e a Dinamarca, demonstraram eficiência na neutralização do covid-19 com suas respectivas providências adotadas. Dentre as principais providências empregadas para enfrentar a pandemia estão: as medidas de isolamento, como a quarentena e o distanciamento social em si; a mobilização de fundos para os sistemas de saúde; a realização de testagens em massa para o monitoramento da disseminação da doença; a suspensão das atividades em escolas, empresas, universidades; os fechamentos de fronteiras externas e internas; a proibição do funcionamento de estabelecimentos comerciais; o uso obrigatório de máscaras em espaços públicos; as restrições ao funcionamento de transportes públicos e privados; a proibição de circulação de pessoas em espaços públicos.[13]

Diante disso, apesar dos países, em sua maioria, terem se limitado a decretar estado de emergência e calamidade pública – evitando, com razão, o estado de exceção –, é inegável que as medidas excepcionais empregadas possuem o caráter de exceção, uma vez que, embora não suspendam os direitos fundamentais, restringem alguns, como o direito de locomoção.

Todavia, não foi incomum o surgimento, em diversos países, de discursos negacionistas, que, em sua essência, rejeitam a gravidade da pandemia e sustentam o direito de se opor às medidas decretadas obrigatórias defendendo o exercício de suas liberdades individuais.

A título de exemplo, no Brasil, foi decretado estado de calamidade pública e publicada a Lei 13.979/2020, que prevê medidas a serem adotadas contra a pandemia, dentre as quais o isolamento e a quarentena. Ainda, foram editados diversos decretos estaduais e municipais determinando o fechamento de suas fronteiras e de estabelecimentos comerciais, bem como o uso obrigatório de máscaras. Todas essas medidas visaram à manutenção do bem-estar coletivo, a partir da restrição de certos direitos individuais, e foram alvos de constantes protestos negacionistas.

Nesse contexto, deparamo-nos com um conflito entre direitos individuais e direitos públicos. É essencial ter em mente que as medi-

13 HUTTON, Robert. Resposta ideal à covid-19 combina Nova Zelândia, Dinamarca e Uganda. **Exame**. 7 agosto 2020. Disponível em: <https://exame.com/mundo/resposta-ideal-a-covid-19-combina-nova-zelandia-dinamarca-e-uganda/>. Acesso em: 24 ago. 2020.

das restritivas se mostram fundamentais no combate ao Covid-19, como se observa nos Estados que obtiveram mais sucesso nessa tarefa. Outrossim, é importante ressaltar que, além do direito à vida e o direito à saúde serem deveres indissociáveis do Estado, como previsto, respectivamente, nos artigos 5°, 6°, 194 e 196 da CRFB/1988, também constituem uma dimensão vital para o princípio da dignidade humana.

Dessa forma, diante da situação proporcionada pela pandemia, que oferece riscos a esses direitos com os quais o Estado tem a obrigação direta de garantir e preservar, é imperativo que este intervenha com as medidas que se mostram indispensáveis no cenário atual, adaptando a aplicação do Direito às necessidades oriundas dessa grave crise sanitária.

Assim, é fundamental a observância das recomendações da comunidade científica acerca dos cuidados a serem adotados contra o coronavírus. Todavia, também é importante que as medidas adotadas estejam em consonância com as diretrizes determinadas pela Carta Magna, devendo estarem condicionadas a um controle vigilante quanto a seus critérios a fim de que não ocorram abusos por parte do Poder Público, o que colocaria em xeque o próprio Estado de Democrático de Direito.

3. O "NOVO LEVIATÃ" E O PAPEL DO ESTADO NA DIMINUIÇÃO DAS DESIGUALDADES: O LEGADO DA PANDEMIA

No cenário de pandemia, o "Novo Leviatã" se vê perdido, como em toda situação de crise, prepara seu voo, mas, dessa vez, não há locais para pousar seu capital com segurança.[14] O mundo todo sofre com os impactos do Covid-19 e o antigo Leviatã tem posto à sua frente uma delicada questão, qual seja manter seus cidadãos em isolamento, o que significaria graves prejuízos econômicos, ou manter a aparência de normalidade, com seus cidadãos padecendo, além de ser repelido mundialmente, correndo o risco de sofrer diversas sanções.

No painel da ONU realizado em 2015, foi levantada a questão de promover punições para Estados que descumprissem as regulamentações de saúde, sobretudo em meio à pandemia causada pelo vírus ébola, que assolava o mundo na época. Segundo Didier Houssin, presidente do Comitê de Avaliação sobre o Papel das Normas Internacionais de Saúde

---

14 BATISTA JÚNIOR, Onofre Alves. **O Outro Leviatã e a Corrida ao Fundo do Poço.** São Paulo: Almedina, 2015.

na Resposta ao Surto de Ébola, esse documento seria "um instrumento jurídico muito importante para melhorar a segurança da saúde global".[15]

Nessa situação, é levantado o discurso tradicional de como o Estado pode proteger seu povo economicamente, pois ficar em isolamento social representa um enfraquecimento nas transferências recorrentes de capital, o que implica nefastas consequências, especialmente para uma grande massa do "precariado"[16] e dos hipossuficientes, sofrendo sem ter fundos para se manter enquanto o mundo não volta à normalidade, se é que voltará totalmente. A forma mais fácil de zelar por essa massa, agora ainda mais debilitada, seria algo análogo a uma renda social com caráter emergencial.

Crises tendem a evidenciar ainda mais as desigualdades existentes em um país. Segundo o IBGE,[17] a taxa de desocupação no trimestre (encerrado em junho de 2020) encontrava-se no patamar de 13,3%. Nesse horizonte marcado por indícios de uma grave recessão econômica, torna-se extremamente relevante reacender os debates acerca da instituição de uma renda mínima e redistribuição de riquezas.

Poucos países no mundo realmente se dedicaram a essa questão de redistribuição, renda mínima e outros mecanismos que garantem uma boa sobrevivência a todos seus cidadãos de maneira indistinta. A Suíça é referência neste âmbito. Em 2016, ocorreu um plebiscito para implementar uma renda de 2,5 mil francos suíços por adulto e 625 francos por cada menor de 18 anos. Esse plebiscito foi rejeitado por mais de 70% dos cidadãos, mas ainda é um exemplo de avanço dessas discussões.[18]

---

15 ONU. **Painel da Organização das Nações Unidas**. Assembleia Mundial de Saúde. Organização Mundial da Saúde (OMS). 2015. Disponível em: <https://nacoesunidas.org/painel-da-onu-sugere-sancoes-para-garantir-cumprimento-de-regulamentos-de-saude/> Acesso em: 26 ago. 2020.

16 STANDING, Guy. **O Precariado: a nova classe perigosa**. 1. ed. 1. Reimp. Belo Horizonte: Autêntica Editora, 2014. v. IV.

17 Auxílio emergencial: 65,3 milhões de brasileiros recebem a 4ª parcela. **Agência Brasil**. 23 julho 2020. Disponível em: <https://agenciabrasil.ebc.com.br/economia/noticia/2020-07/auxilio-emergencial-653-milhoes-de-brasileiros-recebem-4a-parcela> Acesso em: 26 ago. 2020.

18 Suíça rejeita proposta de salário-mínimo de R$ 10 mil. 18 maio 2014. **BBC NEWS Brasil**. Disponível em: <https://www.bbc.com/portuguese/noticias/2014/05/140518_resultado_suica_ms> Acesso em: 1 set. 2020.

O Brasil também fez sua tentativa nessa questão. Já havia diversos auxílios governamentais conjurados no programa Bolsa Família, porém não seriam suficientes no cenário de pandemia. A parcela da população carecida das assistências do Estado tinha se elevado exponencialmente de 19,2 milhões, que são atendidas pelo programa, para mais de 63 milhões.[19]

Nesse contexto, diversas propostas e tentativas surgiram. Foi instituído o Auxílio Emergencial pela Lei de nº 13.982/2020, no valor de 600 reais a fim de garantir a todos a subsistência enquanto não puderem retornar a suas fontes de renda. Os novos 46,1 milhões contam com 10,5 milhões de cadastrados no Cadastro Único e mais 35,6 milhões que até então não eram assistidos por nenhum programa público. O auxílio até o final de julho de 2020 já havia somado R$ 129,5 bilhões que saíram dos cofres públicos.

Em contextos de crise, a participação do Estado tende-se a fazer ainda mais necessária para diminuir as desigualdades e guinar medidas de reestruturação de um país após grandes perdas de capital humano e material. Faz sentido que, justamente após o fim da Segunda Guerra Mundial, ganhou destaque o modelo do *Welfare State*, que, em suma, preconiza um maior intervencionismo e assistencialismo estatal. Até que, em meandros da década de 1970, um outro modelo econômico apareceu no horizonte, o neoliberalismo, que teve como principal representação na figura política de Margaret Thatcher, na Inglaterra (1975-1979). Suas políticas econômicas apontaram a desregulamentação do setor financeiro, mercados de trabalho flexíveis, a privatização de empresas estatais e a redução do poder e influência dos sindicatos.

Em síntese, observa-se que o país carece de profundo debate acerca de questões de renda básica e diminuição das desigualdades econômicas. A pandemia, nesse quesito, serviu para evidenciar a forte necessidade de, com certa urgência, serem implantados recursos a fim de serem redistribuídos e garantirem a subsistência mínima dos cidadãos nacionais.

No Brasil, já existem leis a esse respeito, como a Lei nº 10.835, de 8 de janeiro de 2004, que institui, pelo menos em caráter teórico, a partir de 2005, a renda básica para todos os cidadãos, com o intuito de suprir suas necessidades básicas com alimentação, educação e saúde. É vital que propostas como essa sejam discutidas ao redor do mundo,

19 Auxílio emergencial: 65,3 milhões de brasileiros..., *op. cit.*

para que questões econômicas não sejam mais algozes dos menos favorecidos nem em tempos de recessão socioeconômica, nem em situações que a economia segue aparentemente estável.

Para além do modelo do Welfare State e do neoliberalismo, Giddens propõe a alternativa denominada de terceira via.[20] Segundo o pensamento, não existe apenas uma versão da política de terceira via. No entanto, podemos identificar as principais áreas de reforma estrutural que tal abordagem implica. Em primeiro lugar, a reforma do governo e do Estado é uma prioridade. Nem os espectros mais à esquerda nem direita estão satisfeitos com a configuração do Estado tal como se encontra. Na prática, não existem soluções simples para problemas complexos, mas um objetivo que se destaca na teoria do autor, o qual preconiza que as políticas econômica e social devem estar conectadas.

O Estado Liberal determina uma evidente separação entre Estado e sociedade civil, bem como promove autonomia da esfera econômica em face da esfera política, cada qual regida por uma lógica diferente (lucro e poder).[21] Dessa forma, a esfera social tende a ficar desamparada nessa relação assimétrica que estabelece com as demais esferas.

Portanto, a diferenciação entre Estado e sociedade civil, ou ainda, em outros termos, a preferência pela maior ou menor intervenção estatal precisa ser superada, ou ao menos encontrar um denominador comum. Debates no sentido de discutir políticas que conciliam direitos sociais e individuais devem ser promovidos, visto que se torna indispensável a emergência de um Estado de fato intermediador, como proposto pelos contratualistas, capaz de mediar as relações que o envolvem, isto é, administrar os conflitos, a disputa entre maior valor à liberdade ou a igualdade.

Sem maiores empecilhos, o novo "Leviatã" age economicamente em favor dos interesses do capital, por meio de isenções e benefícios fiscais para atuação de empresas no seu território. Para além das concessões realizadas em favor do capital, é necessário que o antigo Leviatã intervenha no sentido de garantir direitos básicos à sua população. Em outros termos, é necessário conciliar um Estado forte o suficiente capaz de manter a soberania frente forças exteriores (como o capital estrangeiro), manter a segurança e a estabilidade do seu povo em mo-

---

20 GIDDENS, Anthony. **O debate global sobre a terceira via.** São Paulo: Editora UNESP, 2007.

21 BATISTA JÚNIOR, Onofre Alves. **O Outro Leviatã**..., *op. cit.*

mentos de crise e, ainda assim, resguardar direitos de ordem privada. É necessária a implantação de políticas públicas no sentido de conciliar os interesses dos principais atores envolvidos no processo de globalização à nível mundial.

4. CONSIDERAÇÕES FINAIS

O objetivo do artigo foi provocar a indagação acerca da possibilidade de conciliação das liberdades individuais em um cenário de controle da pandemia circunscrito no Estado Democrático de Direito. Para isso, retomamos a discussão proposta por dois dos expoentes da teoria contratualista, Thomas Hobbes e John Locke. O primeiro é tido como referencial teórico do Estado absolutista, forte e centralizado, capaz de colocar fim às inseguranças de um estado natural, além de suas premissas que posteriormente seriam consideradas basilares para o positivismo jurídico. Em contrapartida, Locke é um importante teórico do Estado liberal, que prioriza as liberdades individuais de um sujeito de posses.

Nesse sentido, propomos uma reflexão sobre as perspectivas de atuação de um Estado forte o bastante para garantir direitos básicos, mas, que ainda assim, não violasse as liberdades individuais. Dessa forma, sugere-se que a divisão, estanque e ultrapassada, seja superada. No contexto atual, nota-se a necessidade de um Estado capaz de intervir em favor da sociedade civil e não somente para beneficiar o mercado através de isenção de impostos, entre outros benefícios.

Observa-se que, com base no que foi exposto acima, há uma linha tênue para o Estado, agir de forma enérgica, rápida, precisa e amparadora, sem violar direitos e garantias fundamentais, entre outras prerrogativas previstas na Constituição da República de 1988. Além disso, a sociedade civil deve manter-se alerta, pois em períodos excepcionais, como os atuais, os governantes que possuem a centralização como característica de governo, bem como o totalitarismo, aproveitam para disseminar o ódio, medo e todo o receio do desconhecido para a população, causando o efeito manada, isto é, o caminhar sem raciocinar apenas seguindo o próximo, para enfraquecer as instituições democráticas e assim fundamentar-se no poder.

Deve-se considerar também que, em democracias recentes, cujo passado advenha de uma ditadura militar, é comum, mas não saudável, que a população e parte dos governantes caminhem na direção de um saudosismo, projetando a governança sem respeitar os direitos e garantias outrora instituídos em uma democracia.

Portanto, conclui-se que cabe a uma sociedade civil organizada e consciente o controle e monitoramento das ações ou omissões estatais, buscando, constantemente, pela estabilidade democrática e das instituições que a tornam sólida. Em relação ao Estado, o desafio é encontrar o meio termo entre o totalitarismo e a falta de humanidade no trato da população e a contenção do vírus, com medidas que restrinjam, pelo bem comum, direitos até então jamais questionados.

REFERÊNCIAS BIBLIOGRÁFICAS

Auxílio emergencial: 65,3 milhões de brasileiros recebem a 4ª parcela. **Agência Brasil.** 23 julho 2020. Disponível em: <https://agenciabrasil.ebc.com.br/economia/noticia/2020-07/auxilio-emergencial-653-milhoes-de-brasileiros-recebem-4a-parcela> Acesso em: 26 ago. 2020.

ALVES, Ana Rosa. OMS alerta que distanciamento social é importante para evitar sobrecarga de sistemas de saúde na América Latina. **O Globo**. Rio de Janeiro. 31 março 2020. Disponível em: <https://oglobo.globo.com/mundo/oms-alerta-que-distanciamento-social-importante-para-evitar-sobrecarga-de-sistemas-de-saude-na-america-latina-1-24341569>. Acesso em: 24 ago. 2020.

BAPTISTA, Rodrigo. Em sessão histórica, Senado aprova calamidade pública contra covid-19. **Agência Senado**. 20 março 2020. Disponível em: <https://www12.senado.leg.br/noticias/materias/2020/03/20/em-sessao-historica-senado-aprova-calamidade-publica-contra-covid-19>. Acesso em: 23 ago. 2020.

BATISTA JÚNIOR, Onofre Alves. **O Outro Leviatã e a Corrida ao Fundo do Poço.** São Paulo: Almedina, 2015.

BRASIL. **Constituição da República Federativa do Brasil de 1988**. Disponível em: <http://www.planalto.gov.br/ccivil_03/constituicao/constituicao.htm>. Acesso em: 25 ago. 2020.

BRASIL. **Decreto legislativo federal Nº 006/2020**, reconhece a ocorrência do estado de calamidade pública, nos termos da solicitação do Presidente da República encaminhada por meio da Mensagem nº 93, de 18 de março de 2020. Disponível em: <http://www.planalto.gov.br/ccivil_03/portaria/DLG6-2020.htm>. Acesso em: 24 ago. 2020.

BRASIL. **Lei nº 13.979, de 6 de fevereiro de 2020**. Dispõe sobre as medidas para enfrentamento da emergência de saúde pública de importância internacional decorrente do coronavírus responsável pelo surto de 2019. Brasília, 2020. Disponível em: <http://www.planalto.gov.br/ccivil_03/_ato2019-2022/2020/lei/l13979.htm>. Acesso em: 24 ago. 2020.

CANOTILHO, José Joaquim. **Direito Constitucional e Teoria da Constitucional.** 7ª ed. Coimbra: Almedina, 2003.

CARVALHO, Délton Winter de. O Estado de Direito em modo de operação de normalidade. **Revista Consultor Jurídico**, 18 de maio de 2020. Disponível em: <https://www.conjur.com.br/2020-mai-18/direito-pos-graduacao-estado-direito-modo-operacao-anormalidade> Acesso em: 7 set. 2020.

COVID-19 Dashboard by the Center for Systems Science and Engineering (CSSE) at Johns Hopkins University (JHU) 2020. Disponível em: <https://gisanddata.maps.arcgis.com/apps/opsdashboard/index.html#/bda7594740fd40299423467b48e9ecf6>. Acesso em: 17 set. 2020.

GIDDENS, Anthony. **O debate global sobre a terceira via.** São Paulo: Editora UNESP, 2007.

HUTTON, Robert. Resposta ideal à covid-19 combina Nova Zelândia, Dinamarca e Uganda. **Exame.** 7 agosto 2020. Disponível em: <https://exame.com/mundo/resposta-ideal-a-covid-19-combina-nova-zelandia-dinamarca-e-uganda/>. Acesso em: 24 de agosto de 2020.

MATOS, Andityas Soares de Moura Costa. Thomas Hobbes, avatar do positivismo jurídico: uma leitura jusfilosófica do Leviatã. **Phronesis - Revista do Curso de Direito da FEADMinas**, v.1, n. 1, jan./2006.

MELLO, Leonel Itaussu Almeida. John Locke e o individualismo liberal. *In:* WEFFORT, Francisco C. (org.). **Os clássicos da política**. 14.ed. São Paulo: Ática, 2011.

ONU. **Painel da Organização das Nações Unidas**. Assembleia Mundial de Saúde. Organização Mundial da Saúde (OMS). 2015. Disponível em: <https://nacoesunidas.org/painel-da-onu-sugere-sancoes-para-garantir-cumprimento-de-regulamentos-de-saude/> Acesso em: 26 ago. 2020.

Organização Pan-Americana de Saúde. **Folha informativa.** Disponível em: <https://www.paho.org/pt/covid19> Acesso em: 24 ago. 2020.

RIBEIRO, Renato Janine. Hobbes: o medo e a esperança. *In:* WEFFORT, Francisco C. (org.). **Os clássicos da política**. 14.ed. São Paulo: Ática, 2011.

ROBL FILHO, Ilton Norberto. Restrição e garantia dos direitos fundamentais em tempos de Covid-19. **Revista Consultor Jurídico**, 30 de maio de 2020 Disponível em: <https://www.conjur.com.br/2020-mai-30/observatorio-constitucional-restricao-garantia-direitos-fundamentais-tempos-covid-19>. Acesso em: 23 ago.2020.

RODAS, Sérgio. Restrições do lockdown não dependem de estado de sítio. **Revista Consultor Jurídico**, 9 de maio de 2020. Disponível em: <https://www.conjur.com.br/2020-mai-09/restricoes-lockdown-nao-dependem-estado-sitio>. Acesso em: 23 ago. 2020.

STANDING, Guy. **O Precariado: a nova classe perigosa**. 1. ed. 1. Reimp. Belo Horizonte: Autêntica Editora, 2014. v. IV.

Suíça rejeita proposta de salário-mínimo de R$ 10 mil. 18 maio 2014. **BBC NEWS Brasil**. Disponível em: <https://www.bbc.com/portuguese/noticias/2014/05/140518_resultado_suica_ms> Acesso em: 1 set. 2020.

World Health Organization. **Overview of Public Health and Social Measures in the context of COVID-19**. 18 maio 2020. Disponível em: <https://www.who.int/publications/i/item/overview-of-public-health-and-social-measures-in-the-context-of-covid-19>. Acesso em: 24 ago. 2020.

World Health Organization. **Transmission of SARS-CoV-2: implications for infection prevention precautions.** 9 julho 2020. Disponível em: <https://www.who.int/publications/i/item/modes-of-transmission-of-virus-causing-covid-19-implications-for-ipc-precaution-recommendations>. Acesso em: 25 ago. 2020.

MERITOCRACIA E JUSTIÇA SOCIAL: SÃO COMPATÍVEIS?

João Marcelo de Paiva Brandão[1]
Maria Eduarda Vieira Moura[2]
Pedro Henrique Rodrigues Ribeiro Soares[3]
Theresa Enk[4]
Yara Pena Godoy[5]

1. MERITOCRACIA: A DISTOPIA QUE SE FAZ NECESSÁRIA À JUSTIÇA SOCIAL

> [...] o capitalismo produz automaticamente desigualdades insustentáveis, arbitrárias, que ameaçam de maneira radical os valores de meritocracia sobre os quais se fundam nossas sociedades democráticas.[6]

Nessa citação, Piketty traz uma sentença para a realidade econômica e social que vivemos, desafiando as bases consolidadas e tradicionalmente defendidas, como a meritocracia. Para fazer jus à essa discussão, mostra-se válida uma rápida apresentação dos conceitos fundamentais de meritocracia e de justiça social. Em primeira via, o primeiro termo citado é formado etimologicamente por *mérito* e *cratia*, sendo a palavra mérito remetida ao merecimento e *cratia* referente a uma forma de

---

1 Graduando em Direito pela Universidade Federal de Minas Gerais (UFMG).

2 Graduanda em Direito pela Universidade Federal de Minas Gerais (UFMG). Técnica em Trânsito pelo Centro Federal de Educação Tecnológica de Minas Gerais.

3 Graduando em Direito pela Universidade Federal de Minas Gerais (UFMG).

4 Graduanda em Direito pela Universidade Federal de Minas Gerais (UFMG). Técnica em Agropecuária pela Central de *Ensino e Desenvolvimento Agrário.*

5 Graduanda em Direito pela Universidade Federal de Minas Gerais (UFMG).

6 PIKETTY, Thomas. **Capital in the Twenty-First Century.** Tradução Arthur Goldhammer. Londres: Belknap Press of Harvard University Press, 2014. p. 1.

governo, soberania, poder. Portanto, segundo o dicionário Aurélio, a meritocracia é a *"forma de liderança que se baseia no mérito, nas capacidades e nas realizações alcançadas, em detrimento da posição social"*.[7] Para a antropóloga Lívia Barbosa:

> Poderíamos defini-la, no nível ideológico, como um conjunto de valores que postula que as posições dos indivíduos na sociedade devem ser consequência do mérito de cada um. Ou seja, do reconhecimento público da qualidade das realizações individuais.[8]

Já com relação à justiça social, Barzotto traz este paradigma como justiça geral por Aristóteles e desenvolvido posteriormente como justiça legal por Tomás de Aquino "uma vez que os atos devidos à comunidade para que esta alcance o seu bem, o bem comum, estão, na maior parte dos casos, dispostos em lei".[9] De maneira mais atual e sucinta, Charles Antonie define como "observância de todo direito tendo o bem social comum por objeto e a sociedade civil como sujeito ou como termo." [10] Esse conceito mostra-se de extrema importância no Brasil, visto que pode ser depreendido nos artigos 170 e 193 da Constituição da República de 1988 (CRFB/1988).

Apesar de essa referência constitucional ao conceito de justiça social, de modo bastante controverso, o discurso meritocrático apresenta notável aceitação no território brasileiro. Os juristas Atahualpa e Athuz Fernandez corroboram com essa percepção, pois afirmam que supostamente estaríamos inseridos em uma meritocracia perfeita, na qual apenas os bons triunfam, sendo essa a mensagem cotidianamente ouvida nas esferas públicas e privadas.[11]

Desse modo, é facilmente verificado o papel das narrativas de mérito na consciência social da população do Brasil. Tais pressupostos ideológicos podem ser identificados de forma clara em diversas falas de perso-

---

7 FERREIRA, Aurélio Buarque de Holanda. **Novo Dicionário Aurélio da Língua Portuguesa**. 4 ed. Curitiba: Positivo, 2009.

8 BARBOSA, Lívia. **Igualdade e Meritocracia.** FGV: Rio de Janeiro, 2013. p. 22.

9 BARZOTTO, Luis Fernando. Justiça Social – Gênese, Estrutura e Aplicação de um Conceito. **Revista Jurídica Virtual**, Brasília, vol. 5, n. 48, mai. 2003. p. 2.

10 ANTOINE, Charles. **Cours d'écomie Sociale.** Nabu Press: França, 1905. p. 128.

11 FERNANDEZ, Atahualpa; FERNANDEZ, Athus. Meritocracia e desigualdade. **Derecho y Cambio Social**, 2015. Disponível em: <https://www.derechoycambiosocial.com/revista042/MERITOCRACIA_E_DESIGUALDADE.pdf>. Acesso em: 15 out. 2020. p. 3.

nalidades, em notícias publicadas na mídia, em conversas do cotidiano ou até mesmo em interações no mundo virtual. A tônica de todas essas manifestações tende a ser mesma: valoriza-se a capacidade individual no alcance de alguma conquista. Sobra superação, falta senso crítico.

Seguindo essa linha de pensamento, sites de negócios podem ser elencados como um dos grandes propagadores de falas meritocráticas no país. O blog Dinheirama, por exemplo, afirmou em uma postagem: "Sim, os mais resistentes e capazes se destacam com recompensas claras e inquestionáveis [...] Você acha isso agressivo demais? Recomendo observar a vida tal qual ela é." [12]

Se a simples pregação por parte de uma agência independente já traz uma alusão impactante do discurso meritocrático na esfera de acumulação de capital, uma declaração do chefe do Ministério da Economia tem alcance muito maior. Em 2020, o ministro Paulo Guedes ressaltou a necessidade de a meritocracia prevalecer no setor público, chegando até a cogitar que deveria haver uma elevação do teto salarial do alto escalão institucional, pois atribuições como a de ministro do STF ou de presidente da República estariam recebendo pouco.[13]

Não satisfeito com a já polêmica declaração inicial, Guedes continuou propondo que "Direitos [...] têm que vir em cima da meritocracia", condicionando garantias trabalhistas do funcionalismo público a um índice de produtividade. Tal perspectiva demonstra o quanto a percepção de validade do esforço individual encontra respaldo no corpo político, podendo ocasionar, assim, retrocessos normativos.

Para além de um viés necessariamente econômico ou administrativo, a crença na meritocracia também é empregada para justificar múltiplas histórias de superação de brasileiros que abandonaram a miséria. Tomando por base uma retórica em nível de senso comum, são habituais as inferências de mobilidade social mediante a uma análise simplista de autodeterminação:

---

12 CHIERIGHINI, Gustavo. 7 bons motivos para apostar na meritocracia. **Blog Dinheirama**, Plataforma Brasil, 2014. Disponível em: < https://dinheirama.com/7-motivos-apostar-meritocracia/>. Acesso em: 15 out. 2020.

13 LORRAN, Tácio. Guedes diz que salário de ministros do STF, de 39 mil, é muito baixo. **Metrópoles**, 09 de setembro de 2020. Disponível em: < https://www.metropoles.com/brasil/economia-br/guedes-diz-que-salario-de-ministros-do-stf-de-r--39-mil-sao-muito-baixos>. Acesso em: 16 out. 2020.

> A meritocracia já mostrou que é um método que funciona. [...] Temos exemplo disso na atualidade, com o ex-presidente do Supremo Tribunal Federal, Joaquim Barbosa, que veio de uma família humilde da cidade de Paracatu, no interior de Minas Gerais [...]. Ter nascido com poucas condições financeiras não significa fracasso em sua vida, bastam apenas doses de força de vontade, renúncia e trabalho. [14]

Assim sendo, o autor Jefferson Viana cita o exemplo de Barbosa como se fosse a lógica mais comum no contexto social, desconhecendo, porém, que o caso do ministro é exceção no cenário de abismo de classes instaurado no Brasil. De modo sintético, esse e os outros posicionamentos mencionados evidenciam o quanto o discurso da meritocracia reverbera no imaginário coletivo de parte das pessoas, moldando a mentalidade populacional.

Se, como nos exemplos apresentados, defendermos que o desempenho individual deve ser a norma da organização social e considerarmos que os talentos, as habilidades e os esforços formam aquilo que caracteriza o desempenho de cada um, uma questão extremamente importante emerge:

> [...] como tal desempenho deve ser avaliado? Qual o papel de fatores sociais, ambientais e genéticos nos nossos esforços e talentos? Até que ponto o desempenho de uma pessoa deve ser apreciado como de inteira responsabilidade dela? [15]

Aparentemente, o que há de mais problemático na meritocracia não é o fato desta pretender escolher os melhores - tal ideia é bem acolhida por todos, como demonstrado aqui anteriormente. Todavia, o ponto passível de discussão é como determinar quem são os melhores ou, em outras palavras, como avaliar as realizações individuais. Diante disso, novas indagações afloram:

> São os mais esforçados, os que mais arduamente trabalharam e que mais enfrentaram obstáculos durante sua trajetória, devido a sua origem social

14 VIANA, Jefferson. Por que odeiam tanto a meritocracia no Brasil? **Instituto Liberal**, 2015. Disponível em: <https://www.institutoliberal.org.br/blog/por-que-o-deiam-tanto-a-meritocracia-no-brasil/>. Acesso em: 16 out. 2020.

15 OLIVEIRA, Mariana Ferrari. **Meritocracia e Responsabilidade Individual no Igualitarismo de John Rawls e Ronald Dworkin.** Dissertação (Mestrado em Ciência Política) - Universidade de São Paulo, São Paulo, 2014. 71 f. Disponível em: <https://www.teses.usp.br/teses/disponiveis/8/8131/tde-12052015-095742/pt-br.php>. Acesso em: 02 out. 2020. p. 8.

> ou são os mais talentosos, os mais privilegiados geneticamente, que deveriam ser selecionados?[16]

Cabe-nos, dessa forma, a tarefa de analisar brevemente a teoria da justiça como equidade proposta por John Rawls em busca de respostas para tais questões. Vale pontuar, de início, que o filósofo utiliza da teoria do contrato social a fim de elevá-la a um nível mais alto de abstração, idealizando, assim, os indivíduos em uma situação inicial definida por ele como "posição original", na qual todos estariam sob o "véu da ignorância". Nessa situação, todos os sujeitos são iguais e concordam em somente valer-se dos acidentes da natureza em benefício do bem comum, já que ninguém conheceria o lugar no qual viria a ocupar na sociedade, não havendo nenhum conhecimento sobre a distribuição dos recursos e habilidades naturais. O autor ressalva que tal quadro "corresponde ao estado de natureza da teoria tradicional do contrato social [...] e é entendida como situação puramente hipotética". [17]

Destarte, com esse pano de fundo definido, temos que a teoria da justiça de Rawls estabelece dois princípios que devem ser aplicados à estrutura básica da sociedade. O primeiro estabelece as liberdades fundamentais, o que implica na estruturação de um Estado Democrático de Direito. O segundo princípio deve ser encarado através do relacionamento simultâneo do "princípio da igualdade equitativa de oportunidade" e o "princípio da diferença". Enquanto aquele requer que todos tenham as mesmas oportunidades de obter as qualificações relevantes para as posições ocupacionais e cargos mais valorizados em organizações econômicas, este determina que o que cada um obtém só é justo se os benefícios ou posições também forem acessíveis aos demais. Desse modo, o "princípio da diferença" estabelece que os indivíduos que estiverem em melhores condições só poderão melhorá-la ainda mais se proporcionarem, simultaneamente, o aprimoramento das condições de quem está na base da sociedade.

É importante destacar que, segundo Rawls, tais princípios devem ser inseridos em uma ordem léxica. Assim, é necessária a satisfação do primeiro princípio – garantia de liberdades fundamentais, que tem peso absoluto em relação aos demais – para que se possa passar ao segundo e assim por diante.

---

16 OLIVEIRA, Mariana Ferrari. **Meritocracia e Responsabilidade Individual...**, *op. cit.* p. 9.

17 RAWLS, John. **Uma Teoria da Justiça**. Trad. Jussara Simões. 3. ed. São Paulo: Martins Fontes, 2008. p. 145-146.

Tendo em vista a ordem lexicográfica proposta por Rawls, vale observar que a justiça como equidade não exclui totalmente a meritocracia, mas a faz quando esta se põe como princípio fundamental de justiça social.[18] Por vezes, o malgrado de alguns é inerente a suas escolhas, cabendo a questão: é justo que alguns acabem em pior condição por fatores adversos? Por fim, afirma Rawls: "Não merecemos nosso lugar na distribuição de aptidões inatas, assim como não merecemos nosso lugar inicial na sociedade [...]. A ideia de mérito não se aplica aqui." [19]

A meritocracia desconsidera além dos fatores sociais e familiares, a biologia. Um estudo da Associação Médica Britânica mostra que o QI, fator muitas vezes determinante para o sucesso, está relacionado diretamente com a nutrição das crianças, pois as potencialidades são diminuídas por escassez de nutrientes causada pela pobreza e falta de acesso à educação alimentar.[20] Pesquisas da Fundação Oswaldo Cruz (FioCruz) também mostram que o ambiente em que são criados os indivíduos contam muito para o seu sucesso futuro, por exemplo, crianças com pais mais intelectualizados possuem mais vantagem sobre aquelas cujos pais não terminaram seus estudos formais.[21] É até obvio – embora seja desconsiderado pelo discurso meritocrático – que um ambiente de maiores estímulos proporciona um desenvolvimento intelectual mais amplo e, consequentemente, melhores posições sociais.

No romance distópico "Admirável mundo novo", de Aldous Huxley, todas as pessoas são geradas em laboratório e pré-determinadas, desde a fase embrionária, a qual classe social pertencerão. Os bebês Alfa e Beta são os mais bem nutridos e recebem os melhores incentivos intelectual, psicológico e alimentar, enquanto os Gamas, Deltas e Ípsilons são pri-

---

18 OLIVEIRA, Mariana Ferrari. **Meritocracia e Responsabilidade Individual...**, *op. cit.* p. 38.

19 RAWLS, John. **Uma Teoria...**, *op. cit.* p. 124.

20 PRESSE, France. **Estudo relaciona dieta de junkfood a Q.I baixo**. 08/02/2011. Disponível em: http://g1.globo.com/mundo/noticia/2011/02/estudo-relaciona-dieta-de-junk-food-a-qi-baixo.html. Acesso em: 02 out. 2020.

21 SILVA, Antônio Augusto Moura da. **Intervenções precoces para a redução de vulnerabilidades e melhora do desenvolvimento infantil.** 11/03/2019. Disponível em: https://www.scielosp.org/article/csp/2019.v35n3/e00030519/. Acesso em: 02 out. 2020.

vados de recursos e têm seu desenvolvimento boicotado para garantir a submissão e a mão de obra barata.[22] Observemos um exemplo no trecho:

> Nada como a escassez de oxigênio para manter um embrião abaixo do normal [...].
> Mas porque precisamos manter o embrião abaixo do normal? - perguntou um estudante ingênuo.
> [...] – Não lhe ocorreu que, para um embrião de Ípsilon, é preciso um meio Ípsilon, tanto quanto uma hereditariedade Ípsilon?
> - Quanto mais baixa é a casta – disse o sr. Foster-, menos oxigênio se dá. [23]

Ao selecionarem qual casta merece mais ou menos oxigenação, são escolhidos os indivíduos que serão mais saudáveis e inteligentes e, consequentemente, mais aptos a ocuparem grandes papéis na sociedade, mostrando claramente que as condições de desenvolvimento fisiológico refutam a meritocracia em sua essência. As crianças da obra que sofrem privação de alimentos e de recursos intelectuais têm a estatura mais baixa, não possuem raciocínio crítico ou aptidão para desenvolver hobbies e se dedicar a estudos complexos. Assim, percebemos que múltiplos fatores antecedem o esforço na hora de determinar quem é fracassado e quem é vitorioso. Todos os estímulos provocados na primeira infância, quando o indivíduo não faz escolhas por si só, são essenciais para as conquistas da vida adulta.

A realidade mistura-se à distopia quando percebemos que também são criadas condições de abismos entre classes sociais no momento que não há investimento visando melhorar as condições primárias de subsistência das populações das classes mais baixas, deixando que estas se desenvolvam mal e compitam com os indivíduos bem nutridos a sua própria sorte, sem serem colocados todos no mesmo ponto de partida. As falácias meritocráticas são, no mínimo, injustas e míopes, ao cobrar que, primeiramente, os indivíduos se esforcem para se igualar e, depois, se esforcem para atingir seus objetivos. De tal forma, tratando da realidade brasileira, Os Racionais MC's expressam essa questão no prelúdio da canção "A vida é desafio": "Como fazer duas vezes melhor, se você tá pelo menos cem vezes atrasado". [24]

---

22 HUXLEY, Aldous. **Admirável mundo novo**. 22 ed. Rio de Janeiro: Biblioteca Azul, 2014. p.48.

23 HUXLEY, Aldous. **Admirável mundo...**, *op. cit.* p.33.

24 **A Vida é desafio**. Intérprete: Racionais Mc's. Nada como um dia após o outro. São Paulo: ONErpm, 2002. Disponível em: <https://www.youtube.com/watch?v=4PNmrGkiXUE>. Acesso em: 02 out. 2020.

Diante dessa utópica e romântica ideia de meritocracia, constata-se que a legitimidade social da determinação do indivíduo unicamente por seu desempenho exige que haja um contexto igualitário,[25] diferentemente da realidade de desigualdades insustentáveis, como enunciado por Piketty. Ora, o Brasil é o 79° país mais desigual do mundo, segundo o índice de GINI.[26] Vê-se, com isso, que não há espaço para a meritocracia na realidade empírica, na qual os sujeitos possuem *backgrounds* sociais discrepantes, segundo os quais, além da pluralidade inerente aos seres humanos, há atrasos limitantes.

Com efeito, Dworkin[27] propõe que é necessário que a desigualdade condicione, necessariamente, situação na qual haja vantagens para os mais desfavorecidos em função das condições sociais às quais foram determinados. Essa compensação pode ser assegurada por meio da justiça social, que proporciona a formação de um sistema de cooperação social, de modo a distribuir direitos e deveres.[28] Ao contrário da meritocracia, que almeja o destaque e o reconhecimento individual, a justiça social visa promover um estado igualitário, diante do qual todos tenham iguais oportunidades, independente do desempenho ou desigualdades naturais e/ou sociais. A igualdade de oportunidades, a partir do conceito de igualdade equitativa de Rawls, é conferida pela capacitação das qualificações necessárias para que se enfrente a concorrência com as mesmas chances de vitória.[29]

A desigualdade racial frente a um sistema meritocrático, de desamparo legal a minorias, mostra-se como intensificadora dos atrasos e limitações, bem como reflete-se em parcela significativa da população negra brasileira. Isso pode ser observado por meios de dados que demonstram a precariedade da situação educacional dos cidadãos negros, sendo extremamente baixo o índice de participação deles no ensino

---

25 BARBOSA, L. Meritocracia à brasileira: o que é desempenho no Brasil?. **Revista do Serviço Público**, *[S. l.]*, v. 47, n. 3, p. 58-102, 2014. Disponível em: <https://revista.enap.gov.br/index.php/RSP/article/view/396>. Acesso em: 02 out. 2020.

26 UNITED NATIONS DEVELOPMENT PROGRAMME. **Human Development Indices and Indicators, Statical Updates.** New York: Plaza, 2018. Disponível em: <http://hdr.undp.org/sites/default/files/2018_human_development_statistical_update.pdf>. Acesso em: 02 out. 2020.

27 OLIVEIRA, Mariana Ferrari. **Meritocracia...**, *op. cit.*

28 RAWLS, John. **Justiça...**, *op. cit.*

29 OLIVEIRA, Mariana Ferrari. **Meritocracia...**, *op. cit.*

básico e superior.[30] Fica evidente, assim, que a luta diária de alguns indivíduos para que sejam relevantes na formalidade meritocrática do sistema tem empecilhos basais que não dependem unicamente do indivíduo para que sejam superados.

Sendo assim, discussões acerca desse contexto foram evidenciadas em 2012 quando o Supremo Tribunal Federal (STF) decidiu pela constitucionalidade de políticas afirmativas que concediam reserva de vagas segundo critério étnico-racial no vestibular da UnB.[31] Essa decisão precedeu a Lei 12.711,[32] responsável por instituir o sistema de cotas em instituições federais.

O debate em torno da igualdade formal – todos possuem os mesmos direitos legais – *versus* igualdade substantiva – que ultrapassa a formalidade da lei e exige que todos tenham seus direitos efetivados – mostrou que a existência do direito constitucional de todos à educação e o mérito individual não eram suficientes para incluir grupos minoritários nas universidades. A justiça social, nesse caso que se expressa por meio da adoção de políticas afirmativas, mostra-se como antídoto necessário para mitigar os efeitos de um país teoricamente meritocrático. O sistema de cotas permitiu que o contingente negro nas universidades aumentasse consideravelmente, acentuando os ditames da igualdade substantiva.[33]

A incompatibilidade da meritocracia com a realidade empírica brasileira também é expressa sobre a conformação com que se dá o direito à

---

30 SILVA, Maurício. Cotas raciais na universidade brasileira e a ideologia da meritocracia. **Revista Diálogo Educacional**, Curitiba, v. 17, n. 54, p. 1207-1221, jul./set. 2017. Disponível em: <https://periodicos.pucpr.br/index.php/dialogoeducacional/article/view/21944>. Acesso em: 02 out. 2020.

31 BRASIL. Supremo Tribunal Federal. **ADPF 186.** Disponível em: <https://www.stf.jus.br/arquivo/cms/noticiaNoticiaStfArquivo/anexo/ADPF186.pdf>. Acesso em: 02 out. 2020.

32 BRASIL. **Lei 12.711, de 29 de agosto de 2012.** Dispõe sobre o ingresso nas universidades federais e nas instituições federais de ensino técnico de nível médio e dá outras providências. Disponível em: <http://www.planalto.gov.br/ccivil_03/_ato2011-2014/2012/lei/l12711.htm>. Acesso em: 02 out. 2020.

33 Conforme dados disponibilizados pelo IBGE, desde as primeiras experiências de ações afirmativas no ensino superior brasileiro, o percentual de pretos e pardos que concluíram a graduação cresceu de 2,2%, em 2000, para 9,3% em 2017. Disponível em: https://agenciabrasil.ebc.com.br/educacao/noticia/2018-05/cotas-foram-revolucao-silenciosa-no-brasil-afirma-especialista. Acesso em: 02 out. 2020.

herança, pois, segundo Murphy e Nagel,[34] ele é responsável por promover o acúmulo de riquezas. Assim, a partir de pesquisas realizadas por Piketty,[35] o aumento do fluxo de herança está diretamente relacionado à perda da mobilidade social, excessiva desigualdade e estreitamento da elite. Isso se dá em função da vantagem obtida por alguns, sendo esta determinante para que não haja igualdade de oportunidades, critério essencial para a consolidação da meritocracia, ainda que utópica. Além da promoção da desigualdade pela transferência de bens, no Brasil, essa problemática é acentuada em razão da baixíssima tributação sobre herança por meio do Imposto sobre Transmissão Causa mortis e Doação (ITCMD), cuja alíquota máxima é de 8%.[36] Dessa forma, há negligência do potencial da arrecadação de impostos em promover o cumprimento da finalidade do sistema, expresso pela objetivação do bem de todos. Para Dworkin, a arrecadação deveria ser revertida para a consolidação da justiça social, visando promover igualdade equitativa, por meio de investimentos em educação. Sendo assim, uma justiça social mostra-se sempre necessária quando a desigualdade impede o ideal de meritocracia.

2. CONSIDERAÇÕES FINAIS

Portanto, é evidente que a noção de meritocracia foi imposta socialmente por pessoas privilegiadas que não enfrentaram adversidades durante a vida. Ao impor que apenas o mérito seja decisivo para a construção de um futuro digno, exclui-se a realidade de desigualdades alarmantes que a maior parte do mundo enfrenta. Quando os indivíduos não possuem alimentação digna ou desenvolvimento intelectual basilar não se deve considerar que o merecimento delas é tudo que importa na conquista de seus objetivos.

A desconstrução desse argumento é um processo árduo, já que tal ideia é arraigada na nossa sociedade. Todavia, para se pensar justiça, como John Rawls, é necessário escancarar que condições distintas de vida vão gerar condições diferentes para a obtenção de sucesso. A

---

34 MURPHY, L.; NAGEL, T. **The Mythof Ownership: Taxes and Justice**. Nova Iorque: Oxford University Press, 2002.

35 PIKETTY, Thomas. **Capital in the Twenty-First Century**. Tradução Arthur Goldhammer. Londres: Belknap Press of Harvard University Press, 2014.

36 Conforme é previsto no art. 1º da Resolução nº 9/1992 do Senado Federal. Disponível em: https://legis.senado.leg.br/norma/590017/publicacao/15785996. Acesso em: 02 out. 2020.

maior parte de nossa sociedade sequer compreende que desde a primeira infância já somos condicionados a ter ou não um futuro próspero. Diante disso, como colocar a responsabilidade total de uma vida plena em cima de pessoas que foram restringidas de boas condições de desenvolvimento? O único mecanismo que encontramos para escapar dessa idealização falha é a justiça social.

REFERÊNCIAS BIBLIOGRÁFICAS

ANTOINE, Charles. **Cours d'écomie Sociale.** Nabu Press: França, 1905.

ARAÚJO, Carlos Eduardo. **Por que a ideia de meritocracia privilegia quem já é rico?** Disponível em: <http://www.justificando.com/2019/09/02/por-que-a-ideia-de-meritocracia-privilegia-quem-ja-e-rico/>. Acesso em: 15 out. 2020.

A Vida é desafio. Intérprete: Racionais Mc's. Nada como um dia após o outro. São Paulo: ONErpm, 2002. Disponível em: <https://www.youtube.com/watch?v=4PNmrGkiXUE>. Acesso em: 02 out. 2020.

BARBOSA, Lívia. **Igualdade e Meritocracia**. FGV: Rio de Janeiro, 2013.

BARBOSA, Lívia. Meritocracia à brasileira: o que é desempenho no Brasil?. **Revista do Serviço Público**, 47(3), p. 58-102. Disponível em: <https://doi.org/10.21874/rsp.v47i3.396>. Acesso em: 02 out. 2020.

BARZOTTO, Luis Fernando. Justiça Social - Gênese, estrutura e aplicação de um conceito. **Revista Jurídica Virtual**, Brasília, vol. 5, n. 48, mai. 2003.

BATISTA JÚNIOR, Onofre Alves. **O outro leviatã e a corrida ao fundo do poço**. São Paulo: Almedina, 2015.

BRASIL. **Lei 12.711, de 29 de agosto de 2012**. Dispõe sobre o ingresso nas universidades federais e nas instituições federais de ensino técnico de nível médio e dá outras providências. Disponível em: < http://www.planalto.gov.br/ccivil_03/_ato2011-2014/2012/lei/l12711.htm>. Acesso em: 02 out. 2020.

BRASIL. Supremo Tribunal Federal. **ADPF 186.** Disponível em: <https://www.stf.jus.br/arquivo/cms/noticiaNoticiaStfArquivo/anexo/ADPF186.pdf>. Acesso em: 02 out. 2020.

CHIERIGHINI, Gustavo. **7 bons motivos para apostar na meritocracia**. Blog Dinheirama, Plataforma Brasil, 2014. Disponível em <https://dinheirama.com/7-motivos-apostar-meritocracia/>. Acesso em: 15 out. 2020.

FERNANDEZ, Atahualpa; FERNANDEZ, Athus. Meritocracia e desigualdade. **Derecho y Cambio Social**, 2015. Disponível em: <https://www.derechoycambiosocial.com/revista042/MERITOCRACIA_E_DESIGUALDADE.pdf>. Acesso em: 15 out. 2020.

FERREIRA, Aurélio Buarque de Holanda. **Novo Dicionário Aurélio da Língua Portuguesa**. 4 ed. Curitiba: Positivo, 2009.

HAIDAR, Rodrigo. Supremo decide que cotas raciais são constitucionais. **Revista Consultor Jurídic**o, 26 de abril de 2012. Disponível em: <https://www.conjur.com.br/2012-abr-26/supremo-tribunal-federal-decide-cotas-raciais-sao-constitucionais>. Acesso em: 02 out. 2020.

HUXLEY, Aldous. **Admirável mundo novo**. 22 ed. Rio de Janeiro: Biblioteca Azul, 2014.

LORRAN, Tácio. Guedes diz que salário de ministros do STF, de 39 mil, é muito baixo. **Metrópoles**, 09 de setembro de 2020. Disponível em: <https://www.metropoles.com/brasil/economia-br/guedes-diz-que-salario-de-ministros-do-stf-de-r-39-mil-sao-muito-baixos>. Acesso em: 16 out. 2020.

LORRAN, Tácio. Guedes vê serviço público no Brasil como “socialista” e pede “meritocracia”. **Metrópoles**, 09 de setembro de 2020. Disponível em: <https://www.metropoles.com/brasil/economia-br/guedes-ve-servico-publico-no-brasil-como-socialista-e-pede-meritocracia>. Acesso em: 16 out. 2020.

MURPHY, Liam; NAGEL, Thomas. **The Myth of Ownership: Taxes and Justice**. Nova Iorque: Oxford University Press, 2002.

OLIVEIRA, Mariana Ferrari. **Meritocracia e Responsabilidade Individual no Igualitarismo de John Rawls e Ronald Dworkin.** Dissertação (Mestrado em Ciência Política) - Universidade de São Paulo, São Paulo, 2014. 71 f. Disponível em: <https://www.teses.usp.br/teses/disponiveis/8/8131/tde-12052015-095742/pt-br.php>. Acesso em: 02 out. 2020.

PIKETTY, Thomas. **Capital in the Twenty-First Century**. Tradução Arthur Goldhammer. Londres: Belknap Press of Harvard University Press, 2014.

PIOVESAN, Flávia. Ações afirmativas da perspectiva dos Direitos Humanos. **Cadernos de Pesquisa**, v. 35, n. 124, p. 43-55, jan./abr. 2005. Disponível em: < Ações afirmativas da perspectiva dos Direitos Humanos>. Acesso em: 02 out. 2020.

PRESSE, France. **Estudo relaciona dieta de junkfood a Q.I baixo**. 08/02/2011. Disponível em: http://g1.globo.com/mundo/noticia/2011/02/estudo-relaciona-dieta-de-junk-food-a-qi-baixo.html. Acesso em: 02 out. 2020.

RAUSCH, AluizioPorcaro. TRIBUTAÇÃO, acúmulo intergeracional e redistribuição de riqueza no Brasil. Rev. Fac. Direito UFMG, Belo Horizonte, n. 68, pp. 85-114, jan./jun. 2016. Disponível em: <https://www.direito.ufmg.br/revista/index.php/revista/article/viewFile/1750/1665>. Acesso em: 02 de outubro de 2020.

RAWLS, John. **Justiça como Equidade: Uma Reformulação.** São Paulo: Martins Fontes, 2003.

RAWLS, John. **Uma Teoria da Justiça**. Trad. Jussara Simões. 3. ed. São Paulo: Martins Fontes, 2008.

SILVA, Antônio Augusto Moura da. **Intervenções precoces para a redução de vulnerabilidades e melhora do desenvolvimento infantil.** 11/03/2019. Disponível em: <https://www.scielosp.org/article/csp/2019.v35n3/e00030519/>. Acesso em: 18 out. 2020.

SILVA, Maurício. Cotas raciais na universidade brasileira e a ideologia da meritocracia. **Revista Diálogo Educacional**, Curitiba, v. 17, n. 54, p. 1207-1221, jul./set. 2017. Disponível em: <https://periodicos.pucpr.br/index.php/dialogoeducacional/article/view/21944>. Acesso em: 02 out. 2020.

THIRY-CHERQUES, Hermano Roberto. John Rawls: a economia moral da justiça. **Revista Sociedade e Estado**, v. 26, n. 3, Setembro/Dezembro, 2011.

UNITED NATIONS DEVELOPMENT PROGRAMME. **Human Development Indices and Indicators, Statical Updates.** New York: Plaza, 2018. Disponível em: <http://hdr.undp.org/sites/default/files/2018_human_development_statistical_update.pdf>. Acesso em: 02 out. 2020.

VIANA, Jefferson. Por que odeiam tanto a meritocracia no Brasil? **Instituto Liberal**, 2015. Disponível em: <https://www.institutoliberal.org.br/blog/por-que-odeiam-tanto-a-meritocracia-no-brasil/>. Acesso em: 16 out. 2020.

DE PLATÃO À ATUALIDADE: UM CAMINHO DE EVOLUÇÃO DA JUSTIÇA?

Leonardo Tomaz Ferreira[1]

Marcella Caldas Avelino Pires [2]

Mariana Coelho Evangelista[3]

Matheus De Almeida Nascimento[4]

Platão, durante o período clássico da Grécia Antiga, foi um dos primeiros a se aventurar na busca pela essência da justiça. A partir das contribuições platônicas sobre o assunto, que abordaram também uma teorização acerca da organização política da cidade, muito se transformaram os desejos e as percepções sociais. De Platão à atualidade, muito se progrediu em um caminho de transformação da justiça.

No diálogo platônico "A República",[5] após ir a festividades no Pireu, região próxima a Atenas, o filósofo grego foi convidado por Polemarco a se hospedar na sua casa. Naquela oportunidade, o filósofo engajou-se em uma conversa com Céfalo sobre a velhice, o qual defendeu que aqueles que tiveram uma vida justa não perecem nessa fase da vida. Em seguida, perguntou a Sócrates o que seria a justiça, dando início ao debate-chave que perpassa os dez livros dessa obra, e que levou a outras questões, uma vez que Sócrates, no segundo livro, concluiu que somente seria possível conhecer uma resposta sobre a essência da justiça após observá-la em seu caráter macro, em uma cidade ideal.

---

1 Graduando em Direito pela Universidade Federal de Minas Gerais (UFMG).

2 Graduanda em Direito pela Universidade Federal de Minas Gerais (UFMG).

3 Graduanda em Direito pela Universidade Federal de Minas Gerais (UFMG).

4 Graduando em Direito pela Universidade Federal de Minas Gerais (UFMG).

5 PLATÃO. **A República**. Tradução de Carlos Alberto Nunes. Belém: Editora da UFPA, 1988.

De Céfalo, Sócrates ouviu que justo é aquele que dá a cada um o que o pertence, em lógica semelhante àquela que consistiu em um dos três fundamentos do Direito Romano, no *Corpus Iuris Civilis: suum cuique tribuere* ("dar a cada um o que é seu por direito"). Todavia, o filósofo rapidamente refutou tal lógica.

Por outro lado, Polemarco definiu que realizar a justiça seria fazer bem aos amigos e mal aos inimigos. Porém, Sócrates o contestou ao afirmar que a natureza do justo não pode ser fazer o mal, a quem quer que seja.

Posteriormente, descrevendo uma cidade ideal, na qual a justiça seria um imperativo e a postura mais vantajosa, Sócrates refletiu sobre sistemas de governo, a educação ideal, o papel da ginástica e da música – compreendida nela toda a formação para as artes, sobre o arranjo de classes sociais. Tudo deveria estar conectado com a promoção de virtudes, entre as quais a justiça.

Na pólis ideal, levando em conta as várias necessidades da população, cada pessoa deveria realizar fins específicos, de acordo com sua aptidão pessoal, havendo três classes sociais: comerciantes, que estariam encarregados de todo o processo econômico; militares, cuja atribuição seria a segurança da pólis; e guardiões da pólis, aos quais caberiam governar a pólis. Para tanto, Sócrates esclarece que os guardiões deveriam ser filósofos, haja vista que buscariam, constantemente, o saber, e visariam à verdadeira essência das coisas, de modo a não tomar decisões somente com fundamento na aparência das coisas, como erroneamente fariam os sofistas.

De tal modo, as virtudes observadas na cidade ideal seriam: a temperança, que consiste na resistência aos prazeres e vícios mundanos, e deveria estar presente em todas as classes sociais; a sabedoria, a qual possuiriam, principalmente, os guardiões para que tomassem as decisões relativas à cidade ideal em observância ao conhecimento, à essência real das coisas; a coragem, a qual deveriam ter principalmente os guerreiros, no sentido de tomar decisões sobre questões sensíveis de acordo com a opinião legítima do que constitui ou não perigo; e a justiça, cuja definição ficaria a cabo da característica restante.

Essa característica restante seria o cumprimento, por cada um, das tarefas e funções que lhes são imputadas por tal arranjo social. Assim, a justiça é definida como "fazer seu próprio trabalho e não interferir no dos outros".[6] Transpondo esse conceito do aspecto macro (na cidade) para o aspecto micro (nas pessoas), a justiça no ser humano é o cumprimento adequado de cada uma das três partes da alma, quais sejam a racional, o ímpeto e o emocional.

Diante disso, é fundamental notar o aspecto singular dessa definição de justiça compreendida dentro do contexto da cidade ideal de Platão, sendo a justiça meramente a virtude que faltava nessa construção. A noção de harmonia ser ligada à noção de justiça é uma constante histórica, mas a concepção platônica do que é o justo singulariza-se ao compreender que esse equilíbrio advém das funções de partes em um todo (social ou individual).

Desde que Platão desenhou sua cidade ideal a fim de definir o homem justo, muitos outros filósofos refletiram sobre o assunto e chegaram a proposições importantes e diversas, responsáveis por consolidar paradigmas ao longo da história. A concepção da palavra justiça, assim como a forma através da qual os seres humanos a percebem em sociedade, mudaram e ainda mudam conforme o espaço-tempo. Diante disso, com o objetivo de estabelecer um breve panorama das transformações do tema no Ocidente, faz-se necessário apontar alguns intelectuais e as suas teorias filosóficas.

Aristóteles, frequentador da academia de Platão, foi um dos primeiros a divergir do seu mestre, inovando com sua concepção de justiça. Em uma análise inicial, para compreender o pensamento aristotélico, é preciso ter em mente que o ideal de vida boa do filósofo – vida feliz e justa – baseia-se substancialmente no cultivo das virtudes, ou seja, de um meio-termo nas disposições de caráter e qualidades humanas.7 Nesse sentido, o justo seria aquele que encarna todas as virtudes humanas, como coragem, paciência e empatia, sem pender para a falta ou para o excesso.

Vale destacar também um ponto de convergência entre as doutrinas de Platão, Aristóteles e grande parte dos antigos filósofos gregos. Predominava, até então, a premissa de que os conceitos de justiça e felicidade eram indissociáveis. Isso significa que uma vida justa era necessariamente uma vida feliz e vice-versa.

---

6 PLATÃO, **A República**..., *op. cit.* Livro IV.

7 GUIMARÃES, Maurício Moura. Uma introdução da ideia de justiça em Aristóteles. **Revista Jus Navigandi**, ISSN 1518-4862, Teresina, ano 21, n. 4700, 14 maio 2016. Disponível em: <https://jus.com.br/artigos/47352>. Acesso em: 13 out. 2020.

Após um grande período, já no século IV, o teólogo Agostinho de Hipona, diante da missão de elaborar a primeira fundamentação teórica do cristianismo em ascensão, também refletiu sobre a justiça. Agostinho a dividiu em duas: Justiça Humana e Justiça Divina. A justiça humana se realizaria entre os homens, teria como fonte a própria lei humana – por sua essência, imperfeita – e estaria sujeita a limitações temporais-espaciais. Por outro lado, a justiça divina estaria baseada na lei estabelecida de acordo com a vontade de Deus. Por essa razão, além de imutável e perfeita, essa lei seria infinitamente boa e justa.[8] Em consequência a tal fato, a justiça divina seria "aquela exercida sem condições temporais para sua execução, não sujeita, portanto, ao relativismo sociocultural que marca as diferenças legislativas entre povos, civilizações e culturas diversas."[9] Ainda, para o teólogo, a lei divina possuiria a função de inspirar a lei humana no caminho do bem, de modo a aperfeiçoá-la.[10]

No século XVII, Thomas Hobbes foi mais um dos importantes contribuintes para teorização acerca da justiça. O filósofo contratualista estabeleceu uma noção sobre o assunto bastante ligada à ideia do pacto social. Para Hobbes, os valores de justiça e injustiça não existiriam se considerarmos o ser humano isoladamente; eles apenas surgiriam diante da vida em sociedade que dá origem ao poder estatal e às leis.11 Nas palavras do filósofo, "desta guerra de todos os homens contra todos os homens também isto é consequência: que nada pode ser injusto. As noções de bem e de mal, de justiça e injustiça, não podem aí ter lugar. Onde não há poder comum não há lei, e onde não há lei não há injustiça."[12] Considerado por alguns pesquisadores como um embrião

8 Nesse sentido, BITTAR, Eduardo C. B.; ALMEIDA, Guilherme Assis de. **Curso de Filosofia do Direito.** 5 ed. São Paulo: Atlas, 2007. p. 240.

9 Cf. BITTAR, Eduardo C. B. ALMEIDA; Guilherme Assis de. **Curso de ...**, *op. cit.* p. 240.

10 Cf. DE AZEVEDO, Gilson Xavier; ARAÚJO, Cristiano Santos; VERAS, Robson Pedro. A noção de direito, política e justiça em Santo Agostinho. **Revista Científica da Faculdade Quirinópolis**, v. 2, n. 10, p. 39, 2020.

11 Nesse sentido, CAPPELLARI, Rodrigo Toaldo. A concepção de justiça em Thomas Hobbes e a ligação entre sociedade, lei, política e direito. **Lex Humana**, v. 6, n. 2, p. 123, dez. 2014. Disponível em: <http://seer.ucp.br/seer/index.php/LexHumana/article/view/575>. Acesso em: 13 out. 2020.

12 Cf. HOBBES, Thomas. **Leviatã ou matéria: forma e poder de um estado eclesiástico e civil**. Tradução de João Paulo Monteiro e Maria Beatriz Nizza da Silva. 2a ed. Os pensadores. São Paulo: Abril Cultural, 1979. p. 77.

juspositivista,[13] a teoria hobbesiana entrelaça o ideal de justiça a um acordo realizado pelos seres humanos na formação da sociedade que se manifesta por meio da lei.

Immanuel Kant, em meados do século XVIII, produziu obras relevantes para a construção da justiça contemporânea. Segundo a teoria desenvolvida por ele, a justiça estaria intimamente relacionada com as ideias de liberdade e igualdade. Em uma sociedade justa, os indivíduos, além de serem capazes de agir livremente – de acordo com as leis que eles impõem a eles mesmos e não conforme imposições da natureza ou de convenções sociais[14] –, seriam considerados iguais. Com base nessa premissa, cada ser humano deveria exercer sua liberdade de modo a respeitar a liberdade dos outros. Assim como escreveu Kant, "uma ação é justa, quando por meio dela, ou segundo a sua máxima, a liberdade do arbítrio de um pode coexistir com a liberdade de qualquer outro, segundo uma lei universal."[15]

Por fim, também no século XVIII, Jeremy Bentham, ao fundar as bases do utilitarismo, também tratou da justiça. Segundo a doutrina utilitarista, popularizada com o trabalho do filósofo inglês John Stuart Mill, o certo e estimável a se fazer é buscar a maior felicidade para o maior número de pessoas, tendo em vista que todos prezamos pela felicidade ou pelo prazer, e queremos evitar a dor e o sofrimento. Desse modo, em uma cidade justa, "ao determinar as leis ou diretrizes a serem seguidas, um governo deve fazer o possível para maximizar a felicidade da comunidade em geral".[16]

Atualmente, se buscarmos o significado da palavra justiça nos dicionários e vocabulários jurídicos, mesmo com todo o arcabouço teórico que esse conceito percorreu ao longo desse texto, o encontraremos, geralmente, resumido em um verbete. Segundo o Vocabulário Jurídico, justiça é um termo "[d]erivado de *justitia*, de *justus*, quer o vocábulo

---

13 Cf. MATOS, Andityas Soares de Moura Costa. Thomas Hobbes, avatar do positivismo jurídico: uma leitura jusfilosófica do Leviatã. **Phronesis - Revista do Curso de Direito da FEADMinas**, v.1, n. 1, jan./2006.

14 Nesse sentido, SANDEL, Michael J. **Justiça: O que é fazer a coisa certa.** Tradução de Heloísa Matias e Maria Alice Máximo. Rio de Janeiro: Civilização Brasileira, 2015. p. 121.

15 Cf. KANT, Immanuel. **A Metafísica dos Costumes**. Trad. Edson Bini. São Paulo: Edipro, 2003. p. 407.

16 Cf. SANDEL, Michael J. **Justiça ...**, *op. cit.* p. 41.

exprimir, na linguagem jurídica, o que se faz conforme o Direito ou segundo as regras prescritas em lei".[17] Já no Dicionário Jurídico significa: "Justiça como diriam os romanos é dar a cada um aquilo que é seu [...] Equilíbrio perfeito que estabelecem a moral e a razão entre o direito e o dever."[18] Logo, para haver justiça é necessário prezar pela igualdade entre todos os cidadãos, oferecendo-lhes iguais garantias e vê-los da mesma forma perante as leis. Sendo um conceito abstrato, justiça refere-se a um estado ideal de interação social, em que há um equilíbrio razoável entre riquezas e oportunidades, dentro de um determinado grupo social.

Hoje é possível reconhecer uma conceituação objetiva da justiça, assim como a prática de viabilizar a sua aplicação jurisdicional, deixando de ser uma questão meramente filosófica e se tornando uma preocupação cotidiana dos profissionais do meio jurídico. Nesse contexto, o exame crítico da história proporciona uma formação intelectual necessária ao jurista contemporâneo, permitindo-o visualizar a influência que as circunstâncias histórico-culturais exercem sobre a conceituação e aplicação da justiça, desconsiderando a ideia de uma evolução teórica-científica.

Segundo Thomas Kunh, "a ciência não consiste em um conhecimento progressivo e cumulativo que se desenvolve ao longo dos séculos, mas sim em uma alternância entre a adoção e o rompimento de paradigmas investigativos."[19] Assim, uma ideia pode completar a outra, ser descartada, ressignificada ou até mesmo recuperada através dos tempos.

Platão e Aristóteles buscavam bases sólidas e racionais para conceituar e diferenciar o justo e o injusto. Conforme supracitado, Polemarco definiu o justo como fazer o bem a quem é amigo e mal a quem é inimigo, uma concepção que, se lapidada, será bastante semelhante à proposta utilitarista de Bentham que associa o bem e o mal às sensações de prazer e dor, respectivamente. Essa visão de justiça baseia-se em afinidades pessoais e subjetivas, e não em critérios objetivamente reconhecíveis, sendo dispensadas por alguns teóricos, como Hans Kelsen.[20]

---

17 GUIMARÃES, Deocleciano Torrieri. **Dicionário Jurídico.** 23 ed. São Paulo: Rideel, 2019. p. 160.

18 SILVA, De Plácido e. **Vocabulário Jurídico.** 27 ed. Rio de Janeiro: Editora Forense, 2008. p. 812-813.

19 KUHN, Thomas S. **A estrutura das revoluções científicas.** São Paulo: Perspectiva, 2010.

20 KELSEN, Hans. **O que é Justiça? A Justiça, o Direito e a Política no espelho da ciência.** Tradução de Luís Carlos Borges. São Paulo: Martins Fontes, 1998.

Em contrapartida, Trasímaco afirmou que a justiça residiria no interesse do mais poderoso, mas foi refutado por Sócrates com o argumento de que "a justiça reside muito mais na satisfação dos mais fracos ou dos menos peritos do que na dos mais fortes e sábios,"[21] em concepção semelhante àquela mais comum na atualidade, a qual preza pela equidade. Já Glauco reformulou a definição de Trasímaco em nível social, colocando a justiça como uma convenção social a qual haveriam de aderir todos os membros da coletividade, visando ao seu próprio benefício, antecipando formidavelmente a teoria contratualista de Hobbes. Essa visão de justiça demonstrou que o bem do indivíduo não é outra coisa senão o bem da comunidade que o rodeia, uma perspectiva divergente da postura moderna diante da justiça, que prioriza o indivíduo sobre a sociedade, visando uma organização política e social justa, partindo dos valores morais próprios da ação individual.

Santo Agostinho desenvolveu uma concepção de justiça proporcionalista e equitativa, entendida como "vontade constante e perpétua de dar a cada um o que é seu",[22] um pensamento que ainda é constante na atualidade. O processo de redimensionamento conceitual que começou na Idade Média, somente findou-se na Idade Moderna, através da inclusão de uma dimensão antropológica à origem do conceito de justiça a partir de um exame da realidade. Essas transformações traduzem uma quebra de paradigmas sem precedentes na história da ciência jurídica, precisamente no sentido epistemológico.

CONSIDERAÇÕES FINAIS

O transcorrer da história da humanidade alterou significativamente aspectos sociais, políticos e principalmente racionais do homem na sociedade, conforme conclusões de Yuval Noah Harari.[23] É também perceptível estas mudanças de paradigmas, a partir das conclusões de Benjamim Contant,[24] na análise entre a liberdade dos antigos e dos modernos.

---

21 PLATÃO, **A República**..., *op. cit.*

22 SILVA, De Plácido e. **Vocabulário Jurídico...**, *op. cit.* p. 813.

23 HARARI, Yuval Noah. **Sapiens: uma breve história da humanidade**. Trad. Janaína Marcoantonio. Porto Alegre: L&PM, 2015.

24 CONSTANT, Benjamim. **Da liberdade dos antigos comparada à dos modernos**. 1 ed. Edipro: São Paulo, 2019.

Constant verificou que a liberdade para as sociedades antigas era fundamentada em uma proeminência política. Isto ocorreu devido à importância que era atribuída à deliberação pelos cidadãos, em praça pública, sobre questões envolvendo as mais diversas pautas, desde à administração pública até os comportamentos dos cidadãos em sua esfera privada. O indivíduo, quando inserido no corpo social da comunidade, interferia direta e decisivamente no processo político, sobre as mais variadas questões, podendo possuir grande atuação nos consensos comunitários. Vigorava a partir disso, as idealizações de democracia, justiça, e liberdade, como meios de garantir o bem coletivo, determinando a submissão dos interesses individuais em prol de todo interesse social.

Já para os modernos, a liberdade consiste em se ocupar com o que deseja, i. e., ser autônomo com aquilo que se quer, sem interferências arbitrárias. Nesse sentido, as normas jurídicas devem incidir o mínimo possível na vida privada do sujeito. Ao contrário do que desejavam os antigos, essa nova concepção permite que os indivíduos sejam apenas representados na política, pois além da sua preferência sobre as causas particulares, ocorreu a mudança na participação direta dos indivíduos na esfera política. Democracia, liberdade e justiça ligam-se fortemente à ideia de garantia dos interesses privados e de contenção dos arbítrios dos governos.

É aberta, diante desses fatores, a inquietação sobre como se transmutaram as diferentes pretensões da sociedade no mover-se da história. De acordo com as percepções de Constant e dos assuntos tratados, é de grande valia os pensamentos de Platão, sobretudo na criação das bases fundamentais para formulação da sociedade, através dos conceitos de liberdade, justiça e democracia, que se difundiram, proporcionando a melhor compreensão de toda conjuntura sociopolítica dos Estados. Todavia, a mudança das pretensões sociais, motivada pelas diversificações dos deveres governamentais na evolução temporal, acarretaram a ineficácia da total aplicação, na atualidade, do modelo de cidade ideal platônica, devido tanto à superação das necessidades sociais encontradas naquela época, como ao vultoso crescimento populacional dos Estados.

Entretanto, em virtude das idealizações dos filósofos nas sociedades clássicas, que o transcorrer da convivência social adquiriu um amplo processo transformativo, eclodindo novas idealizações racionais, garantindo bases mais sólidas para o equilíbrio fundamental na sociedade. Os filósofos aqui citados e alguns outros proporcionaram, em cada contexto vivido, a reinterpretação dos elementos essenciais adquiridos nos primórdios da humanidade, permitindo influir conceitos, como justiça, liberdade e democracia, como sendo fatores essenciais na formatação das relações racionais e sociais.

Portanto há de se concluir que a justiça, assim como a liberdade e a democracia, não possui valor absoluto, sofrendo alterações por cada época e local ao qual for permeada, expressando valores de acordo com o corpo social ou seu princípio emanador. Entretanto não há de se olvidar que esses princípios alteraram a capacidade racional do homem, retirando o obscurantismo das relações intersociais.

Nesse compasso, verificou-se a evolução da estrutura social e mudanças de paradigmas conceituais, ao proporcionar a união dos interesses comuns como meio primordial das aspirações humanas, refletindo, através da racionalidade, as melhores maneiras estáveis das diversas conexões entre os seres humanos. A ampliação dos princípios platônicos deu, às sociedades, os fundamentos para o surgimento de governos compartilhados e ampliaram os saberes envoltos nos contextos sociais.

REFERÊNCIAS BIBLIOGRÁFICAS

BITTAR, Eduardo C. B.; ALMEIDA, Guilherme Assis de. **Curso de Filosofia do Direito.** 5 ed. São Paulo: Atlas, 2007.

CAPPELLARI, Rodrigo Toaldo. A concepção de justiça em Thomas Hobbes e a ligação entre sociedade, lei, política e direito. **Lex Humana**, v. 6, n. 2, p. 118-138, dez. 2014. Disponível em: <http://seer.ucp.br/seer/index.php/LexHumana/article/view/575>. Acesso em: 13 out. 2020.

CONSTANT, Benjamim. **Da liberdade dos antigos comparada à dos modernos**. 1 ed. Edipro: São Paulo, 2019.

DE AZEVEDO, Gilson Xavier; ARAÚJO, Cristiano Santos; VERAS, Robson Pedro. A noção de direito, política e justiça em Santo Agostinho. **Revista Científica da Faculdade Quirinópolis**, v. 2, n. 10, p. 34-46, 2020.

GIMENES, Anderson. O que significa justiça?. **Jusbrasil**, São Paulo, 2015. Disponível em: <https://andersonfgimenes.jusbrasil.com.br/artigos/317013348/o-que-significa-justica>. Acesso em: 15 out. 2020.

GUIMARÃES, Deocleciano Torrieri. **Dicionário Jurídico**. 23 ed. São Paulo: Rideel, 2019.

GUIMARÃES, Maurício Moura. Uma introdução da ideia de justiça em Aristóteles. **Revista Jus Navigandi**, ISSN 1518-4862, Teresina, ano 21, n. 4700, 14 maio 2016. Disponível em: <https://jus.com.br/artigos/47352>. Acesso em: 13 out. 2020.

HARARI, Yuval Noah. **Sapiens: uma breve história da humanidade.** Trad. Janaína Marcoantonio. Porto Alegre: L&PM, 2015.

HOBBES, Thomas. **Leviatã ou matéria: forma e poder de um estado eclesiástico e civil**. Tradução de João Paulo Monteiro e Maria Beatriz Nizza da Silva. 2a ed. Os pensadores. São Paulo: Abril Cultural, 1979.

KANT, Immanuel. **A Metafísica dos Costumes**. Trad. Edson Bini. São Paulo: Edipro, 2003.

KELSEN, Hans. **O que é Justiça**? A Justiça, o Direito e a Política no espelho da ciência. Tradução de Luís Carlos Borges. São Paulo: Martins Fontes, 1998.

KUHN, Thomas S. **A estrutura das revoluções científicas.** São Paulo: Perspectiva, 2010.

MATOS, Andityas Soares de Moura Costa. Thomas Hobbes, avatar do positivismo jurídico: uma leitura jusfilosófica do Leviatã. **Phronesis - Revista do Curso de Direito da FEADMinas,** v.1, n. 1, jan./2006.

PLATÃO. **A República**. Tradução de Carlos Alberto Nunes. Belém: Editora da UFPA, 1988.

SANDEL, Michael J. **Justiça: O que é fazer a coisa certa.** Tradução de Heloísa Matias e Maria Alice Máximo. Rio de Janeiro: Civilização Brasileira, 2015.

VASCONCELOS, Sousa Fernanda; CHAVES, Raphael Ayres de Moura. Teorias Clássicas e contemporâneas da justiça: de Platão a John Rawls. **JUS.com.br**, mar. de 2016. Disponível em: <https://jus.com.br/artigos46469/teorias-classicas-e-contemporaneas-da-justica/>.Acesso em: 15 out. 2020.

PODER ECONÔMICO E UNIÃO EUROPEIA: UM RECORTE SOBRE A INFLUÊNCIA EXERCIDA PELO BLOCO EUROPEU NO ÂMBITO INTERNACIONAL

Bianca Lopes Pereira Barbosa[1]
Jéssica Virgínia da Silva Batista[2]
Luiza Nunes Campos[3]
Samara Amorim Silva[4]
Sofia Soares Discacciati[5]

1. HISTÓRICO DE FORMAÇÃO DA UNIÃO EUROPEIA

Quando em 1946, em seu célebre discurso na Universidade de Zurique, Winston Churchill apelou para uma reconciliação das nações europeias reafirmando a necessidade da criação de uma "Família Europeia", o estadista já antevia a força estratégica que a união dos Estados europeus era capaz de alcançar. "Só neste caminho poderão centenas de milhões de trabalhadores reencontrar as simples alegrias e esperanças que fazem com que valha a pena viver a vida",[6] enfatizava o político no discurso.

1 Graduanda em Direito pela Universidade Federal de Minas Gerais (UFMG).

2 Graduada em Jornalismo pelo Centro Universitário UNA. Graduanda em Direito pela Universidade Federal de Minas Gerais (UFMG).

3 Graduanda em Direito pela Universidade Federal de Minas Gerais (UFMG).

4 Graduanda em Direito pela Universidade Federal de Minas Gerais (UFMG).

5 Graduanda em Direito pela Universidade Federal de Minas Gerais (UFMG).

6 Discurso de Winston Churchill na Universidade de Zurique – 19 de setembro de 1946. **Ministério das Relações Exteriores.** Disponível em: <http://www.itamaraty.gov.br>. Acesso em: 14 out. 2020.

O momento era realmente oportuno para inflar as nações em prol de unificação. A Segunda Guerra Mundial havia devastado o continente, tanto política quanto economicamente. Os Estados Unidos da América (EUA) firmavam-se, progressivamente, como uma superpotência. Os movimentos de independência das colônias estavam fora de controle dos países europeus, que lutavam para se reconstruir utilizando principalmente o aporte obtido com o Plano Marshall.

Nesse cenário, o primeiro passo rumo à construção de um bloco de integração da Europa foi dado em 1951, com a criação da Comunidade Europeia do Carvão e do Aço (CECA), que tinha como Estados membros Bélgica, França, Itália, Luxemburgo, Países Baixos e Alemanha Ocidental. A importância da CECA estava em reunir países adversários de guerra num tratado que buscava regularizar o mercado e as fontes de produção do carvão e do aço. De itens estratégicos na produção de armamento de guerra eles se transformaram em matéria prima para integração e cooperação entre nações.[7]

O sucesso da CECA abriu espaço para que os seis países firmassem em 1957 o Tratado de Roma, que instituiu a Comunidade Econômica Europeia (CEE) e a Comunidade Europeia da Energia Atômica (Euratom). Todavia, é importante frisar que a construção histórica da União Europeia não é retilínea, apesar de constante. Ela perpassa por fases de avanço, mas também de tensão, como a "crise da cadeira vazia",[8] em 1965.

A primeira ampliação da Comunidade ocorreu em 1973, com a entrada de Dinamarca, Irlanda e Reino Unido. Em 1974, foi criado o Fundo Europeu de Desenvolvimento Regional, reforçando os laços de solidariedade financeira entre os países membros, e, em 1979, ocorreram as primeiras eleições do Parlamento Europeu. Nos anos 80, Grécia, Espanha e Portugal ingressam na Comunidade e no início da década seguinte foram promovidas duas conferências intergovernamentais para consolidar a união econômica e à integração política. "O Acordo de Schengen

7 COSTA, Oliver. **A União Europeia e sua política exterior: história, instituições e processo de tomada de decisão.** Brasília: FUNAG, 2017. p. 33.

8 Primeira crise da integração europeia, iniciada pelo então presidente francês Charles de Gaulle numa demonstração de sua oposição à natureza federal da CEE. "Além da crise do petróleo, esse episódio forçou a Comunidade a um longo período de estagnação, que se prolongou até 1984 e alterou profundamente o equilíbrio das instituições da UE" (COSTA, 2017, p. 36).

foi firmado em junho de 1990 e tinha como objetivo abolir os controles fronteiriços entre os estados membros da Comunidade".[9]

A instituição da União Europeia ocorreu finalmente em 1992, com o Tratado de Maastricht, e a partir da consolidação dessa organização supranacional a noção de cidadania europeia foi ressignificada. Mais que a adoção de uma moeda única e homogeneização de critérios políticos, econômicos e administrativos para os Estados membros, a União Europeia adquiriu maior capacidade de atuação, tanto interna quanto externamente. Trata-se atualmente do maior e mais antigo bloco econômico do mundo, que hoje é composto por 28 países membros (dos 50 que constituem a Europa) e que juntos somam 510 milhões de habitantes.[10] Por sua extensão e importância estratégica, será analisada a seguir a influência global exercida pela União Europeia no mercado comercial externo.

2. INFLUÊNCIA EXERCIDA PELA UNIÃO EUROPEIA NO MERCADO COMERCIAL EXTERNO

A intensificação da globalização trouxe a necessidade da criação de laços comerciais mais profundos entre diferentes países, como forma de amplificar suas oportunidades de desenvolvimento no âmbito econômico e financeiro. Como apresenta Faria "Um dos aspectos mais significativos e conhecidos do fenômeno da globalização é o crescente predomínio dos sistemas financeiro e econômico mundiais sobre os sistemas nacionais e locais".[11]

Dessa forma, compreendendo que o mundo está economicamente interligado através do livre comércio entre nações, os países são induzidos, à luz da globalização econômica, a adotarem as mesmas "regras do jogo" e, por conseguinte, a se submeterem aos "fiscais internacionais".[12] O resultado é que "cada vez mais, os governos são compelidos a seguir os padrões postos pelos organismos internacionais, seja por pressão polí-

---

9 COSTA, Oliver. **A União Europeia e sua política...**, *op. cit.* p. 40.

10 BORCHARDT, Klaus-Dieter. **O ABC do direito da União Europeia.** Luxemburgo: Serviço das Publicações da União Europeia, 2017. p. C16-C18, C-21.

11 FARIA, José Eduardo. **Sociologia Jurídica:** direito e conjuntura. 2. ed. São Paulo: Saraiva, 2010. p. 36.

12 FARIA, José Eduardo. **Sociologia Jurídica...**, *op. cit.* p. 37.

tica, seja por pressão econômica".[13] Uma vez que não há uma homogeneidade no desenvolvimento econômico global, para que esses países se desenvolvam economicamente, torna-se necessária a colaboração internacional baseada em acordos econômicos entre diferentes países.

Decorre desse fenômeno a criação de acordos comerciais e de blocos econômicos, como foi o caso da União Europeia (UE). Os membros desse bloco possuem taxas específicas entre si e menor burocracia ao tratar de questões comerciais, o que contribui para gerar um sentimento de confiança no relacionamento entre eles. Para que esse processo se complete, deve-se percorrer etapas sucessivas e distintas como: zona de livre comércio, união aduaneira, mercado comum, união econômica e monetária e, por fim, a criação de um pacto de estabilidade e convergência econômica.

O êxito nessa integração econômica possibilita que se evoluam e, consequentemente, que os países membros tenham suas políticas comerciais, fiscais, monetárias, de distribuição e industriais uniformizadas. Esse êxito pode ser visualizado no caso da União Europeia como exposto por Marcelo Vicentini:[14]

> [...] podemos afirmar que há integração plena da União Europeia, com a celebração de um tratado garantindo juridicamente a integração, minimizando as atribuições monetárias de cada um dos Estados Pactuantes, tais como emissão e controle da moeda, e políticas, elencadas sob a rubrica de decisões de alcance supranacionais.

A União Europeia é hoje a única organização a ter uma teoria econômica consolidada. Ela estabeleceu o Pacto de Estabilidade e Crescimento, o qual fixa critérios específicos a cada um de seus Estados-membros e os orienta na tomada de decisões orçamentárias, podendo, assim, formular advertências e sanções em casos de déficit orçamentário excessivo e duradouro.

Além disso, o bloco também coordena as políticas econômicas como um todo, para que as decisões dos Estados-membros nessa área não tenham efeitos negativos no funcionamento de seu mercado interno.[15] Por

---

13 BATISTA JÚNIOR, Onofre Alves. **O Outro Leviatã e a Corrida ao Fundo do Poço**. São Paulo: Editora Almedina, 2015. p. 254.

14 VICENTINI, Marcelo Fonseca. Integração Econômica - A experiência europeia e os desafios do MERCOSUL. **Revista de la Secretaría del Tribunal Permanente de Revisión.** Año 1, Nº 2, 2013.

15 BORCHARDT, Klaus-Dieter. **O ABC do direito da União Europeia**. Luxemburgo: Serviço das Publicações da União Europeia, 2017. p. 51.

causa da relevância global da União Europeia, será abordada a influência do bloco no mercado comercial internacional dos últimos 20 anos.

Considerando-se os países da União Europeia como um único grupo, eles representaram um PIB nominal de U$18,3 trilhões, ficando atrás apenas dos EUA, com PIB de U$ 21,5 trilhões.[16] Para uma melhor compreensão desses valores, torna-se evidente a necessidade da análise dos acordos e das políticas de comércio exterior da UE. Primeiramente, as negociações internacionais pelos países membros do bloco perpassam quatro fases: 1) a concepção de um mandato de negociação; 2) a representação das partes durante as negociações; 3) a ratificação do acordo uma vez negociado; e 4) a implementação e execução do acordo assim que este entrar em vigor.[17]

A primeira fase tenta compreender se o assunto que está sendo discutido deve ser analisado somente pelos órgãos supranacionais da UE ou se também deveria ser discutido juntamente com seus estados-membro, por fazer parte de uma competência mista. Essa fase é extremamente importante, já que ela afeta diretamente o poder de barganha do bloco, que pode apresentar diferentes efeitos, tanto por ele poder ter uma "voz única" na negociação, o que o fortalece, quanto por ele poder ter sua voz fragmentada na voz de seus países.

Somado a isso, a fase 3 de negociação é vital para a compreensão da complexa estrutura do processo de criação de políticas de comércio pela UE. Explica-se:

> Em casos de acordos que são inteiramente de competência da UE (como em têxteis e aço), o Conselho aprova ou rejeita o texto final de acordo com a votação por maioria qualificada [...]. Na maioria dos casos, no entanto, o processo de ratificação é complicado por causa da natureza "mista" de muitos dos grandes acordos comerciais "embrulhados", que devem ser aprovados pela UE no seu conjunto e pelos Estados-Membros individualmente. A ratificação da UE ocorre através da adoção no Conselho. Quanto aos Estados Membros, eles ratificam o acordo de comércio de acordo com seus próprios procedimentos internos, como uma votação no parlamento. Dentro dessa prática, o Conselho sempre decide sobre a implementação

---

16 Fundo Monetário Internacional. Disponível em: <https://www.imf.org/en/Publications/SPROLLs/world-economic-outlook-databases#sort=%40imfdate%20descending>. Acesso em: 16 out. 2020 (tradução nossa).

17 MEUNIER, Sophie; NICOLAIDIS, Kalypso. The European Union as a Trade Power. **International Relations and the European Union**. Oxford University Press, 2011. p. 282 (tradução nossa)

temporária de parte do acordo. O resto, sujeito a ratificação nacional, é implementado posteriormente, muitas vezes anos.[18]

No entanto, as diferentes "vozes" que o bloco europeu pode apresentar não necessariamente significam, segundo Meunier e Nicolaidis, que ele estaria usando a sua estrutura institucional conscientemente como uma restrição de barganha, a fim de conseguir concessões de seus oponentes. As autoras também apontam que as estruturas de decisão da UE "podem forçar seus oponentes de negociação a aceitar uma barganha difícil, mas isso pode ser apesar das preferências da maioria dos estados membros da UE, que teriam preferido uma posição comum de barganha diferente da do denominador comum mais baixo."[19]

Em segundo lugar, é imprescindível comentar o poder econômico e financeiro exercido pela União Europeia por meio da Organização Mundial do Comércio (OMC). Apesar de recentemente ter perdido parte de sua força por pressões feitas pelos Estados Unidos, a OMC representa uma forma de solução de disputas de comércio internacional muito utilizada historicamente pela UE, tanto como requerente quanto como acusada. A título de exemplificação, em 2004, a UE esteve envolvida em 29 disputas na OMC, como autora em 16 casos e ré em 13 casos, com oito de seus parceiros de negociação (Argentina, Austrália, Brasil, Canadá, Índia, Coréia, Tailândia e os EUA).[20] Mas o fato de ser uma organização internacional não exime a OMC de se posicionar influenciada por interesses de estruturas capitalistas dominantes, principalmente quando se trata de duas potências mundiais como, por exemplo, no caso de grande relevância de disputa que foi levado pela UE à OMC: o caso do aço.

O caso do aço aconteceu com a determinação do aumento unilateral de 30%, pelo governo Bush, em 2002, das tarifas de aço por um período de três anos, a fim de proteger sua indústria siderúrgica nacional do problema de excesso de oferta global do produto. A UE (e sete outros países) abriu um processo na OMC, a qual determinou, em novembro de 2003, que as novas tarifas realmente violaram regras de comércio internacional. Como consequência, a UE ameaçou impor ta-

---

18 MEUNIER, Sophie; NICOLAIDIS, Kalypso. **The European Union**..., *op. cit.* p. 276 (tradução nossa).

19 MEUNIER, Sophie; NICOLAIDIS, Kalypso. **The European Union**..., *op. cit.* p. 18 (tradução nossa).

20 MEUNIER, Sophie; NICOLAIDIS, Kalypso. **The European Union**..., *op. cit.* p. 290 (tradução nossa).

xas de 100% sobre US $ 2,2 bilhões em importações dos EUA, variando de Harley Davidson a sucos cítricos da Flórida - produtos escolhidos principalmente porque vinham de "estados-pêndulo", cruciais para a eleição presidencial dos EUA no próximo ano, resultando na decisão de Washington de baixar as tarifas em dezembro de 2003.[21]

Adicionalmente, é possível constatar que a União Europeia tem buscado aliados com grande potencial econômico em desenvolvimento, como os países constituintes do Mercosul. É notório o modo como a imposição econômico-financeira da União Europeia reflete sobre a necessidade de países, como o Brasil, Argentina, Uruguai e Paraguai, em constituir acordos com esse bloco. Entretanto, é importante ressaltar que não se trata mais uma questão de escolha, mas sim de sobrevivência no mercado competitivo financeiro mundial.

Essa reflexão ganha grande significado ao se considerar a influência econômica da União Europeia no Mercosul, já que a UE desponta como um dos maiores investidores estrangeiros na América Latina, tendo investido 365 bilhões de euros em 2017.[22] Todavia, verifica-se grande resistência do bloco europeu em ratificar acordos com o Mercosul. Em 28 de junho de 2019, após vinte anos do início da negociação, foi concluída a parte comercial do Acordo de Associação Mercosul-UE. Um dos argumentos para se justificar a demora da ratificação do acordo pelos parlamentos europeus foi a compreensão de que o Brasil não estaria respeitando o compromisso com o desenvolvimento sustentável, uma vez que alegadamente estaria falhando com o Acordo de Paris e com o combate à exploração ilegal de madeira.[23] É nítida a vontade do bloco europeu de que o Mercosul se submeta às suas imposições econômicas e ideológicas, assim como já o fez com outros países, cabendo ao mercado sul-americano verificar as vantagens e desvantagens que essa submissão traria.

---

21 MEUNIER, Sophie; NICOLAIDIS, Kalypso. **The European Union**..., *op. cit.* p. 291.

22 EUROPEAN COMMISSION. **Negotiations and agreements.** EU-Mercosur Trade Agreement. Disponível em: https://ec.europa.eu/trade/policy/in-focus/eu-mercosur-association-agreement/. Acesso em: 16 de outubro de 2020. (tradução nossa).

23 EUROPEAN COMMISSION. **Mercosur factsheets.** Sustainable development. Disponível em: https://trade.ec.europa.eu/doclib/press/index.cfm?id=2038. Acesso em: 16 out. 2020. (tradução nossa).

3. O AUTORITARISMO ECONÔMICO EXERCIDO PELA UE SOB SEUS ESTADOS-MEMBROS

É importante avaliar também o autoritarismo econômico da UE do ponto de vista interno. Essa reflexão perpassa pelo conceito de soberania, entendida de acordo com o conceito clássico como poder absoluto, indivisível, inalienável, imprescindível, incontrastável e indispensável para a caracterização do Estado Moderno e que é, portanto, uma das questões mais controversas nesse contexto.

Assim, no sentido de um comércio feito em proporções mundiais, advém a necessidade de uma nova concepção de soberania, pois ao estabelecer as mudanças na estrutura interna dos Estados-membros do processo de integração regional institui-se um novo modelo de formação estatal, no qual os Estados fazem uso da sua autonomia e independência para ampliarem seu alcance a setores que antes não possuíam influência.

Do ponto de vista teórico, a União Europeia necessita estar em conformidade com os ordenamentos jurídicos previstos no Tribunal da União Europeia (TUE) e no direito interno dos Estados-membros. Além disso, o princípio da subsidiariedade, que subordina e impõe limites ao exercício das competências da União Europeia, inibe a invasão no âmbito interno dos Estados membros na ocasião da tomada de decisões.[24] Nesse sentido, pode se falar de "partilhar de soberania" mais ou menos aprofundado de acordo com o grau de integração atingido.

Entretanto, sob o ponto de vista prático, no que se refere à noção de interdependência econômica dos Estados-membros, há de se discutir que a nova roupagem dada a soberania não afasta o problema da hierarquia nascida da consolidação de uma moeda única aliada a presença de vários níveis de poder econômico dentro da UE e que tomou grandes proporções com "crise da Zona do Euro". Nesta pode-se perceber que o princípio do poder hegemônico foi utilizado em favor de países centrais, como França e Alemanha, que financiaram o endividamento dos países integrantes da comunidade europeia, quando deveria se prezar pelo bem comum dos estados integrados. Exemplos dessa situação são os países que compõem a PIIGs,[25] que foram incorporados à zona do euro sem que esse fosse um espaço total razoável.

---

24 SOUZA, Giovanna Gonçalves de. A flexibilização do conceito de soberania no âmbito da crise econômica da zona do euro. **RIDB**, *Ano* 2, nº 4, 2013. p. 3316.

25 Acrônimo depreciativo criado para denominar as economias de para designar o conjunto das economias de Portugal, Itália, Irlanda, Grécia e Espanha. Cf. ROVANI,

Assim, diante da crise e do endividamento, os países periféricos da União Europeia se viram de mãos atadas, pois não poderiam agir imediatamente com ações simples e necessárias para atacar a crise, já que partilham a política econômica e monetária com a União Europeia.

Portanto, em teoria, não há uma perda de soberania já que o arcabouço jurídico defende de vários modos a manutenção dessa. Contudo, em termos práticos e diante da desigualdade econômica dos países, a soberania econômica dos integrantes da comunidade europeia, especialmente os países periféricos, se vê limitada, o que aponta para um autoritarismo econômico.

4. CONSIDERAÇÕES FINAIS

As chances de um Estado moldar efetivamente o mundo exterior são exponencialmente aumentadas pelo mero fato de ele pertencer à UE. Isso pode ser percebido ao se considerar que pequenos países passaram a ter uma influência bastante desproporcional nos assuntos mundiais, graças ao desenho institucional da UE e sua inserção nesse bloco.

Além disso, a UE passou a iniciar mudanças na política internacional, ao invés de somente reagir a elas, tendo um papel cada vez mais proativo na economia política mundial e a definir áreas-chave do globo a partir de sua própria formação institucional[26].

Assim, a partir do que foi exposto, torna-se evidente o autoritarismo econômico-financeiro da União Europeia tanto nas relações externas quanto nas internas, não somente no aspecto econômico de suas disputas, mas também o ideológico, político e valorativo.

REFERÊNCIAS BIBLIOGRÁFICAS

Acordo de associação Mercosul-União Europeia. **Itamaraty,** Brasília, 4 de julho de 2019. Disponível em: <http://www.itamaraty.gov.br/images/2019/2019_07_03_-_Resumo_Acordo_Mercosul_UE.pdf>. Acesso em: 16 out. 2020.

BATISTA JÚNIOR, Onofre Alves. **O Outro Leviatã e a Corrida ao Fundo do Poço.** São Paulo: Editora Almedina, 2015.

Andressa. Deficit na Europa assombra mundo; entenda o que são os Piigs. **UOL Educação,** 10/02/2010. Disponível em: https://economia.uol.com.br/noticias/redacao/2010/02/10/piigs.htm?. Acesso em: 10 set. 2020.

26 MEUNIER, Sophie. **Trading Voices:** The European Union in International Commercial Negotiations. Oxford University Press, 2006, p. 20 (tradução nossa).

BORCHARDT, Klaus-Dieter. **O ABC do direito da União Europeia**. Luxemburgo: Serviço das Publicações da União Europeia, 2017.

COSTA, Oliver. **A União Europeia e sua política exterior**: história, instituições e processo de tomada de decisão. Brasília: FUNAG, 2017.

Discurso de Winston Churchill na Universidade de Zurique – 19 de setembro de 1946. **Ministério das Relações Exteriores**. Disponível em: <http://www.itamaraty.gov.br/pt-BR/sem-categoria/14297-discurso-de-winston-churchill-na-universida-de-de-zurique-19-de-setembro-de-1946#:~:text=menu%20de%20servi%C3%A7os--,Discurso%20de%20Winston%20Churchill%20na%20Universidade%20de%20Zurique%20%E2%80%93%2019%20de,sobre%20a%20trag%C3%A9dia%20da%20Europa.&text=%C3%89%20tudo%20o%20que%20Europeus,espalhando%20des-trui%C3%A7%C3%A3o%20por%20todo%20lado.>. Acesso em: 14 out. 2020.

EUROPEAN COMMISSION. **Mercosur factsheets.** Sustainable development. Disponível em: <https://trade.ec.europa.eu/doclib/press/index.cfm?id=2038>. Acesso em: 16 out. 2020.

EUROPEAN COMMISSION. **Negotiations and agreements.** EU-Mercosur Trade Agreement. Disponível em: <https://ec.europa.eu/trade/policy/in-focus/eu-merco-sur-association-agreement/>. Acesso em: 16 out. 2020.

FARIA, José Eduardo. **Sociologia Jurídica:** direito e conjuntura. 2. ed. São Paulo: Saraiva, 2010

Fundo Monetário Internacional. Disponível em: <https://www.imf.org/en/Publications/SPROLLs/world-economic-outlook-databases#sort=%40imfdate%20descending>. Acesso em: 16 out 2020

MEUNIER, Sophie. **Trading Voices:** The European Union in International Commercial Negotiations. Oxford University Press, 2006.

MEUNIER, Sophie; NICOLAIDIS, Kalypso. The European Union as a Trade Power. **International Relations and the European Union**. Oxford University Press, 2011.

SOUZA, Giovanna Gonçalves de. A flexibilização do conceito de soberania no âmbito da crise econômica da zona do euro. **RIDB**, Ano 2, nº 4, 2013.

THORSTENSEN, Vera Helena et al. **Brasil e União Europeia na OMC: relações econômicas, disputas comerciais, crise financeira e câmbio**, 2013.

VICENTINI, Marcelo Fonseca. Integração Econômica - A experiência europeia e os desafios do MERCOSUL. **Revista de la Secretaría del Tribunal Permanente de Revisión.** Año 1, n. 2, 2013.

DESIGUALDADE SOCIAL, FAVELAS E PANDEMIA

Luiz Henrique Rodrigues Silva[1]
Luiz Pedro Dias Moreira[2]
Marcella Caldas Avelino Pires[3]
Marcella Reis de Oliveira[4]

1. IMPACTO DA PANDEMIA NAS COMUNIDADES PERIFÉRICAS E DESIGUALDADE SOCIAL

O desenvolvimento das periferias nas cidades brasileiras foi uma necessidade estrutural gerada pela demanda da parcela da população que não foi incluída no projeto inicial das formações das grandes metrópoles. No artigo "Por que as desigualdades no Brasil são ainda mais visíveis no cenário de enfrentamento ao COVID-19?", Schenkel cita Pochmann, que destaca: "[...] a desigualdade contemporânea registrada no interior do território brasileiro decorre da constituição do país desde sua condição de colônia, que deu o sentido do desenvolvimento desigual entre as regiões brasileiras." [5]

---

1 Graduando em Direito pela Universidade Federal de Minas Gerais (UFMG).

2 Graduando em Direito pela Universidade Federal de Minas Gerais (UFMG).

3 Graduanda em Direito pela Universidade Federal de Minas Gerais (UFMG).

4 Graduanda em Direito pela Universidade Federal de Minas Gerais (UFMG).

5 SCHENKEL, Marina. Por que as desigualdades no Brasil são ainda mais visíveis no cenário do enfrentamento ao COVID-19? **IFCH UFRGS - Instituto de Filosofia e Ciências Humanas da Universidade Federal do Rio Grande do Sul**, 2020. Disponível em: <www.ufrgs.br/ifch/index.php/br/covid-19-e-desigualdades-sociais-brasileiras-conversa-com-marina-do-amaral-schenkel>. Acesso em: 14 set. 2020.

Essa desigualdade estende-se para as formações das cidades, uma herança histórica, da consolidação da sociedade brasileira que atravessou mais de três séculos de escravidão, sendo o último país no mundo a abolir o sistema escravocrata. Passando, enfim, pela modernização conservadora, segundo Schwartzman e Reis, esse momento "[...] proporcionou uma não incorporação de determinados segmentos da população aos setores modernos da economia, da sociedade e do sistema político". [6] E é possível notar que essa exclusão seguiu firme ao longo da história, trazendo uma série de desvantagens para os habitantes das periferias, mais conhecidas como favelas e comunidades.

Segundo o Instituto Brasileiro de Geografia e Estatística – IBGE,[7] apesar de uma tendência de queda entre os anos de 2012 e 2015, a desigualdade do país aumentou nos anos seguintes. Em 2018, 1% da população mais rica tinha o rendimento médio equivalente a 33,8 vezes o rendimento médio da metade mais pobre do país. Logo em seguida, em 2019, o Brasil foi considerado o 7º país mais desigual do mundo, abaixo somente de países africanos.

Schenkel demonstra que a distribuição tanto da saúde como da doença entre os indivíduos é consequência dessas desigualdades sociais e econômicas, superando questões genéticas ou de estilo de vida. A autora frisa que há um campo de desigualdades sociais persistente na área da saúde, em que a estruturação do poder da sociedade determina a produção. Assim, as necessidades de saúde e de acesso a serviços de saúde decorrem da posição social dos indivíduos, sendo possível constatar que a pobreza é um fator determinante da piora de um quadro na saúde.[8]

Como demonstrado no artigo "COVID-19 e Desigualdade no Brasil",[9] dentre 20% das pessoas mais pobres do país, 94,4% não têm plano de

---

6 SCHWARTMZAN, S; REIS, E. *apud* SCHENKEL, Marina. Por que as desigualdades no Brasil..., *op. cit.* p. 1.

7 O IBGE apoiando o combate à covid-19. **Instituto Brasileiro de Geografia e Estatística (IBGE).** Disponível em: <https://covid19.ibge.gov.br/>. Acesso em: 11 set. 2020.

8 SCHENKEL, Marina. Por que as desigualdades no Brasil..., *op. cit.*

9 CARVALHO, Laura; PIRES, Luiza Nassi; Xavier, Laura de Lima. COVID-19 e desigualdade no Brasil. **Centro brasileiro de estudo de saúde - Cebes**, [s.l.], 6 de abr. de 2020. Disponível em: http://cebes.org.br/2020/04/covid-19-e-desigualdade-no-brasil/. Acesso em: 11 set. 2020.

saúde. Além disso, 10,9% se autoavaliam com saúde regular, ruim ou muito ruim. Já dentre os 20% mais ricos do país, apenas 35,7% não têm acesso a planos de saúde e o número de pessoas que se autoavaliam com saúde regular, ruim ou muito ruim é de 2,2%. Para aqueles pacientes que dependem exclusivamente do SUS, o número de leitos é extremamente inferior, cerca de 1,04 leitos a cada 10 mil habitantes. Já para aqueles que têm acesso a rede privada, esse número aumenta para 4,84 leitos a cada 10 mil habitantes.

É importante ressaltar que a mortalidade da Covid-19 é muito mais alta para pessoas que já estão com o estado de saúde debilitado. Esse cenário fica evidente ao observarmos a mais alta letalidade em pacientes que têm hipertensão, diabetes, doença cardiovascular e doença respiratória crônica. Ao avaliar esses dados, é perceptível que a população mais pobre não sofre apenas com a maior dificuldade para conseguir o tratamento adequado, mas também com o maior risco de desenvolver um caso grave da doença, já que possuem uma probabilidade mais alta de estar em um dos grupos de risco.

A injustiça na definição da desigualdade no acesso da saúde torna-se clara nos casos em que há uma aglomeração de desvantagens sucedendo em efeitos cumulativos. Devido à escassez de renda, os indivíduos dos grupos mais pobres, muitas vezes, acabam morando em lugares inapropriados, aceitando trabalhos molestos e vivenciando maiores períodos de desemprego.

Não havendo uma vacina contra a COVID-19 para proteger ou, até mesmo, reduzir os impactos que o vírus tem no organismo do ser humano, as autoridades sanitárias divulgaram as medidas básicas para combater o novo Coronavírus, dentre as quais a higienização das mãos com frequência utilizando água e sabão ou álcool em gel, o distanciamento social e a utilização de máscaras em ambientes comuns de esfera pública. Entretanto, Schenkel abre um questionamento que será readaptado aqui: Como podemos esperar isso das camadas mais periféricas? Esperar algo do gênero de uma parcela da população que, com frequência, sofre com falta de saneamento adequado, desabastecimento de água e geralmente dividem com muitas outras pessoas no mesmo espaço?

De acordo com o Sistema Nacional de Informações sobre Saneamento – SNIS,[10] o saneamento básico somente está disponível

10 SOUZA, Breno. Coronavírus até no esgoto: sem saneamento favelas têm redução de danos. **UOL**, Rio de Janeiro, 4 de jun. de 2020. Disponível em: https://www.uol.

para 46,3% dos Brasileiros. Além disso, os moradores da favela lidam com uma enorme densidade populacional, como no caso da Rocinha cuja densidade populacional é de 48.258 hab./Km², que supera em mais de cinco vezes os países mais densos do mundo. A aglomeração de pessoas também está presente dentro de casa, pois 300 mil lares na Região Metropolitana do Rio têm mais de três pessoas por quarto, segundo a ONG Casa Fluminense.[11]

De acordo com o Jornal da Universidade de São Paulo,[12] há 4,4 milhões de empregadores pequenos empresários e comerciantes, 6,2 milhões de trabalhadores domésticos e 47 milhões de pessoas em ocupações que são consideradas instáveis no mercado de trabalho atualmente. Os trabalhadores dos serviços classificados como essenciais, tais como motoristas de transporte públicos, entregadores de aplicativos, profissionais da limpeza, muitas vezes, residem em áreas que possuem menos recursos ao atendimento da saúde, tornando essa classe o grupo mais vulnerável na atual realidade. Isso porque eles não podem dar-se o "luxo" de ficar em casa.

Em contrapartida, nas classes mais altas notamos uma grande modernização da forma de trabalho, a adoção em grande escala do *home office* e do ensino a distância, opções que não se fazem constantes nas favelas. Como demonstrado pela TIC Domicílios,[13] em 2018 apenas 48% da população da Classe D e E tinha acesso à internet. Ainda, a forma de acesso à internet mais presente nessas classes é a rede móvel, que de forma geral, tende a possuir limite de dados, velocidade mais baixa e conexão mais instável. Um dos resultados desse cenário pode

---

com.br/ecoa/ultimas-noticias/2020/06/04/coronavirus-ate-no-esgoto-sem-sanamento-favelas-tem-reducao-de-danos.htm. Acesso em: 11 set. 2020.

11 INSTITUTO PEREIRA PASSOS. Rio Sintese. **Data.rio**, Rio de Janeiro, 2019. Disponível em: https://www.data.rio/pages/rio-em-sntese-2. Acesso em: 11 set. 2020.

12 NITAHARA, Akemi. Desemprego na pandemia continua subindo e chega a 13,7%. **Agência Brasil**, Rio de Janeiro, 14 de ago. de 2020. Disponível em https://agenciabrasil.ebc.com.br/economia/noticia/2020-08/desemprego-na-pandemia-continua-subindo-e-chega-137. Acesso em: 12 set. 2020.

13 Pesquisa sobre o uso das tecnologias de informação e comunicação nos domicílios brasileiros - TIC domicílios 2018. **Cetic.br**, Brasil, 28 de out. de 2019. Disponível em: https://cetic.br/pt/publicacao/pesquisa-sobre-o-uso-das-tecnologias-de-informacao-e-comunicacao-nos-domicilios-brasileiros-tic-domicilios-2018/. Acesso em: 11 set. 2020.

ser visto no Boletim da Rede de Pesquisa Solidária,[14] o qual revela que, enquanto 30% da população mais pobre ficou sem atividades escolares no mês de julho, esse número não chega a 4% na população mais rica.

2. ABORDAGEM ESTATÍSTICA ACERCA DOS INDICADORES DA PANDEMIA DO NOVO CORONAVÍRUS NO BRASIL

Até o mês de setembro de 2020, a Covid-19 já havia contaminado 4.315.687 pessoas, com um total de 131.210 casos de óbito. Esses números demonstram a gravidade desta pandemia no país - que já enfrentava problemas e crises políticas sucessivas. O Estado brasileiro, em suas extensões continentais, enfrenta a pandemia de maneiras distintas em cada região. Conforme dados do Ministério da Saúde,[15] as regiões Norte e Nordeste apresentam altos índices de incidência e mortalidade por 100 mil habitantes, maiores que a região Sudeste, mesmo tendo a densidade demográfica consideravelmente menor. Com esses dados, fulgura-se a desarmonia socioeconômica tupiniquim.

Além da saúde pública, ocasionaram-se estorvos concernentes à economia. As principais bolsas de valores do mundo registraram quedas históricas, como a Dow Jones, em Nova York, com queda de quase 5%, ou a Ibovespa, em São Paulo, com queda de 30%, em virtude, principalmente, da debandada dos investidores que optaram por alocações de investimentos mais seguras. [16] Outrossim, no Brasil, em conformidade com os dados do IBGE, até julho de 2020, mais de 716.000 empresas fecharam as portas devido aos imbróglios inerentes ao Covid-19. Nesse compasso, milhares de empresários decretaram falência e/ou tiveram suas atividades e resultados amplamente mitigados.

---

14 REDE DE PESQUISA SOLIDÁRIA. Covid-19: Políticas Públicas e as Respostas da Sociedade. **Boletim n. 22**, 28 ago. 2020. Disponível em: https://redepesquisasolidaria.org/boletins/boletim-22/sem-diretrizes-para-o-ensino-remoto-e-a-volta-as-aulas-governo-federal-repete-na-educacao-a-tragedia-da-saude-milhoes-de-criancas-ficaram-em-casa-sem-atividades-escolares-e-os-mais-pobres-perderam-a/ . Acesso em: 11 set. 2020.

15 MINISTÉRIO DA SAÚDE. Painel coronavírus. **Coronavírus Brasil**, Brasil, 11 de set. de 2020. Disponível em https://covid.saude.gov.br/. Acesso em: 11 set. 2020.

16 Bolsas dos EUA caem e Dow Jones tem a maior queda trimestral desde 1987. **G1- O portal de Notícias da Globo**, São Paulo, 31 de mar. de 2020. Disponível em: https://g1.globo.com/economia/noticia/2020/03/31/bolsas-dos-eua-caem-e-dow-jones-tem-maior-queda-trimestral-em-mais-de-3-decadas-por-coronavirus.ghtml. Acesso em: 12 set. 2020.

Apesar de tudo isso, os impactos desta situação são ainda piores na ótica dos indicadores sociais que expõem a vulnerabilidade das classes menos favorecidas. À primeira vista, nos meses de vigência da pandemia, cerca de 3.000.000 de trabalhadores perderam seus postos de emprego. Posto isto, um país que ostenta dificuldades em operacionalizar direitos fundamentais, assistiu à ampliação da desigualdade social.

Além disso, a economia brasileira registra queda recorde no Produto Interno Bruto – PIB, no mesmo patamar do ano de 2009, quando o país ainda sofria os impactos da crise financeira mundial da época.[17] Logo no primeiro trimestre de 2020, houve um recuo de 2,5% do PIB em comparação com o mesmo período do ano anterior. Com exceção do agronegócio, todos os grandes setores tiveram retração.

No segundo trimestre de 2020, veio queda recorde de 11,4% em comparação ao período do ano anterior. Desencadeando uma recessão técnica por dois semestres seguidos de recuo. Ademais, o Ministério da Economia[18] prevê para o ano de 2020 uma queda estimada do PIB em 4,7%. Com tudo isso, há uma preocupação que o Brasil volte a figurar entre os países que há pobreza extrema.

Em relatório recente, o Banco Mundial alertou que a pandemia do Coronavírus provocou a mais ampla turbulência econômica global desde 1870. Por isso, pode desencadear um aumento dramático nos níveis de pobreza mundial. Ademais, verifica-se o maior número de países entrando em recessão ao mesmo tempo em 150 anos.

Segundo um novo estudo conduzido por pesquisadores da Inglaterra e Austrália junto ao Instituto Mundial das Nações Unidas para a Pesquisa Econômica do Desenvolvimento - UNU-WIDER,[19] a turbulência econômica causada pela pandemia do Covid-19 pode levar até 14,4 milhões de brasileiros à pobreza. Por conseguinte, é evidente que esta situação abriu caminho para uma perspectiva nebulosa. Ao analisar os

---

17 O Banco Mundial no Brasil. **The World Bank**, Brasil, 2 set. 2020. Disponível em: https://www.worldbank.org/pt/country/brazil. Acesso em: 11 set. 2020.

18 MINISTÉRIO DA ECONOMIA. Medidas econômicas voltadas para redução dos impactos da COVID-19. **Gov.br**, Brasil, 11/09/2020. Disponível em: https://www.gov.br/economia/pt-br. Acesso em: 11 set. 2020.

19 SUMNER, Andy; HOY, Chris; ORTIZ-JUAREZ, Eduardo. **Estimates of the impact of COVID-19 on global poverty**. UNU-WINDER: [n.l.], 2020. Disponível em: https://www.wider.unu.edu/publication/estimates-impact-covid-19-global-poverty. Acesso em: 11 set. 2020.

dados estatísticos até agora apresentados, há de se preocupar, especialmente, com os integrantes das classes sociais D e E, haja vista que vivenciam a pior parte da amplitude da desigualdade social e encontram dificuldades em serviços essenciais de responsabilidade estatal.

3. CONSIDERAÇÕES FINAIS

De acordo com a análise das informações expostas, é inegável que a desigualdade social aliada à dificuldade de acesso aos serviços de saúde, falta de infraestrutura básica, desemprego, economia e outros fatores associados à pobreza colocam em risco a saúde e a vida das classes mais vulneráveis e abandonadas da sociedade brasileira.

Políticas públicas, assistência do governo e investimento na área assistencial de saúde são algumas das medidas essenciais a serem adotadas para a proteção dos indivíduos que passam por necessidades e garantia dos seus direitos fundamentais enquanto cidadãos brasileiros. Para alguns, o Brasil é o país da sobrevivência, i. e., uma parcela da população precisa escolher entre ficar em casa e se proteger ou ir trabalhar para sobreviver.

Em um cenário de tantos absurdos, desigualdades e negligência por parte do Estado, o Auxílio Emergencial[20] tem sido indispensável para a população mais necessitada. Com a crise econômica, a necessidade do isolamento social, o desemprego e a pressão popular, o governo finalmente aprovou o Auxílio Emergencial de 600 reais mensais para a população que se enquadre em uma lista de critérios pré-estabelecidos. Segundo o Boletim da Rede de Pesquisa Solidária, a taxa de pobreza que em Maio era de 16,1%, seria de 29,8% na ausência dos auxílios disponibilizados pelo governo.

Como De Masi[21] ilustra muito bem com essa colocação: "o comunismo sabia distribuir a riqueza, mas não sabia produzir. O capitalismo sabe produzir, mas não sabe distribuir." O Brasil enquadra-se dentro dessa realidade onde muitos possuem pouco e uma minoria possui

---

20 Auxílio emergencial de R$600,00 não será suficiente para sustento das famílias. **Jornal da USP**, São Paulo, 08/03/2020. Disponível em: https://jornal.usp.br/atualidades/auxilio-emergencial-de-r-600-nao-sera-suficiente-para-sustento-das-familias/. Acesso em: 14 set. 2020.

21 DE MASI, Domenico. **O futuro chegou**. 1 ed. Rio de Janeiro: Leya Brasil, 2013.

muito, gerando uma persistente desigualdade social que agravou-se ao confrontar-se com uma pandemia.

Segundo o IBGE,[22] o país tem mais de cinco milhões de domicílios em aglomerados, também conhecidas como favelas e subúrbios. Cerca de 64,93% dos aglomerados subnormais estão localizados a menos de dois quilômetros de distância de um hospital. Enquanto, 79,53% dessas periferias está localizada a menos de um quilômetro de uma unidade básica de saúde. Porém, o estado clínico grave da Covid-19 não pode ser tratado em uma unidade básica de saúde, tampouco um paciente contaminado deve ficar a menos de dois metros de outras pessoas saudáveis.

Há uma grande discrepância entre os menos afortunados e os abastados, como por exemplo: Uma família de classe média que mora em uma residência fora da periferia consegue lidar com um paciente isolando-o dentro da sua própria casa. Já um morador da comunidade não o consegue, transmitindo o vírus para os seus parentes e, devido à proximidade das residências, acaba transmitindo para mais outras famílias. Além dessas preocupações, os moradores da periferia também enfrentam uma incansável luta para obter atendimento nos hospitais e esses em sua maioria já estão sobrecarregados.

A desigualdade social torna-se uma escada com degraus cada vez maiores, separando os moradores da periferia dos outros cidadãos. O primeiro degrau é a opção de ficar em casa, pois são geralmente trabalhadores que não podem abandonar os seus postos. O segundo degrau é o salário, com os produtos cada vez mais caros, menos haverá em seus carrinhos. O terceiro é o atendimento médico, mesmo que o atendimento em uma unidade básica de saúde seja rápido a transferência para um leito com respirador, caso o paciente precise, será uma espera indeterminada, depois desses degraus muitos outros virão.

Quando a situação é deslocada para um ponto de vista futuro, a desigualdade reflete diretamente na educação. Degraus que sempre existiram, mas que, com a pandemia, tornam-se mais visíveis para todos,

---

22 ALVARENGA, Darlan; MARTINS, Raphael. Pandemia do coronavírus derrubou PIB do 1° trimestre; veja atividades mais afetadas em cada setor. **G1- O portal de Notícias da Globo**, São Paulo, 29 de maio de 2020. Disponível em: https://g1.globo.com/economia/noticia/2020/05/29/pandemia-do-coronavirus-derrubou-pib-do-1o-trimestre-veja-atividades-mais-afetadas-em-cada-setor.ghtml. Acesso em: 11 set. 2020.

sendo capazes de determinar quantos números ainda serão ou não adicionados as estatísticas de contaminados, curados ou mortos pelo vírus.

Segundo um estudo sociológico realizado por Boaventura,[23] "A favela é um espaço territorial, cuja relativa autonomia decorre, entre outros fatores, da ilegalidade coletiva da habitação à luz do direito oficial brasileiro." Essa afirmação pode parecer antiquada, mas é através dessa ilegalidade coletiva que se consolida a relação de pertencimento e cuidado dentro de uma comunidade. Tomando a forma de um aparelho jurídico-político dentro da favela, capaz de lidar com os assuntos e conflitos que ali possam surgir sem precisar apoiar-se nas políticas públicas. A Comunidade de Paraisópolis,[24] localizada na zona sul de São Paulo, criou uma iniciativa com a ajuda de voluntários.

Os "presidentes de rua" da comunidade são responsáveis por monitorar e cuidar de, no mínimo, 50 casas na região. Segundo o relato do líder Gilson Rodrigues[25]: "A gente percebeu que o negócio seria grande e que as políticas públicas não chegaram às favelas. Então, decidimos criar a nossa própria". Rodrigues tem acesso a cerca de 100 mil moradores de Paraisópolis e, quando os líderes comunitários optaram por construir um Estado dentro de um bairro, começaram a buscar por voluntários, atualmente são cerca de 420 presidentes de rua. A associação de moradores de Paraisópolis[26] desenvolveu estratégias para suprir a falta de políticas públicas para a comunidade, mantendo os números de infectados pela doença abaixo da média municipal

O cenário de Paraisópolis deixa claro que as iniciativas de atenção básica à saúde e outras despesas essenciais, é um bom exemplo para uma política pública de contenção do vírus que poderia ser replicada

23 SANTOS, Boaventura de Souza. Notas sobre história jurídico-social de Pasárgada. *In*: SOUTO, Cláudio; FALCÃO, Joaquim. **Sociologia e Direito**, São Paulo: Livraria Pioneira Editora, 1980. p. 1-12.

24 Paraisópolis controla coronavírus melhor do que a média municipal de SP. **UOL**, São Paulo, 26 de abr. de 2020. Disponível em: https://noticias.uol.com.br/ultimas-noticias/agencia-brasil/2020/06/25/territorio-precario-controla-covid-19-melhor-que-a-media-de-sao-paulo.htm?cmpid=copiaecola. Acesso em: 13 set. 2020.

25 Paraisópolis controla…, *op. cit.*

26 Paraisópolis controla coronavírus melhor do que a média municipal de SP. **UOL**, São Paulo, 26 de abr. de 2020. Disponível em: https://noticias.uol.com.br/ultimas-noticias/agencia-brasil/2020/06/25/territorio-precario-controla-covid-19-melhor-que-a-media-de-sao-paulo.htm?cmpid=copiaecola. Acesso em: 13 set. 2020.

em outros territórios vulneráveis, contudo essa ação é voluntária e passa longe de ser uma iniciativa do governo.

A preocupação com os integrantes das classes sociais D e E parte, geralmente, deles próprios, pois acabam mobilizando-se com o sofrimento uns dos outros. Talvez uma solução de caráter simples seja algo mais plausível do que um mega-plano. As distâncias dos níveis sociais não deveriam ser capazes de ditar o número de mortes no Brasil.

REFERÊNCIAS BIBLIOGRÁFICAS

ALVARENGA, Darlan; MARTINS, Raphael. Pandemia do coronavírus derrubou PIB do 1° trimestre; veja atividades mais afetadas em cada setor. **G1- O portal de Notícias da Globo**, São Paulo, 29 de maio de 2020. Disponível em: https://g1.globo.com/economia/noticia/2020/05/29/pandemia-do-coronavirus-derrubou-pib-do-1o-trimestre-veja-atividades-mais-afetadas-em-cada-setor.ghtml. Acesso em: 11 set. 2020.

Auxílio emergencial de R$600,00 não será suficiente para sustento das famílias. **Jornal da USP**, São Paulo, 08/03/2020. Disponível em: https://jornal.usp.br/atualidades/auxilio-emergencial-de-r-600-nao-sera-suficiente-para-sustento-das-familias/. Acesso em: 14 set. 2020.

BARROS, Alerrandre. Quase dois terços das favelas estão a menos de dois quilômetros de hospitais. **Agência IBGE notícias**, Rio de Janeiro, 22 de mai. de 2020. Disponível em: https://agenciadenoticias.ibge.gov.br/agencia-noticias/2012-agencia-denoticias/noticias/27728-quase-dois-tercos-das-favelas-estao-a-menos-de-dois-quilometros-de-hospitais. Acesso em: 12 set. 2020.

BARRUCHO, Luis. Coronavírus: pandemia pode jogar até 14 milhões de brasileiros na pobreza, diz estudo. **BBC News - Brasil**, Londres, 12 de jun. de 2020. Disponível em: https://www.bbc.com/portuguese/brasil-53020785#:~:text=Em%20relat%C3%B3rio%20recente%2C%20o%20Banco,mesmo%20tempo%20em%20150%20anos. Acesso em: 11 set. 2020.

Bolsas dos EUA caem e Dow Jones tem a maior queda trimestral desde 1987. **G1- O portal de Notícias da Globo**, São Paulo, 31 de mar. de 2020. Disponível em: https://g1.globo.com/economia/noticia/2020/03/31/bolsas-dos-eua-caem-e-dow-jones-tem-maior-queda-trimestral-em-mais-de-3-decadas-por-coronavirus.ghtml. Acesso em: 12 set. 2020.

CARVALHO, Laura; PIRES, Luiza Nassi; Xavier, Laura de Lima. COVID-19 e desigualdade no Brasil. **Centro brasileiro de estudo de saúde - Cebes**, [s.l.], 6 de abr. de 2020. Disponível em: http://cebes.org.br/2020/04/covid-19-e-desigualdade-no-brasil/. Acesso em: 11 set. 2020.

DE MASI, Domenico. **O futuro chegou**. 1 ed. Rio de Janeiro: Leya Brasil, 2013.

INSTITUTO PEREIRA PASSOS. Rio Sintese. **Data.rio**, Rio de Janeiro, 2019. Disponível em: https://www.data.rio/pages/rio-em-sntese-2. Acesso em: 11 set. 2020.

MINISTÉRIO DA ECONOMIA. Medidas econômicas voltadas para redução dos impactos da COVID-19. **Gov.br**, Brasil, 11/09/2020. Disponível em: https://www.gov.br/economia/pt-br. Acesso em: 11 set. 2020.

MINISTÉRIO DA SAÚDE. Painel coronavírus. **Coronavírus Brasil**, Brasil, 11/09/2020. Disponível em https://covid.saude.gov.br/. Acesso em: 11 set. 2020.

NITAHARA, Akemi. Desemprego na pandemia continua subindo e chega a 13,7%. **Agência Brasil**, Rio de Janeiro, 14 de ago. de 2020. Disponível em https://agenciabrasil.ebc.com.br/economia/noticia/2020-08/desemprego-na-pandemia-continua-subindo-e-chega-137. Acesso em: 12 set. 2020.

O Banco Mundial no Brasil. **The World Bank**, Brasil, 2 set. 2020. Disponível em: https://www.worldbank.org/pt/country/brazil. Acesso em: 11 set. 2020.

O IBGE apoiando o combate à covid-19. **Instituto Brasileiro de Geografia e Estatística (IBGE).** Disponível em: <https://covid19.ibge.gov.br/>. Acesso em: 11 set. 2020.

OLIVEIRA, Joana. 716.000 empresas fecharam as portas desde o início da pandemia no Brasil. **El País**, São Paulo, 19 de jul. de 2020. Disponível em: https://brasil.elpais.com/brasil/2020-07-19/716000-empresas-fecharam-as-portas-desde-o-inicio-da-pandemia-no-brasil-segundo-o-ibge.html. Acesso em: 12 set. 2020.

Paraisópolis controla coronavírus melhor do que a média municipal de SP. **UOL**, São Paulo, 26 de abr. de 2020. Disponível em: https://noticias.uol.com.br/ultimas-noticias/agencia-brasil/2020/06/25/territorio-precario-controla-covid-19-melhor-que-a-media-de-sao-paulo.htm?cmpid=copiaecola. Acesso em: 13 set. 2020.

Paraisópolis monitora 21 mil casas com presidentes de rua e médico próprio. **UOL**, São Paulo, 15 de abr. de 2020. Disponível em: https://noticias.uol.com.br/saude/ultimas-noticias/redacao/2020/04/15/paraisopolis-contra-covid-favela-tem-presidentes-de-rua-e-sistema-de-saude.htm?cmpid=copiaecola. Acesso em: 13 set. 2020.

Pesquisa sobre o uso das tecnologias de informação e comunicação nos domicílios brasileiros - TIC domicílios 2018. **Cetic.br**, Brasil, 28 de out. de 2019. Disponível em: https://cetic.br/pt/publicacao/pesquisa-sobre-o-uso-das-tecnologias-de-informacao-e-comunicacao-nos-domicilios-brasileiros-tic-domicilios-2018/. Acesso em: 11 set. 2020.

PIB TEM QUEDA RECORDE DE 9,7% NO 2º TRIMESTRE E VAI AO MESMO NÍVEL DO FIM DE 2009. **UOL**, São Paulo, 1 de set. de 2020. Disponível em: https://economia.uol.com.br/noticias/redacao/2020/09/01/pib-brasil-2-trimestre-2020.htm?cmpid=-copiaecola. Acesso em: 11 set. 2020.

REDE DE PESQUISA SOLIDÁRIA. Covid-19: Políticas Públicas e as Respostas da Sociedade. **Boletim n. 22**, 28 ago. 2020. Disponível em: https://redepesquisasolidaria.org/boletins/boletim-22/sem-diretrizes-para-o-ensino-remoto-e-a-volta-as-aulas-governo-federal-repete-na-educacao-a-tragedia-da-saude-milhoes-de-criancas-ficaram-em-casa-sem-atividades-escolares-e-os-mais-pobres-perderam-a/ . Acesso em: 11 set. 2020.

SANTOS, Boaventura de Souza. Notas sobre história jurídico-social de Pasárgada. *In*: SOUTO, Cláudio; FALCÃO, Joaquim. **Sociologia e Direito**, São Paulo: Livraria Pioneira Editora, 1980, p. 1-12.

SCHENKEL, Marina. Por que as desigualdades no Brasil são ainda mais visíveis no cenário do enfrentamento ao COVID-19? **IFCH UFRGS - Instituto de Filosofia e Ciências Humanas da Universidade Federal do Rio Grande do Sul**, 2020. Disponível em: <www.ufrgs.br/ifch/index.php/br/covid-19-e-desigualdades-sociais--brasileiras-conversa-com-marina-do-amaral-schenkel>. Acesso em: 14 set. 2020.

SOUZA, Breno. Coronavírus até no esgoto: sem saneamento favelas têm redução de danos. **UOL**, Rio de Janeiro, 4 de jun. de 2020. Disponível em: https://www.uol.com.br/ecoa/ultimas-noticias/2020/06/04/coronavirus-ate-no-esgoto-sem-sanamento-favelas-tem-reducao-de-danos.htm. Acesso em: 11 set. 2020.

SUMNER, Andy; HOY, Chris; ORTIZ-JUAREZ, Eduardo. **Estimates of the impact of COVID-19 on global poverty**. UNU-WINDER: [n.l.], 2020. Disponível em: https://www.wider.unu.edu/publication/estimates-impact-covid-19-global-poverty. Acesso em: 11 set. 2020.

DO BOLSA FAMÍLIA À RENDA BÁSICA DE CIDADANIA: UM CAMINHO POSSÍVEL?

Bruna Assumpção Costa[1]
Giulia Calheiros Lei[2]
Júlia Ferreira De Menezes Soara[3]
Mariana Rodrigues Ferreira[4]
Rafaela Assan Lopes da Silva[5]

O desenvolvimento de um Sistema de Proteção Social no Brasil tem início na década de 1930, quando o país, ao passar de um modelo agroexportador para um modelo urbano-industrial, precisa assegurar as necessidades de uma classe operária emergente. A partir de então,

---

1 Graduanda em Direito pela Universidade Federal de Minas Gerais (UFMG). Participa voluntariamente do projeto de extensão Assessoria Jurídica Popular da Universidade Federal de Minas Gerais - AJUP/UFMG, com orientação do professor Dr. Vitor Bartoletti Sartori, desde 2020/02

2 Graduanda em Direito pela Universidade Federal de Minas Gerais (UFMG). Participa voluntariamente do projeto de extensão "Organização e divulgação das obras do Museu do Livro Jurídico Jornalista Assis Chateaubriand", com orientação do professor Dr. Ricardo Sontag, desde 2019/02.

3 Graduanda em Direito pela Universidade Federal de Minas Gerais (UFMG). Completou o ensino médio no Colégio FAAP - Ribeirão Preto.

4 Graduanda em Direito pela Universidade Federal de Minas Gerais (UFMG). Atua como voluntária no projeto de extensão "Organização e divulgação das obras do Museu do Livro Jurídico Jornalista Assis Chateaubriand", com orientação do professor Dr. Ricardo Sontag, desde 2019/02. Também é extensionista no CRIM, projeto de ensino, pesquisa e extensão em crimes contra a mulher.

5 Graduanda em Direito pela Universidade Federal de Minas Gerais (UFMG). Completou o ensino médio no Colégio Albert Sabin – Ribeirão Preto.

esse sistema começa a se desenvolver e a se expandir, até que, com a Constituição Federal de 1988 (CRFB/1988), deixa de ser considerado um favor do Estado e passa a ser visto como uma política de direito.[6]

É nesse contexto que o debate sobre Programas de Transferência de Renda como forma de suavização da pobreza ganha destaque. Em 1991, o então Senador da República Eduardo Suplicy apresentou um projeto de lei que propunha a adoção de uma renda mínima destinada a beneficiar todos os brasileiros residentes no país, maiores de 25 anos de idade, com uma renda mensal de, na época, 45 mil cruzeiros. Apesar de não ter sido adotada, a proposta serviu de inspiração para os projetos de renda mínima de alguns municípios brasileiros, que objetivavam combater a pobreza e a fome.[7]

De acordo com Maria Ozanira Silva, "renda mínima" é uma transferência monetária feita, condicional ou incondicionalmente, às famílias ou aos indivíduos, cujo objetivo é "garantir um patamar mínimo de satisfação das necessidades básicas".[8] No caso do Brasil, as propostas de renda mínima eram de caráter liberal, ou seja, visavam oferecer uma renda restrita destinada a amparar as necessidades indispensáveis à sobrevivência dos mais carentes, sem se preocupar com as causas da pobreza de fato.

Apenas ao final do governo FHC é que políticas de transferência de renda, de âmbito nacional, passam a entrar em vigor, como: Bolsa Escola, Bolsa Alimentação, Cartão Alimentação e Auxílio Gás.[9] O objetivo desses programas era o de proteger as pessoas que viviam abaixo da linha de pobreza, além de promover a capacitação necessária para que elas se inserissem socialmente.

Entretanto, a existência desses diversos programas acarretava uma menor eficiência do gasto público, pois havia uma excessiva descen-

---

6 OZANIRA SILVA, M. **O Bolsa Família: problematizando questões centrais na política de transferência de renda no Brasil.** São Luís, 2007.

7 CASONATO, L; CORRÊA, A; PAIVA, C. **O Bolsa Família no enfrentamento da pobreza e na sequência histórica das grandes políticas econômicas brasileiras: suas condições de possibilidade.** Campinas, 2018.

8 BATISTA JÚNIOR, Onofre Alves. **O Outro Leviatã e a Corrida ao Fundo do Poço.** São Paulo: Editora Almedina Brasil, 2015. p. 256.

9 CASONATO, L; CORRÊA, A; PAIVA, C. **O Bolsa Família no enfrentamento da pobreza e na sequência histórica das grandes políticas econômicas brasileiras: suas condições de possibilidade.** Campinas, 2018.

tralização de recursos e de gestão.[10] A fragmentação do combate à pobreza em diferentes programas, na verdade, resultava em custos administrativos maiores do que se houvesse a centralização em um único projeto, motivo pelo qual, em outubro de 2003, o então presidente Lula uniu os quatro auxílios (Bolsa Escola, Bolsa Alimentação, Cartão Alimentação e o Auxílio Gás) no Programa Bolsa Família (PBF).[11]

O Bolsa Família é um programa de renda mínima condicionada que beneficia famílias na linha de extrema pobreza, cuja renda mensal é de até R$ 89,00 por pessoa; ou na linha de pobreza, cuja renda mensal é entre R$ 89,01 e R$ 178,00 por pessoa.[12] Para receberem o benefício, as famílias devem comprovar que as crianças de até seis anos estão vacinadas conforme o calendário do Ministério da Saúde e que vão, regularmente, aos postos de saúde para a verificação do desenvolvimento nutricional. Além disso, as crianças de seis a quinze anos devem frequentar a escola e possuir 85% de presença.[13]

As condicionalidades do PBF, na verdade, possuem um objetivo. Quando os jovens deixam os estudos para trabalharem, a fim de ajudarem na renda familiar, acabam comprometendo a chance de acumularem capital humano (através da educação).[14] Portanto, é preciso oferecer alguma compensação monetária para que os pais mantenham seus filhos estudando, assim como para que cumpram uma agenda de saúde e nutrição, na tentativa de possibilitar a autonomia e a inclusão social das famílias beneficiárias.

Evidente que, frente às condicionalidades, o PBF conseguiu atingir muitas das metas postas, tais como: aumento da frequência escolar e do nível de escolaridade das crianças incluídas no programa; e significativa melhora no status nutricional e na saúde das famílias, diminuindo a mortalidade infantil e ampliando o número de crianças vacinadas. Além, é evidente seu efeito mais imediato de funcionar enquanto complemento à renda de milhões de famílias brasileiras que vivem no

---

10 CASONATO, L; CORRÊA, A; PAIVA, C. **O Bolsa Família...**, *op. cit.*

11 BATISTA JÚNIOR, Onofre Alves. **O Outro Leviatã...**, *op. cit.* p. 291.

12 PERGUNTAS frequentes sobre o Programa Bolsa Família. **CAIXA**. Disponível em https://www.caixa.gov.br/programas-sociais/bolsa-familia/perguntas-frequentes/Paginas/default.aspx#:~:text=Podem%20se%20beneficiar%20com%20o,entre%200%20e%2017%20anos. Acesso em: 12 out. 2020.

13 BATISTA JÚNIOR, Onofre Alves. **O Outro Leviatã...**, *op. cit.* p. 292.

14 BATISTA JÚNIOR, Onofre Alves. **O Outro Leviatã...**, *op. cit.* p. 292.

limite da sobrevivência e consequente aumento na qualidade de vida e na autonomização dos beneficiários.

Todavia, há de se fazer algumas ressalvas a respeito da estrutura do programa. Primeiramente, seu principal critério de inclusão, a renda *per capita*, tem como parâmetro valores baixíssimos, excluindo do benefício muitas famílias que, ainda que recebam acima do que seria a pobreza ou extrema pobreza, também vivem em situação de hipossuficiência. Além de que, ao estipular a pobreza enquanto um fator meramente numérico, a desconsidera em sua dimensão histórica, social, cultural e política, não levando em conta que se trata de um fenômeno estrutural que ultrapassa a insuficiência de renda.[15]

No que tange às condicionalidades de permanência no programa, como por exemplo a frequência escolar mínima e acompanhamento nutricional das crianças, apesar de elogiáveis, pouco tem propósito se os sistemas de saúde e educação em si não vêm sendo reiteradamente otimizados.[16] Dessa forma, ainda que as famílias efetivamente procurem manter seus filhos nas escolas e os levando aos postos de saúde, a desigualdade social de acesso a serviços de alta qualidade se mantém.

Outra dura crítica que o PBF recebe e que se aplica, aliás, às políticas de renda mínima condicionada de forma geral, é que tais políticas acabam favorecendo a chamada "armadilha do desemprego".[17] Isso acontece pois, ao ingressarem no programa, os beneficiários tendem a não buscar trabalho, uma vez que o aumento de sua renda mensal significaria um desligamento imediato do benefício. Ou então, o que é ainda mais frequente, é a busca, na verdade, por empregos informais ou outras atividades que impliquem em um aumento na renda efetiva, mas não na renda alegada oficialmente.

Somada a todas as limitações já citadas, destaca-se aqui a mais inquietante delas que é a ausência no PBF de um caráter propriamente redistributivo de renda entre a população brasileira.[18] Considerando o valor monetário baixo que é transferido e sua focalização naquelas famílias que vivem em situação de miséria, o programa acaba incorpo-

15 SILVA, M. **O Bolsa Família: problematizando questões centrais na política de transferência de renda no Brasil.** São Luís, 2007. p. 7.

16 SILVA, M. **O Bolsa Família...**, *op. cit.* p. 7.

17 BATISTA JÚNIOR, Onofre Alves. **O Outro Leviatã...**, *op. cit.* p. 321.

18 SILVA, M. **O Bolsa Família...**, *op. cit.* p. 9.

rando características de cunho liberal, compensatório e emergencial, não atacando propriamente as causas da pobreza.[19]

Como denuncia Misabel de Abreu Machado Derzi, a situação se agrava ainda mais quando considerada a alta regressividade do sistema tributário brasileiro, muito baseado no consumo, o que, consequentemente, onera com mais a população com os salários mais baixos. Nesse sentido, visto que a arrecadação estatal de tributos vem majoritariamente das classes mais desfavorecidas da população, os benefícios assistenciais recebidos são, na verdade, pagos pelos próprios hipossuficientes.

Assim, o Bolsa Família desconsidera o caráter regressivo da tributação e revela um silêncio quanto à arrecadação desproporcionada de impostos, que, inclusive, fere princípios constitucionais. Nas palavras da autora:

> O programa Bolsa Família é, a rigor, plenamente misto. Seu caráter assistencial não se perde, pois somente é pago às famílias de baixíssima renda que, certamente, não auferem quantia suficiente e indispensável à manutenção da vida. Entretanto, deveria configurar ainda reparação parcial da alta regressividade do sistema tributário brasileiro e possibilitar devolução de impostos a todos aqueles desprovidos de capacidade econômica que, no entanto, suportam-lhes o ônus que lhes são transferidos nos preços das mercadorias e dos serviços de alta necessidade que adquirem. Caso o programa envolvesse a devolução de tributos suportados por quem não tem capacidade econômica para isso, seria convertido em direito à luz da Constituição da República, fundado no princípio constitucional da capacidade contributiva (art. 145, § 1º, da Constituição), direito que nenhuma legislação poderia reduzir.[20]

Ainda nesse raciocínio, além de não representar uma redistribuição de riquezas efetiva tal como deveria ser feita em um Estado Tributário Redistribuidor, o PBF acaba por refletir a falta de um planejamento a longo prazo das políticas assistencialistas brasileiras, feitas, em sua maioria, como recurso eleitoreiro e não propriamente enquanto mecanismo de combate à desigualdade social.[21]

À vista dessa realidade e das limitações que o Bolsa Família mostrou ter ao longo desses anos, urge a necessidade em reformular os

---

19 BATISTA JÚNIOR, Onofre Alves. **O Outro Leviatã...**, *op. cit.* p. 345.

20 DERZI, Misabel de Abreu Machado. Guerra fiscal, Bolsa Família e Silêncio (Relações, efeitos e regressividade). **Revista Jurídica da Presidência Brasília**, v. 16, n. 108, fev. 2014/maio 2014. p. 39-64.

21 BATISTA JÚNIOR, Onofre Alves. **O Outro Leviatã...**, *op. cit.* p. 345

programas de transferência de renda no Brasil, trazendo à reflexão, inclusive, se o próprio assistencialismo é a melhor solução da qual o país pode lançar mão. Os críticos da renda mínima condicionada, para sanar os impasses por ela gerados, propõem um novo modelo: a Renda Básica de Cidadania.

Essa proposta configura-se como uma quantia paga em dinheiro a cada cidadão do Estado, cujo valor deve ser distribuído de forma igualitária e incondicional, independentemente do nível social do indivíduo. É baseada na justiça distributiva, em que todos usufruem da riqueza socialmente produzida e não apenas uma parcela da população. Em seu livro Utopia, Thomas More é categórico ao afirmar a importância dessa redistribuição, em que "[...] o soberano que só sabe governar seus súditos privando-os de todas as comodidades da existência, reconhece abertamente que é incapaz de comandar homens livres".[22]

Dessa forma, pode-se depreender que não se trata de uma ideia nova. No século XVIII, à luz das ideias pós-revolucionárias, autores, como Thomas Paine, Charles Fourier e Joseph Charlier,[23] já depositavam suas impressões sobre a acumulação primitiva de capital que acontecia na Europa, e apontavam a necessidade de se discutir sobre justiça agrária, dividendo territorial e realocação das riquezas produzidas.

Diferentemente da renda mínima, a renda básica não faz distinção socioeconômica, o que permite ser enxergada como um direito do cidadão e não mais como um benefício capaz de estigmatizar e criar estereótipos assistencialistas. Por ser fornecida a todos, é comum se questionar a real intenção em beneficiar também as altas classes sociais. Contudo, a justiça do modelo só ocorre quando se analisa o benefício e a tributação juntos. Segundo Van Parijs, o repasse desse benefício não permitiria que os ricos ficassem ainda mais ricos, pois, "em compensação, os recursos tributáveis devem ser taxados a uma alíquota média mais alta a fim de financiar a renda básica."[24]

Além disso, ressalta-se que manter um benefício condicionado a algum fator, como situação socioeconômica, vínculo empregatício e custo de vida em cada localidade pode não ser viável considerando os

---

22 MORE, Thomas. **Utopia**. Brasília: Editora Universidade de Brasília, 2004. p. 37.

23 GOMES FREITAS, Fernando José. **Monografia de bacharelado em Economia-Renda Básica de Cidadania**. UFRJ, 2017.

24 BATISTA JÚNIOR, Onofre Alves. **O Outro Leviatã...**, *op. cit.* p. 270.

altos custos e o nível de dificuldade em obter todas essas informações individualizadas e corretas. Essa rede de controle de condicionalidade não condiz com a realidade da maioria dos países, incluindo o Brasil, que teve uma outra experiência recente com o Auxílio Emergencial, fornecido durante a pandemia da Covid-19.[25]

No contexto brasileiro, a renda básica é lembrada, principalmente, com relação à Lei nº 10.835, aprovada em 2004, que define a Renda Básica de Cidadania (RBC). De autoria do então senador – e agora vereador da cidade de São Paulo – Eduardo Suplicy, ela instituiria um benefício monetário enquanto direito de todos os cidadãos brasileiros residentes no país e estrangeiros residentes há pelo menos cinco anos. O vereador cita como inspiração para seu projeto o caso do Alasca, local que visitou em 1995. O Estado estadunidense paga, desde 1982, um dividendo igual a todos os cidadãos, que é financiado a partir dos royalties da exploração de recursos minerais. Suplicy afirma que no Brasil os fundos para a aplicação da renda básica seriam possíveis com uma reforma tributária em que sejam cobrados mais impostos das grandes riquezas.[26]

A previsão determina uma aplicação em etapas com foco inicial na população de baixa renda. Apesar da aprovação da lei, sua aplicação nunca foi realizada. Um dos fatores que levaram a não aplicação fora a adequação à Lei de Responsabilidade Fiscal, fazendo com que o arcabouço legal abrisse a possibilidade de criação de uma renda básica pelo executivo, porém sem obrigá-lo a executá-la.[27]

Apesar da evolução nula que a Lei 10.835 sofreu desde 2004, Suplicy acredita que o Programa Bolsa Família seria a primeira etapa na implementação da renda básica. Na visão do vereador, o PBF criou efeitos positivos desde sua criação e expansão. Entretanto, para um maior avanço em direção à erradicação eficiente da pobreza, maior igualdade e garantia de liberdade real a todos, seria necessária a aplicação da Renda Básica de Cidadania.[28]

---

25 WESTIN, Ricardo. **Pandemia força Brasil a discutir adoção da renda básica de cidadania**. Agência Senado, 2020.

26 FONTES, Giulia. "Sonho de Suplicy, renda básica é lei desde 2004 – e pode sair do papel no governo Bolsonaro". **Gazeta do Povo**, Curitiba, 22 de jun. de 2020.

27 DINIZ, Simone. **Critérios de justiça e programas de renda mínima.** Florianópolis, 2007.

28 SUPLICY, Eduardo Matarazzo. Do Bolsa-Família à Renda Básica de Cidadania. **Revista Conjuntura Econômica**, Rio de Janeiro, v. 64, n. 3, p. 72-77, mar. 2010.

Desde sua criação, o Bolsa Família vem se expandindo e ampliando a sua cobertura. Isso, em um primeiro momento, pode converter a ideia de uma evolução para a RBC. Contudo, as justificativas de tal expansão pertencem a uma visão assistencialista do programa, que o enxerga como uma política compensatória e não como um direito.

Em oposição à visão assistencialista enraizada no desenvolvimento do PBF, a Renda Básica de Cidadania se apresenta com três principais vantagens. A primeira é a eliminação da burocracia relacionada com a renda mínima, visto que o benefício seria universal. A segunda vantagem é a eliminação do estigma de apresentação de renda, considerado um processo muitas vezes humilhante. A terceira é a eliminação da dependência ocorrida de estabelecer um teto máximo de renda para participação em programas, eliminando-se a já citada "armadilha do desemprego."[29]

Nota-se que o predomínio do Bolsa Família nos discursos políticos e na mídia demonstra o pouco espaço político conquistado pela RBC, apesar desta ser mais vantajosa. Seja pelo predomínio da visão de programas de distribuição de renda como compensatórios e assistencialistas, seja pelo uso político em busca de votos, o PBF se tornou o principal programa de renda brasileiro. Contudo, um dos desdobramentos de um programa de renda básica seria, como afirma Simone Diniz, de contribuir para mudanças nas práticas políticas e para a democracia, visto que dificultaria a utilização pessoal ou partidária dos recursos públicos como ferramenta de campanha eleitoral.[30]

Apesar dos entraves encontrados em sua implementação no país, conclui-se que, para solucionar efetivamente os problemas relacionados à distribuição de renda e à pobreza – enraizados na realidade socioeconômica brasileira – deve-se aplicar a renda básica em detrimento da mínima. Por conseguinte, além de expandir os benefícios já alcançados com o Bolsa Família, como a atenuação da desigualdade social e um maior acesso aos serviços de saúde e de educação, a renda básica seria responsável por reduzir ou extinguir os problemas relativos ao mesmo programa, como a sua utilização para fins políticos e eleitoreiros e a problemática "armadilha do desemprego".

ISSN 0010-5945.

29 SUPLICY, Eduardo Matarazzo. Do Bolsa-Família à Renda Básica..., *op. cit.*

30 DINIZ, Simone. **Critérios de justiça e programas de renda mínima.** Florianópolis, 2007.

Como já observado, o método mais razoável para que se consiga o custeamento de uma renda básica no Brasil, considerando sua realidade pobre e em escassez de recursos, seria uma reforma do sistema tributário. Uma das possibilidades encontradas para realizar essa reforma e tornar a tributação mais equitativa seria a de implementar o Imposto sobre Grandes Fortunas, previsto no art. 153, VII, da CRFB/1988, além de efetuar mudanças no Imposto sobre Herança e desonerar o tributo sobre o consumo, a fim de diminuir a regressividade de todo o sistema.

Assim, ao contrário do que muitos acreditam, a implementação dessa renda não beneficiaria as classes mais altas, pois estas acabam devolvendo o benefício em forma de tributos, fazendo com que, financeiramente, apenas as classes mais baixas se beneficiem de fato.

Em suma, a renda básica não almeja algo revolucionário e impossível, mas simplesmente o que foi expressamente previsto pela CRFB/88. Embora seja evidente que o país tem uma extensa trajetória a ser percorrida, isso não deve ser motivo para abandonar a causa. Afinal, a utopia de hoje pode se tornar a realidade de amanhã.

REFERÊNCIAS BIBLIOGRÁFICAS

BATISTA JÚNIOR, Onofre Alves. **O Outro Leviatã e a Corrida ao Fundo do Poço.** São Paulo: Editora Almedina Brasil, 2015.

BRITTO, Tatiana; SOARES, Fabio. **Bolsa Família e Renda Básica de Cidadania – um passo em falso?** Brasília, 2010. Disponível em: https://www12.senado.leg.br/publicacoes/estudos-legislativos/tipos-de-estudos/textos-para-discussao/td-75-bolsa-familia-e-renda-basica-de-cidadania-um-passo-em-falso. Acesso em: 12 out. 2020.

CASONATO, Lucas; CORRÊA, André Luiz; PAIVA, Cristina Fernandes. **O Bolsa Família no enfrentamento da pobreza e na sequência histórica das grandes políticas econômicas brasileiras: suas condições de possibilidade.** Campinas, 2018. Disponível em: https://www.eco.unicamp.br/images/arquivos/artigos/3655/Artigo5A.pdf. Acesso em: 11 out. 2020.

DINIZ, Simone. **Critérios de justiça e programas de renda mínima.** Florianópolis, 2007. Disponível em: https://www.scielo.br/scielo.php?script=sci_arttext&pid=S1414-49802007000100012&lng=pt&nrm=iso&tlng=pt. Acesso em: 11 out. 2020.

EM 10 anos, redução da extrema pobreza foi de ao menos 63%, **IPEA**. Disponível em: https://www.ipea.gov.br/portal/index.php?option=com_content&view=article&id=27000. Acesso em 12 out 2020

FONTES, Giulia. "Sonho de Suplicy, renda básica é lei desde 2004 – e pode sair do papel no governo Bolsonaro". **Gazeta do Povo**, Curitiba, 22 de jun. de 2020.

Disponível em: https://www.gazetadopovo.com.br/republica/renda-basica-eduardo--suplicy/ . Acesso em: 13 out. 2020.

FREITAS, H. **Programa Bolsa Família: as críticas e os pontos positivos de acordo com a literatura empírica**. Acervo Digital UFPR, 2017. Disponível em: https://acervodigital.ufpr.br/bitstream/handle/1884/54568/Henrique%20Nishikawa%20de%20Freitas.pdf?sequence=1&isAllowed=y Acesso em: 12 out 2020.

GOMES FREITAS, Fernando José. **Monografia de bacharelado em Economia - Renda Básica de Cidadania**. UFRJ, 2017. Disponível em: https://pantheon.ufrj.br/bitstream/11422/4909/1/Monografia%20-%20Renda%20B%C3%A1sica%20de%20Cidadania%20-%20Fernando%20Freitas.pdf. Acesso em: 13 out. 2020.

DERZI, Misabel de Abreu Machado. Guerra fiscal, Bolsa Família e Silêncio (Relações, efeitos e regressividade). **Revista Jurídica da Presidência Brasília**, v. 16, n. 108, fev. 2014/maio 2014. p. 39-64. Disponível em https://revistajuridica.presidencia.gov.br/index.php/saj/article/viewFile/42/33. Acesso em: 13 out. 2020.

MORE, Thomas. **Utopia**. Brasília: Editora Universidade de Brasília, 2004.

PERGUNTAS frequentes sobre o Programa Bolsa Família. **CAIXA**. Disponível em https://www.caixa.gov.br/programas-sociais/bolsa-familia/perguntas-frequentes/Paginas/default.aspx#:~:text=Podem%20se%20beneficiar%20com%20o,entre%200%20e%2017%20anos. Acesso em: 12 out. 2020

SILVA, Maria Ozanira. **O Bolsa Família: problematizando questões centrais na política de transferência de renda no Brasil.** São Luís, 2007. Disponível em: https://www.scielo.br/pdf/csc/v12n6/v12n6a04.pdf. Acesso em: 11 out. 2020.

SUPLICY, Eduardo Matarazzo. Do Bolsa-Família à Renda Básica de Cidadania. **Revista Conjuntura Econômica**, Rio de Janeiro, v. 64, n. 3, mar. 2010. ISSN 0010-5945. Disponível em: http://bibliotecadigital.fgv.br/ojs/index.php/rce/article/view/23778. Acesso em: 12 out. 2020.

WESTIN, Ricardo. **Pandemia força Brasil a discutir adoção da renda básica de cidadania**. Agência Senado, 2020. Disponível em: https://www12.senado.leg.br/noticias/infomaterias/2020/07/pandemia-forca-brasil-a-discutir-adocao-da-renda--basica-de-cidadania. Acesso em: 13 out. 2020.

REVOLUÇÕES E GOLPES: A DEMOCRACIA COMO UM LENTO MATURAR DE MENTALIDADES E DE INSTITUIÇÕES

Cláudio Mateus de Camargos Júnior[1]
Luísa Lobato Oliveira[2]
Roberta Puccini Gontijo[3]
Tiago Zimermann de Queiroz Gonçalves[4]

> *O senhor... mire, veja: o mais importante e bonito, do mundo, é isto: que as pessoas não estão sempre iguais, ainda não foram terminadas - mas que elas vão sempre mudando. Afinam ou desafinam, verdade maior. É o que a vida me ensinou.*
>
> João Guimarães Rosa

1. O BASTIDOR QUE DEU ORIGEM AO BORDADO E A TESSITURA DA DEMOCRACIA

Ao longo de três anos, Penélope tecia, durante o dia, uma mortalha para Laertes, pai do herói Ulisses, em seu tear. Para adiar a escolha de

1 Graduando em Direito pela Universidade Federal de Minas Gerais (UFMG). E-mail: claudin@ufmg.br.

2 Graduanda em Direito pela Universidade Federal de Minas Gerais (UFMG). E-mail: luisaloliveira@ufmg.br.

3 Graduanda em Direito pela Universidade Federal de Minas Gerais (UFMG). E-mail: robertapuccini@ufmg.br.

4 Graduando em Direito pela Universidade Federal de Minas Gerais (UFMG). E-mail: tiagoz@ufmg.br.

um pretendente, porém, exercício prometido ao término do sudário, desfazia a trama à noite, velada, à luz das tochas[5].

Assim como a personagem mística afastava-se e aproximava-se continuamente de seu caminho, também os homens, desde 507 a.C., distanciam-se e estreitam-se do ideal democrático. A democracia é esculpida como um lento maturar de mentalidades e de instituições, que atravessa relevos sinuosos, erodidos de regimes ditatoriais e totalitários.

Em um breve retorno à "pólis" ateniense, observa-se o florescimento democrático. No século VI a.C., o conceito "demos" [6] designava a massa livre isenta de direitos políticos, a qual abrangia comerciantes enriquecidos e a parcela miserável sobre a qual a escravidão pairava, cuja luta pelo poder e pela melhoria das condições materiais desencadeou reformas políticas. Nesse esteio, o sistema jurídico vigente – erguido sobre a égide da oralidade e do conhecimento eupátrida – foi organizado e registrado, em 621 a.C., por Drácon: enfim escritas, vislumbra-se a existência de um código de leis válido para a totalidade cidadã. À luz do distanciamento de Penélope em relação ao bordado, a Reforma de Sólon, em 594 a.C., visava à ruptura unitária do "demos". Para tanto, em simultaneidade à abolição da escravidão por dívidas, o governante estabeleceu a participação política censitária.

Em meio a desavenças políticas, a oligarquia cedeu espaço à tirania, panorama no qual a ascensão de Clístenes ilustrou a escalada do "demos" ao poder: a democracia, então, floresce, em virtude da isonomia jurídica assegurada a todos os cidadãos, enfim emancipada do grau de riqueza e da origem social. Todavia, à época, o conceito "cidadão" designava a minoria social, não abarcando as mulheres, os escravos e os estrangeiros – denominados "metecos". A partir desse momento, delineia-se a tessitura da democracia. Nunca terminada, sempre se modifica: ora afina ora desafina.

Em Atenas, Clístenes instituiu a dinâmica do ostracismo, correspondente à supressão dos direitos políticos de cidadãos julgados ofensivos ao bem-estar público por dez anos. Na contemporaneidade democrática,

---

5 HOMERO. **Odisseia**. Tradução de Frederico Lourenço. São Paulo: Penguin Classics Companhia das Letras, 2011. p. 447.

6 A palavra "δημος", advinda do grego antigo, é transliterada para o alfabeto latino como *"dēmos" e significa "povo". Assim, "democracia" é oriunda da junção de* "Κρατος" ("kratos"), que apresenta o sentido de "poder", e "δημος". De forma simples, corresponde a "poder do povo".

o Direito Penal do Inimigo elaborado por Günter Jakobs[7] é, por vezes, evocado para legitimar a violação de direitos fundamentais com vistas à manutenção da ordem social. Observadas as devidas distinções entre ambos os aparatos, nota-se uma espécie de circularidade ao longo da história, ecos de justificações passadas que ressoam no presente. Repetem-se golpes e revoluções, a exemplo do ciclo de violência conjurado por Electra[8].

Platão, em "A República" [9], declara que a política reflete a essência humana. Daí conclui que governantes autodisciplinados conduzem a comunidade à disciplina. Nesse sentido, é possível depreender que, haja vista a mutabilidade humana, tudo o que existe devido ao homem é instável, uma vez contaminado por sua inconstância. Assim, explicam-se os retrocessos e os avanços democráticos.

2. EM DIREÇÃO AO LENTO MATURAR: AS ODISSEIAS FRANCESA E ESTADUNIDENSE

O caráter gradual da consolidação democrática em uma nação foi evidenciado na França após a grande revolução que o país atravessou a partir de 1789. A transição radical de um regime absolutista marcado por gritantes injustiças sociais para um governo democrático, capaz de representar dignamente os aclamados princípios revolucionários *Liberté, Égalité* e *Fraternité* não ocorreu de forma sutil e linear.

Após a execução do rei Luís XVI, a França enfrentou um período de grande instabilidade política, sendo frequentes as ocorrências de golpes e trocas de sistema de governo. Apenas com a ascensão do general Napoleão Bonaparte ao poder, o país pôde gozar de uma considerável paz interna, unificado pela figura de um herói nacional. Porém, com a derrota definitiva de Napoleão na Batalha de *Waterloo*, o Congresso de Viena determinou que o trono francês deveria retornar àquele que detivesse a legitimidade

7 GALVÃO, Fernando. **Direito penal**: parte geral. Belo Horizonte, São Paulo: D'Plácido, 2020.

8 Diante do argumento de Clitemnestra para o assassinato de Agamênon – por sua vez, assassino de sua própria filha, Ifigênia – Electra diz: "Não viste que, criando semelhante lei,/ abrias caminho para o teu castigo?/Se cada morte fosse reprimida sempre/ com outra morte, morrerias por vingança". SÓFOCLES. **Electra**. Disponível em: <http://www.agr-tc.pt/bibliotecadigital/aetc/download/523/Electra%20-%20 Sofocles.pdf>, p. 14. Acesso em: 06 de março de 2021.

9 PLATÃO. **Republic**. Tradução (para o inglês) de Robin Waterfield. New York: Oxford University Press, 2008.

dinástica[10] para ser o soberano – no caso, Luís XVIII, da dinastia *Bourbon*, o qual aceitou a submissão constitucional durante seu governo.

No momento em que seu sucessor, Carlos X, tentou retomar o regime absolutista, entretanto, os franceses o depuseram[11], demonstrando uma alteração na mentalidade popular no sentido de não tolerar um retrocesso em relação às conquistas civis obtidas até então.

Depois de mais um período de monarquia constitucional, em 1848, uma República foi instaurada no país e Luís Bonaparte se tornou o primeiro presidente eleito por voto direto na história da França. Todavia, apenas três anos depois, Bonaparte viria a corromper o recém estabelecido sistema republicano francês, por meio de um golpe de Estado, para se tornar o imperador Napoleão III. Somente com o seu destronamento, em 1870, o país pôde reinstaurar o sistema e, enfim, caminhar em direção à consolidação de uma república democrática – ainda vigente – continente de um breve hiato devido à ocupação nazista francesa ao longo da Segunda Guerra mundial.

Além da longevidade desse sistema político, outros indícios positivos de que a democracia esteja consolidada, na França, residem na garantia do sufrágio universal desde 1944, o qual assegurou o direito do voto feminino, e na existência de instituições voltadas à proteção da democracia, como o Conselho Constitucional, responsável pelo controle de constitucionalidade e por zelar pela regularidade da eleição presidencial.

Por sua vez, os Estados Unidos da América, após a conquista da independência diante da Inglaterra, tiveram uma trajetória política mais estável do que a francesa. As antigas Treze Colônias se uniram em uma Federação a partir da Constituição de 1787 e, desde o princípio, definiram o modelo democrático presidencialista para governar a recém estabelecida nação.

Esse processo centrípeto de formação nacional fomentou, nos Estados, um forte sentimento de autonomia, uma vez que haviam sido colônias com administrações internas próprias. Assim, a demanda por grande liberdade gerencial foi uma exigência dos entes para se juntarem à União, tornando-se uma característica marcante do federalismo

---

10 O Congresso de Viena determinou que o poder nos países europeus outrora dominados por Napoleão, incluindo a França, deveria ser recuperado pelas famílias reais que o detinham previamente.

11 "*Les Trois Glorieuses*" foi a forma pela qual ficaram conhecidos os três dias de levantes populares após uma série de atos autoritários de Carlos X, que abdicou diante da imensa pressão.

norte americano, também garantidor dessa autonomia para os estados anexados posteriormente.

Um dos principais símbolos do federalismo dos Estados Unidos é o voto distrital, responsável por elevar a importância de cada ente federativo na eleição presidencial. Esse cenário ocorre porque, no interior do modelo bipartidário norte americano, o candidato vencedor em cada Estado, seja ele do Partido Republicano ou do Democrata, levará todos os votos de seus delegados. O postulante que conseguir 270 votos de delegados[12] vencerá a eleição, independentemente de ter ou não conquistado a maioria dos votos populares nacionais.

Segundo os cientistas políticos Levitsky e Ziblatt[13], os partidos políticos são instituições que tradicionalmente desempenharam a função de "guardiões" da democracia estadunidense, impedindo a candidatura de postulantes com discursos demagogos e autoritários. Entretanto, com a radicalização do Partido Republicano, acentuada a partir da década de 1990, o respeito mútuo entre os partidos foi rompido e os republicanos adotaram a mentalidade de alcançar o poder a qualquer custo, de maneira que a proteção das estruturas democráticas foi colocada em segundo plano.

Essa alteração estratégica dos Republicanos permitiu que candidatos com tendências autoritárias concorressem a importantes cargos públicos. Nesse panorama, uma problemática é notória: ao atingirem o poder, esses candidatos dificilmente respeitam regras e convenções, sejam escritas ou implícitas – constituintes do alicerce democrático.

O principal exemplo desse fenômeno configura-se como a postura de Donald Trump, revestida pelo desrespeito ao fundamental princípio da aceitação do resultado eleitoral, como ao incitar uma invasão ao Capitólio[14] após fracassar em sua tentativa de reeleição. Episódios como esse comprovam que, caso suas principais instituições sejam corrompidas, inclusive as democracias mais consolidadas do mundo poderão estar ameaçadas.

---

12 As exceções a essa tradição de *winner takes all* são os estados de Maine e Nebraska, os quais repartem os votos de seus delegados de forma proporcional ao resultado da votação majoritária.

13 LEVITSKY, Steven; ZIBLATT, Daniel. **Como as democracias morrem**. Tradução de Renato Aguiar. Rio de Janeiro: Zahar, 2018. p. 52-56.

14 Congresso estadunidense, composto pelo Senado e pela Câmara dos Representantes.

3. POR CAMINHOS TORTUOSOS: REVOLUÇÕES E GOLPES

Com o intuito de analisar um processo lento e gradual de amadurecimento de mentalidades para a consolidação da democracia, é necessário, para além do sucesso dos regimes efetivamente democráticos, analisar os casos em que a implementação desse ideal pode ser considerada falha, seja porque não pôde se consolidar no imaginário político social, seja por ter a nação em questão retornado à autocracia.

Sob essa égide, um dos primeiros pensadores a expor a relativa ineficácia das mudanças repentinas de regime foi Edmund Burke[15]. Na visão do autor, um sistema deveria ser moldado lentamente a partir das necessidades evidenciadas pela experiência, de modo a serem estabelecidas fundações políticas e legais sólidas, como a Constituição britânica, que, segundo ele, é capaz de adaptar-se à realidade presente sem sucumbir ou perder sua essência. Dessa maneira, os regimes não deveriam advir de teorias políticas[16], mas sim de um paulatino processo social, e sua efetividade poderia ser observada justamente na mitigação da insatisfação popular com a ordem estabelecida. Nas palavras de Burke:

> In them [old establishments] we often see the end best obtained, where the means seem not perfectly reconcilable to what we may fancy was the original scheme. The means taught by experience may be better suited to political ends than those contrived in the original project.[17]

É possível constatar, portanto, que a adaptação do sistema à sociedade civil – e vice-versa – está intrinsecamente ligada ao sucesso daquele, o que se aplica sobretudo à democracia. Nesse sentido, passando a um contexto contemporâneo, observa-se um forte expoente desse ideal na

---

15 Burke analisou a insustentabilidade política dos efeitos da primeira fase da Revolução Francesa, que durou entre os anos de 1789 e 1792. Cabe ressaltar, no entanto, que, para fins didáticos, não se levará em consideração, na presente análise, a intenção de Burke quanto à defesa dos ideais ingleses e de um modelo monárquico não necessariamente democrático. Desse modo, ater-se-á apenas às suas constatações acerca das falhas decorrentes da rapidez revolucionária.

16 Como ocorreu com a Revolução Francesa.

17 BURKE, Edmund. **Reflections on the Revolution in France**. Londres, 1790. Em tradução livre: Nos sistemas antigos, nós comumente vemos os fins serem mais bem obtidos quando os meios não parecem perfeitamente conciliáveis com o que se desejava no esquema original. Os meios ensinados pela experiência podem ser mais adequados aos fins políticos do que aqueles idealizados no projeto original.

Primavera Árabe, tendo em vista os diferentes resultados obtidos em cada nação que a vivenciou.

Em primeiro lugar, ressalta-se que, para tornar os regimes autoritários mais aceitos, havia relativa tolerância à dissonância política e à pluralidade ideológica em alguns países do mundo árabe, denominados por Brumberd de "Autocracias Liberalizadas"[18]. Neles, verificou-se o surgimento, mesmo antes de 2010, de movimentos organizados e autônomos da sociedade civil, alguns dos quais defendiam valores democráticos. Dentre esses casos, ressalta-se a Tunísia, onde a existência, embora regulada, de partidos políticos dissidentes e de movimentos em prol dos direitos humanos tornou a nação precursora das revoluções do período e uma das únicas a obter relativo progresso rumo à mudança do regime.

Observa-se, desse modo, a estreita relação entre o fortalecimento dos ideais libertários no imaginário popular e a possibilidade da manutenção de uma democracia, conforme ressaltado por George Joffé[19], quando opôs o caso tunisiano ao da Líbia, onde, após a queda do ditador Muammar Khadafi, cujo regime não deixara nenhum espaço para a autonomia política e para a participação social, deflagrou-se uma guerra civil de quase dez anos de duração.

Ainda sob o exame de experiências contemporâneas, salienta-se a intervenção estadunidense no Iraque em 2003. Ao contrário da Primavera Árabe, a qual alegava a intenção de estabelecer uma democracia por intermédio da influência externa, não via movimentos internos. É possível afirmar, todavia, que esse objetivo não foi alcançado, uma vez que a política iraquiana ainda permanece instável, marcada por conflitos e intervenções. Larry Diamond[20] atribui esse insucesso à demora em realizar eleições locais e à consequente falta de participação popular efetiva na implementação de um novo regime iraquiano. É notória, pois, a importância da mobilização social para que seja possível instaurar e perpetuar o tecido democrático.

À luz das citadas experiências internacionais, o engajamento popular é necessário para a promoção do amadurecimento social rumo aos ideais

---

18 BRUMBERD, Daniel. The trap of liberalized autocracy. **Journal of Democracy**. v. 13, nº 4, out. 2002, p. 56-68.

19 JOFFÉ, George. **A Primavera Árabe no Norte de África:** origens e perspectivas de futuro. Relações Internacionais, jul. 2011, p. 85-116.

20 DIAMOND, Larry. Lessons from Iraq. **Journal of Democracy**. v. 16, nº 1, jan. 2005, p. 9-23.

democráticos, o que se dá tanto pelas organizações autônomas e independentes, no caso de revoluções internas, quanto pela valorização das instituições locais e pela promoção de eleições que manifestem a vontade popular em situações de intervenção externa. Percebe-se, assim, que, conforme previsto por Burke, um sistema estável só é possível se suas bases forem sólidas e apoiadas em um processo de desenvolvimento a partir da experiência que floresce no imaginário popular. A importância dessa dinâmica é potencializada para as democracias – enquanto governo no qual a soberania reside, de fato e de direito, no povo.

4. O PÉRIPLO BRASILEIRO E O CANTO DAS SEREIAS

Ainda nos contos antigos, Ulisses foi advertido por Circe acerca do iminente dolo divino: o encontro com as Sereias, cuja voz enfeitiça os homens, frustrando-lhes o regozijo do regresso[21]. Assim, somente poderia deleitá-la acorrentado ao mastro do navio, impondo-se uma auto-restrição para não sucumbir ao encantamento. A luta social e democrática parece caminhar em sentido semelhante.

O Brasil vivenciou diversos regimes políticos. Desde a chegada da família real, em 1808, à promulgação da Constituição de 1988, várias foram as idas e as vindas do ideal de liberdade política e da busca pelo efetivo caráter democrático de suas instituições. A partir de um olhar direcionado às constituições até então vigentes, é possível afirmar que não se constituíram como genuínos empecilhos contra eventuais despotismos, uma vez que a nação foi dirigida, na maior parte de sua história, sob a égide de regimes autocráticos ou sob orientações políticas corruptíveis, as quais negligenciaram a garantia de direitos fundamentais. Incapaz de se auto-regular, foi amiúde submissa a interesses particulares dos governantes – ardil brasileiro típico, semelhante ao artifício das Sereias.

Com a outorga da Constituição de 1824, viveu-se sob o jugo de um regime semi-absoluto, em que predominava a vontade do imperador em razão da existência do Poder Moderador. Nesse cenário, em conformidade ao ideal positivista, favorável à liberdade e à laicização do Estado, por meio do Decreto nº 1, em de 15 de novembro de 1889, houve a Proclamação da República. Adotando o modelo de Estado Federativo, o Brasil se inspirou no exemplo norte americano.

---

21 HOMERO. **Odisseia.** Tradução de Frederico Lourenço. São Paulo: Penguin Classics Companhia das Letras, 2011. p. 320.

Durante esse ínterim da vida social, predominaram as oligarquias elitistas rurais ao longo da denominada "Política do Café com Leite", erguida por força da aliança firmada entre os Estados de Minas Gerais e São Paulo. A despeito da ruptura com o regime monárquico e da vigência de uma constituição que elencava direitos individuais de liberdade, comprometida com o Estado de Direito, vislumbrou-se, à época, o arbítrio dos governos, o coronelismo e as fraudes eleitorais. Certo é que a primeira tentativa brasileira de consolidação democrática se constituiu como quase nula em efetividade. A realidade fática distanciou-se da abstração normativa: entre o país constitucional – liberal e democrático – e o país real – autoritário e oligárquico –, manteve-se um intransponível abismo[22].

Após a Revolução de 1930, a sociedade subsistiria afastada do teor democrático sob a dominação varguista. O Governo Provisório constituiu-se como um lento maturar em direção ao autoritarismo da Constituição de 1937, cenário ilustrado pelo fechamento das Assembleias Legislativas e pela dissolução do Congresso Nacional, ainda que a Constituição de 1934 assegurasse feições democráticas, a exemplo do voto feminino e da limitação da jornada trabalhista.

Ao chegar do fim da Segunda Guerra Mundial, delineou-se uma tendência quanto à valorização dos direitos humanos. Assim, com a mudança para um Estado Democrático de Direito, ansiou-se, no Brasil – em um cenário de redemocratização após o colapso do Estado Novo de Getúlio Vargas – uma tentativa democrática, notabilizada pela promulgação da Constituição de 1946, futuramente pulverizada com a outorga dos Atos Institucionais do Regime Militar, bem como com a Constituição de 1967. Nesse momento, o bordado democrático foi desfeito; em seu lugar, o bastidor tecia a censura, a tortura e o acúmulo de poderes no Executivo até o início dos anos 1980, quando a ditadura se declinou, cedendo espaço à gradativa redemocratização.

Desde a promulgação da Constituição de 1988, o Brasil experiencia a sua fase institucional mais estável. Nesse horizonte, destaca-se a significância do Plano Real – iniciado, em julho de 1994, em meio a uma economia fragilizada – no que tange à redução da desigualdade social, uma vez propiciada a queda inflacionária e, logo, a estabilidade

---

22 FERNANDES, Bernardo Gonçalves. **Curso de Direito Constitucional.** 9. ed. Salvador: JusPODIVM, 2017. p. 268.

monetária, bem como o aumento do poder de compra[23]. Durante esses mais de trinta anos de vigência, todos os eventuais óbices solucionaram-se no interior da legalidade constitucional. Ainda que a pobreza e a desigualdade extrema sejam marcas indeléveis da formação social do país[24], esse panorama permitiu sua derrocada, compelida pela instituição, em 2003, do Programa Bolsa Família, que aguçou uma maior igualdade social no território brasileiro.

Em outra face dessa redemocratização, nota-se a constitucionalização excessiva, a instabilidade do texto constitucional e deficiências do sistema político[25] - vislumbrado como indutor da corrupção – circunscritas na baixa representatividade e na centralidade do dinheiro, não da cidadania, conforme discorre Luís Roberto Barroso[26]. Assim, é indubitável que, para o melhor exercício dos direitos democráticos, a reforma política brasileira deveria tecer o aumento da representatividade, o barateamento dos custos eleitorais e a redução dos partidos, de modo a oferecer o mínimo de autenticidade programática a cada um deles[27].

A partir da Constituição de 1988 – aberta, plural e alinhada aos princípios delimitados pelo Estado Democrático de Direito – pode-se dizer sobre a maturidade democrática brasileira, sem deixar de lado as misérias ainda vigentes. Nesse sentido:

> Tivemos que construir um país quase do zero a partir do início do século XIX. Pois bem: em pouco mais de 200 anos, o Brasil se transformou em uma das dez maiores economias do mundo. Nos últimos tempos, cerca de 30 milhões de pessoas saíram da linha de pobreza. Temos uma das maiores democracias de massas da Terra, com estabilidade institucional e alternância no poder.[28]

---

23 BARROSO, Luís Roberto. **Brasil + 30: O legado de 30 anos de democracia e os desafios pela frente.** Disponível em:<http://www.luisrobertobarroso.com.br/wp-content/uploads/2017/09/trinta-anos-democracia-port.pdf>, p. 04. Acesso em: 04 de março de 2021.

24 Idem.

25 *Ibidem*, p. 06.

26 *Idem*.

27 *Idem*.

28 *Ibidem*, p. 12.

5. CONSIDERAÇÕES FINAIS

Neste singelo artigo, objetivou-se desvelar o lento maturar de mentalidades e de instituições pelo qual a democracia é constituída. Para tanto, foram brevemente expostas as histórias francesa, estadunidense, tunisiana, libanesa, iraquiana e brasileira, que ilustram, sobre isso, a complexidade da composição democrática, cuja tessitura e cujo desenlaço assemelham-se à contraposição entre Apolo, deus vinculado à ordem, e Dionísio, divindade do teatro e do vinho, relacionado à desmedida.

O apolíneo e o dionisíaco integram a alma humana, que se torna híbrida: contém um elemento bestial, desregrado, e outro divino, moderado. Cabe ao homem essa conciliação[29]; sedimentado na caverna platônica, deve ascender ao inteligível, à razão apolínea. Deus da distância, porém, Apolo não se imiscui ao homem, assim como o olhar direto do bem não lhe é permitido, pois ofusca sua visão[30]. O pleno saber, portanto, nunca estará ao alcance humano: o que justifica a inconstância democrática.

As rédeas utilizadas pelo cocheiro para o freio do cavalo correspondem à vitória da razão sobre o caos. Assim, o exercício de domesticação executado pelo auriga se assemelha ao incessante fiar e desfiar de Penélope, por sua vez, semelhante à gradual condução das sociedades humanas à democracia.

REFERÊNCIAS BIBLIOGRÁFICAS

BARRETO, Vicente de Paulo; OLIVEIRA, Rafael Tomaz de; STRECK, Lenio Luiz. Ulisses e o canto das sereias: sobre ativismos judiciais e os perigos da instauração de um "terceiro turno da constituinte". In: **Revista de Estudos Constitucionais Hermenêuticos e Teoria do Direito (RECHTD) I (2), julho-dezembro de 2009**, p. 75-83.

BARROSO, Luís Roberto. **Brasil + 30: O legado de 30 anos de democracia e os desafios pela frente**. Disponível em:<http://www.luisrobertobarroso.com.br/wp-content/uploads/2017/09/trinta-anos-democracia-port.pdf>. Acesso em: 04 de março de 2021.

BATISTA JÚNIOR, Onofre Alves. **O outro Leviatã e a Corrida ao Fundo do Poço**. São Paulo: Almedina, 2015.

29 PLATÃO. **Fedro**. Tradução de Maria Cecília Gomes dos Reis. São Paulo: Penguin Classics Companhia das Letras, 2016.

30 Ao sair da caverna, o homem tem seu olhar ofuscado pela luz solar, conforme ilustrado em "A República" (PLATÃO, 2008, p. 242).

BRASIL, Constituição (1891). **Constituição da República dos Estados Unidos do Brasil**. Disponível em: <http://www.planalto.gov.br/ccivil_03/constituicao/constituicao91.htm>. Acesso em: 05 de março de 2021.

BRUMBERD, Daniel. The trap of liberalized autocracy. **Journal of Democracy**. v. 13, nº 4, out. 2002, p. 56-68.

BURKE, Edmund. **Reflections on the Revolution in France**. Londres, 1790.

DIAMOND, Larry. Lessons from Iraq. **Journal of Democracy**. v. 16, nº 1, jan. 2005, p. 9-23.

FERNANDES, Bernardo Gonçalves. **Curso de Direito Constitucional.** 9. ed. Salvador: JusPODIVM, 2017.

GALVÃO, Fernando. **Direito penal**: parte geral. Belo Horizonte, São Paulo: D'Plácido, 2020.

HOMERO. **Odisseia**. Tradução de Frederico Lourenço. São Paulo: Penguin Classics Companhia das Letras, 2011.

JOFFÉ, George. A Primavera Árabe no Norte de África: origens e perspectivas de futuro. **Relações Internacionais**, jul. 2011, p. 85-116.

LAW, Jonathan; WRIGHT, Edmund**. Dicionário de história do mundo**. Tradução de Cristina Antunes. Belo Horizonte: Autêntica Editora, 2013.

LEVITSKY, Steven; ZIBLATT, Daniel. **Como as democracias morrem**. Tradução de Renato Aguiar. Rio de Janeiro: Zahar, 2018.

OLIVEIRA, Anamar Moncavo. A psicologia de Platão: sobre a teoria da *psyché* (alma) humana no diálogo *Fedro*, a partir das categorias do apolíneo e do dionisíaco. In: **Revista *Plêthos*, 2, 1, 2012**, pp. 176-196.

PLATÃO. **Fedro**. Tradução de Maria Cecília Gomes dos Reis. São Paulo: Penguin Classics Companhia das Letras, 2016.

PLATÃO. **Republic**. Tradução (para o inglês) de Robin Waterfield. New York: Oxford University Press, 2008.

ROSA, João Guimarães. **Grande Sertão: Veredas**. Rio de Janeiro: Nova Fronteira, 2017.

SÓFOCLES. **Electra**. Disponível em: <http://www.agr-tc.pt/bibliotecadigital/aetc/download/523/Electra%20-%20Sofocles.pdf>. Acesso em: 06 de março de 2021.

SÓFOCLES. **Electra**. Tradução (para o inglês) de H. D. F. Kitto. New York: Oxford University Press, 2008.

O NACIONALISMO E A XENOFOBIA EM UM MUNDO ENFRENTANDO A PANDEMIA

Marcos Henrique Domiciano Alves Filho[1]
Maria Alice Silva Bicalho[2]
Maria Eduarda Vieira Moura[3]

1. NACIONALISMO E XENOFOBIA: MANIFESTAÇÕES ATUAIS E HISTÓRICAS

"Deste dia em diante, vai ser a América primeiro, e acima de todo o resto",[4] anunciou Trump, presidente dos Estados Unidos da América (EUA), em seu discurso de posse. Junto a isso, o presidente usa a palavra "patriotas" para descrever os cidadãos do país, referindo-se à superioridade dos estadunidenses quanto ao restante do mudo e não ao amor à pátria. Porém, ao observarmos a fundo seu discurso, suas ações e o contexto político, o que se entende é que o presidente, bem como seus apoiadores, dão indícios de exacerbado nacionalismo.

---

1 Graduando em Direito pela Universidade Federal de Minas Gerais (UFMG). Diretor da diretoria de Negros do Centro Acadêmico Afonso Pena (CAAP).

2 Graduanda em Direito pela Universidade Federal de Minas Gerais (UFMG). Tem experiência na área pedagógica.

3 Graduanda em Direito pela Universidade Federal de Minas Gerais (UFMG). Técnica em Trânsito pelo Centro Federal de Educação Tecnológica de Minas Gerais.

4 BLAKE, Aaron. **Trump's full inauguration speech transcript, annotated**. The Washington Post, 2017. Disponível em: https://www.washingtonpost.com/news/the-fix/wp/2017/01/20/donald-trumps-full-inauguration-speech-transcript-annotated/>. Acesso em: 12 set. 2020.

George Orwell define o nacionalismo como um sentimento obsessivo, capaz de obscurecer a realidade.[5] Para o autor, um nacionalista não tem muito interesse no mundo real, mas seu desejo é sentir que sua nação é a melhor e a mais vantajosa. O nacionalismo seria mesmo o oposto do patriotismo e, dessa forma, procura sempre valorizar o objeto de sua admiração em detrimento do que considera o inimigo, negando a realidade.

Para Orwell, "[a]lguns nacionalistas não estão muito longe da esquizofrenia, vivendo felizes entre sonhos de poder e conquista sem conexão com o mundo físico."[6] Quando Trump promete que "todas as decisões sobre comércio, imigração, e relações exteriores serão feitas para beneficiar as famílias americanas"[7] está se referindo, exclusivamente, aos americanos, ignorando que, na realidade, as relações ultrapassam fronteiras. Separa-se, assim, não só Estados, mas indivíduos. O referido presidente define seu país como uma grande nação, e, convenientemente, ignora que faz parte de uma comunidade internacional, de um delicado sistema de poderes soberanos, porém com interesses em comum.

O nacionalista exacerbado não visa à cooperação, mas somente a angariar mais poder. Ele insiste em reafirmar a grandeza de sua nação e, para isso, classifica outras culturas como perigosas, vilificando-as de acordo com seus interesses. A xenofobia é, assim, manifestada pela repressão ao não nacional. Diante disso, surge um contexto de guerra ideológica, que pode se tornar física, na qual, há o "nós" – nacionais do país – contra eles, os vilões estrangeiros que impedem o progresso da nação.

O povo brasileiro também elegeu um presidente que deixa claro sua postura nacionalista ao proferir: "Brasil acima de tudo". Bolsonaro é mestre em distorcer e negar a realidade conforme suas crenças. E, em 2020, com a pandemia do Coronavirus, isso nunca esteve mais claro.

---

5 ORWELL, George. Notes on Nationalism. **Polemic: A Magazine of Philosophy**, Psychology, and Aesthetics: Number 5: September-October 1946.

6 ORWELL, George. Notes on Nationalism.., *op. cit.*

7 BLAKE, Aaron. **Trump's full inauguration speech transcript, annotated**. The Washington Post, 2017. Disponível em: https://www.washingtonpost.com/news/the-fix/wp/2017/01/20/donald-trumps-full-inauguration-speech-transcript-annotated/>. Acesso em: 12 de setembro de 2020.

O sentimento de superioridade que muitos já estavam carregando por anos achou na Covid-19 uma válvula de escape.

A pandemia elevou o mundo a um status de crise acentuada. Por mais que os danos desse cenário sejam particulares e distintos em cada país, o efeito que o vírus tem provocado pode ser sentido globalmente. Esse cenário evidenciou o medo e a necessidade de proteção, o que pode levar à confusão quanto ao verdadeiro inimigo a ser combatido. Diante disso, foram exaltadas manifestações que acusam nações de serem responsáveis diretas pelo caos enfrentado pelo mundo e incitam represália a elas, ignorando que o vírus, sim, é o principal responsável pelo contexto enfrentado. Esse panorama coloca a questão do nacionalismo em foco mais uma vez. Mas é importante ressaltar que esse problema não é efeito da pandemia e surgiu muito antes do século XXI.

Gellner data que o surgimento de manifestações nacionalistas se deu a partir da Revolução Industrial.[8] O processo revolucionário trouxe à tona uma conjuntura de competição econômica entre grandes potências que disputavam entre si por conquistas de elementos essenciais para a liderança no mercado mundial: mão de obra, matéria prima e mercado consumidor. Desencadeou-se, assim, a Primeira Guerra Mundial e o nacionalismo se escancarou como suporte ideológico de convencimento da massa populacional para a justificativa dos interesses expansionistas estritos de cada governo.

Mais adiante, a Alemanha foi palco de exacerbado nacionalismo. O país, sob domínio do Partido Nazista, enfrentava os efeitos das punições recebidas pelo Tratado de Versalhes que levaram à instabilidade econômica, social e política. Governados por Hitler, a partir de 1933, os cidadãos foram convencidos, a partir de uma leitura equivocada da Teoria da Evolução de Darwin,[9] de que o povo ariano era superior aos demais e que o desenvolvimento da nação alemã deveria se dar a partir de guerra contra os inimigos e o extermínio desses. Esse cenário levou à morte de milhares de judeus, vitimas de xenofobia e acusados de impedir o progresso alemão.

Já atualmente, a crise imigratória fez com que a União Europeia instaurasse políticas de fechamento de fronteiras cada vez mais fortes. A repressão aos imigrantes não se limitou ao aspecto material. Em 2008,

---

8 GELLNER, Ernest. **Nations and Nationalism**. Oxford: Basil Blackwell Publisher Limited,1983.

9 CARVALHO, Pedro Conceição. **O fascismo e o nazismo**. CIARI, 2007.

foi firmado o Pacto Europeu sobre Imigração e Asilo que, com vistas a controlar a imigração, criminaliza a prática[10]. Os europeus, fragilizados pela atual crise financeira que vivenciam, foram convencidos por manobras nacionalistas e xenofóbicas de que os imigrantes e refugiados representam problemas e os taxaram como inimigos.

O que há em comum nessas manifestações nacionalistas e xenofóbicas é que, conjunturalmente, as nações enfrentavam momentos críticos de instabilidade política, financeira e social. Gellner afirma que a condição para o surgimento do nacionalismo seja a pré-existência d um Estado ausente com sua realidade questionada.[11] Ora, a pandemia expressa exatamente esse contexto de fragilidade, pois, em setembro de 2020, o mundo atingiu a marca de mais de 900 mil mortos.[12] Os números levam a crer que muitos Estados estão fragilizados e incapazes de tomar as medidas necessárias para impedir a disseminação do vírus. O que, por sua vez, faz com que governantes procurem um inimigo a ser combatido. Ainda que seja uma causa global, isso não impediu que discursos nacionalistas fossem proferidos por líderes mundiais acusando nações e povos de contaminar o mundo.

2. A PANDEMIA COMO MANIFESTAÇÃO DO NACIONALISMO E DA XENOFOBIA

O primeiro caso de síndrome respiratória aguda grave causada pelo vírus SARS COV 2 foi registrado na cidade de Wuhan na China em dezembro de 2019.[13] A doença, nomeada de Covid-19 pela Organização Mundial de Saúde (OMS), inicialmente, tinha causa desconhecida e, em janeiro de 2020, a sequência genética do novo coronavírus foi compartilhada pela China com a OMS. Rapidamente, o agente se es-

10 SILVA, Wanise Cabral; AMARAL, Nemo de Andrade do. **A Imigração na Europa: a ação política da União Europeia para as migrações extracomunitárias**. In: Sequência (Florianópolis), Florianópolis, n. 66, p. 235-259, julho 2013. Disponível em: http://bit.ly/346xkKC. Acesso em: 02 de setembro de 2020.

11 GELLNER, Ernest. **Nations and Nationalism**. Basil Blackwell Publisher Limited, 1983.

12 Coronavirus Resource Center. Jonhs Hopkins University. Disponível em: <https://coronavirus.jhu.edu/map.html>. Acesso em: 28 de setembro de 2020.

13 OLIVEIRA; MORAIS. **COVID-19: uma pandemia que alerta à população**. InterAm J Med Health, 2020.Disponível em: <https://iajmh.com/iajmh/article/view/80/77>. Acesso em: 29 de agosto de 2020.

palhou pelo mundo e, em março de 2020, a OMS declarou o seu status mundial, a pandemia.[14]

As medidas de contenção da doença são dificultadas pela facilidade da transmissão, que é dada por meio de gotículas respiratórias. Diferente de outros vírus graves, que levam a pessoa a falecer rapidamente, um indivíduo infectado com a Covid-19 pode, mesmo não apresentando sintomas, transmitir a doença. Evidencia-se, dessa forma, a adoção de isolamento social, não só para os infectados, a fim de reter a disseminação do vírus.[15] Por essa razão, a contaminação que, inicialmente era local, transgrediu fronteiras, tendo em vista que, inicialmente, não se sabia como lidar como vírus.

Assim, diante de tantas incertezas sobre a doença e sua origem, somadas a posicionamentos xenofóbicos, os chineses foram rechaçados e considerados os responsáveis pela ocorrência do vírus. O cenário pode ser exemplificado com o lamentável episódio no qual, em um edifício comercial em São Paulo, pessoas de origem chinesa só puderam usar o elevador de serviços, como medida de contenção para o avanço do coronavírus. Junto a isso, a administração do prédio orientou que "não chineses" não usassem os mesmos elevadores. O Instituto SocioCultural Brasil-China, que se dedica à promoção da integração entre Brasil e China, manifestou repúdio ao ocorrido e ressaltou que o combate à xenofobia e racismo é um dever de todos.[16]

Manifestações xenofóbicas contra os chineses em decorrência do coronavírus não ficaram restritas ao Brasil. O jornal The Washington Post[17] flagrou o presidente estadunidense, Donald Trump, referindo-se ao vírus como o "vírus chinês". Os deputados californianos de ascendência chinesa protestaram contra o uso da expressão por Trump. Além disso, narraram episódios nos quais americanos de origem asiá-

---

14 OLIVEIRA; MORAIS. **COVID-19: uma pandemia...**, *op. cit.*

15 DANTAS, Sylvia. Pandemia, mentiras e xenofobia: a saúde pública requer interculturalidade. **Migrações Internacionais e a pandemia de COVID-19**, Julho, 2020.

16 **CORONAVÍRUS: condomínio em SP tentou segregar chineses como 'medida de prevenção'.** BBC News Brasil, fevereiro, 2020. Disponível em: < https://www.bbc.com/portuguese/brasil-51379835>. Acesso em: 10 set. 2020.

17 CHIU, Alisson. Trump has no qualms about calling coronavirus the 'Chinese Virus.' That's a dangerous attitude, expertssay. **The Washington Post**, fevereiro, 2020. Disponível em:<https://www.washingtonpost.com/nation/2020/03/20/coronavirus-trump-chinese-virus/>. Acesso em: 02 set. 2020.

tica têm sido vítimas de violências por, de forma xenófoba, serem considerados responsáveis pela disseminação viral. Sob justificativas inverídicas, a xenofobia se escancarou na atual pandemia. Isso levou a comunidade asiática na França a se manifestar nas redes sociais com a expressão "nós não somos um vírus".[18]

Além do estigma vinculado aos chineses por serem considerados responsáveis diretos pela propagação mundial do vírus, a China foi acusada de ter promovido a disseminação da doença por razões econômicas. Eduardo Bolsonaro, Deputado Federal pelo PSL, anunciou em sua rede social que a pandemia trata-se de uma manobra chinesa. Junto a isso, o jornal The Washington Post noticiou declaração de Trump dizendo que a inteligência estadunidense estava investigando se o vírus seria "man-made".[19]

Essa conjuntura é uma clara tentativa de culpar o Estado Chinês que, mais uma vez, foi pautada em questões nacionalistas ao apontar a China como um inimigo que impede o progresso. Entretanto, na revista Nature Medicine,[20] foi afirmado que é improvável que o coronavírus seja produto de manipulação. Junto a essas afirmações caluniosas, há também um sentimento de revolta associado a notícias, falsas, de que a China não teria sofrido com o Coronavirus e teria lucrado com o episódio.

Os nacionalistas utilizaram a pandemia como pressuposto para reforçar a ideia que já vinha sendo construída de que a China representa um inimigo para o mundo. Esse cenário é originário, de fato, de um embate entre potências econômicas, no qual Estados Unidos e China são rivais. A ascensão da China no panorama econômico global se deu

---

18 LIMA, Juliana Domingos de. Como o racismo aflora diante do medo do coronavírus. **Nexo Jornal**, fevereiro, 2020. Disponível em: < https://www.nexojornal.com.br/expresso/2020/02/03/Como-o-racismo-aflora-diante-do-medo-do-coronav%C3%ADrus>. Acesso em: 10 set. 2020.

19 GERTZ, B. Trump confirms U.S. investigating reports virus came from Chinese lab. **The Washington Times**, 17 abr. 2020. Disponível em: <https://www.washingtontimes.com/news/2020/apr/17/trump-confirms-us-investigating-reports-virus-came/>. Acesso em: 31 ago. 2020.

20 NATURE MEDICINE. **The proximal origin of SARS-CoV-2**. Vol. 26, abril, 2020. Disponível em: <https://www.nature.com/articles/s41591-020-0820-9.pdf>. Acesso em: 28 ago. 2020.

em 2014, momento em que ultrapassou como potência os EUA[21], que vem sofrendo com a desindustrialização desenfreada.

Diante do atual contexto, alguns países se apresentaram vulneráveis, em função da necessidade de insumos para lidar com a Covid-19, o que gerou situação de dependência à exportação chinesa, pois o mundo não contava com a proporção tomada pela pandemia. Assim, a alta demanda por equipamentos levou ao que foi chamado de guerra às máscaras, pois esses produtos estavam escassos, acarretando em uma disputa entre Estados.

Esse cenário deu embasamento para nacionalistas afirmarem que a China lucrou com a tragédia causada pelo vírus. O governo estadunidense, ainda, desviou os produtos pretendidos que seriam destinados a países aliados, o que o tornou alvo de críticas por prática de pirataria. Ora, mais uma vez, vê-se a postura nacionalista do atual governo americano, ignorando a existência de uma comunidade global, ao visar às necessidades dos EUA em detrimento dos outros países, bem como reforçando a ideia de que a China representa um inimigo.

Por outro lado, com o passar dos meses, o Brasil, com tecnologia limitada pela falta de investimento e infraestrutura, recorreu, mais uma vez, à cooperação internacional para o desenvolvimento de vacinas já em fase de testes pelo mundo. O Instituto Butantan e a UFMG firmaram uma parceria com a biofarmacêutica chinesa desenvolvedora da vacina para que pudessem continuar os testes e produzir a vacina para a população brasileira.[22] Todavia, com a acentuação da xenofobia devido à pandemia, alguns brasileiros tendem a recusar a vacina com base em Fake News divulgadas, que impunham dúvidas acerca das vacinas à população.

Às luzes da recomendação da OMS acerca do distanciamento social e da capacidade de disseminação do vírus, que ultrapassa fronteiras nacionais, diversos países instituíram políticas de "fechamento de fronteira" para conter o avanço da contaminação no país. O Brasil, diante

21 GONZÁLES, Alicia. A China a ponto de destronar os EUA como principal potência. **El País**, maio, 2014. Disponível em: < https://brasil.elpais.com/brasil/2014/05/03/economia/1399140952_251301.html>. Acesso em: 29 ago. 2020.

22 LÉLIS, Amanda. **UFMG participa de pesquisa em busca de vacina contra a covid-19**. UFMG Notícias, julho 2020. Disponível em: <https://ufmg.br/comunicacao/noticias/comecam-os-testes-da-coronavac-em-minas-gerais>. Acesso em: 03 de setembro de 2020.

desse cenário, instituiu a Lei nº 13.979/20, a qual autoriza autoridades governamentais a adotar a restrição excepcional de entrada e saída do país por rodovias, portos e aeroportos. Com isso, o país excluiu não nacionais, incluindo refugiados.

Fechar fronteiras a refugiados, além de não respeitar diversos acordos internacionais dos quais o país é signatário, expressa extremo nacionalismo. Isso se dá analogamente à ideia de construção de um muro para proteger a nação de inimigos que representam perigo aos nativos. Vê-se, assim, mais uma vez, a ideia de que a manutenção da unidade inviolável deve ser priorizada em detrimento de qualquer outro contexto. Medidas de contenção à doença não devem ser menosprezadas, mas, nessa conjuntura, o não nacional foi rotulado como uma ameaça, um inimigo para a integridade da nação.

Com avanço da globalização, cada país se torna responsável em um contexto global por suas decisões. Portanto, manifestações xenofóbicas e nacionalistas não só afetam indivíduos que as sofrem, mas a harmonia de todo o mundo, incluindo os países que a praticam. Enquanto o vírus não for erradicado em todo o planeta, a terra ainda correrá o risco de uma nova pandemia, evidenciando que a melhor maneira de combater o vírus é com cooperação internacional. A China deu um bom exemplo ao decidir compartilhar o código genético do vírus com o resto do mundo para que a superação da pandemia se desse de forma mais rápida.

Discursos xenofóbicos não só afetam de modo negativo a contenção do vírus no mundo, mas prejudicam seus próprios países por desencadearem instabilidade para com outros países, bem como criam situações violentas para com não nacionais. Expressões xenofóbicas e a falta de informação verídica acabam atrasando o próprio país e o mundo no combate à pandemia. Ressalta-se, também, que atuações nacionalistas infringem a dignidade daqueles que, por fatores além da pandemia, encontram-se fragilizados, como é o caso dos refugiados e imigrantes.

Para Yuval Harari, sem solidariedade global as dificuldades de enfrentamento da pandemia se tornam ainda mais graves. O autor ainda ressalta que a mínima existência de um infectado representa risco global. Dessa forma, todas as nações são responsáveis conjuntas pelo cenário. Segundo ele, teme "que não se esteja reagindo a esta crise com solidariedade global, mas com ódio, colocando a culpa em outros países, em minorias étnicas e religiosas."[23]

No mesmo sentido, Hannah Arendt discorre sobre o conceito da pluralidade humana[24] e, a partir dela, é possível pontuar que a política é produto das ações humanas em comunidade, ou seja, na troca de diferentes perspectivas. Arendt explicita ainda a necessidade da compreensão no sentido de que a igualdade e distinção constituem, respectivamente, a possibilidade e a necessidade da compreensão entre os homens, o que viabiliza e efetiva a pluralidade humana. Assim, é de extrema importância a solidariedade global no enfrentamento da pandemia.

3. CONSIDERAÇÕES FINAIS

A pandemia por Covid-19 proporcionou ao mundo uma situação de extrema fragilidade, física, tendo em vista que é um vírus mortal; emocional, ao forçar o isolamento; mas também política. O mundo se encontra em estado de caos social, no qual as pessoas tendem a procurar sempre um inimigo, um motivo para o sofrimento, alguém em quem colocar a culpa. Por isso, reitera-se que, durante a pandemia muitos países se tornaram um ambiente propício para manifestações do nacionalismo e a xenofobia. O sentimento de ódio ao outro encontrou, na pandemia, seu estopim.

Todavia, é preciso lembrar sempre que esse sentimento nunca poderá ser o guia para uma solução real. Pode oferecer uma satisfação momentânea e falsa, mas não irá, de fato, lidar com a pandemia, não vai alcançar, efetivamente, a solução ideal. Tudo que o nacionalista ferrenho, xenófobo e intolerante atinge é um delírio de segurança, completamente desconectado da realidade. Enfrentar juntos a pandemia é a solução para que ela seja estancada.

---

23 HARARI, YUVAL. Yuval Noah Harari: "**Maior perigo não é o vírus, mas ódio, ganância e ignorância**". Entrevista concedida a Deutsche Welle, abril, 2020. Disponível em: < https://p.dw.com/p/3bMIu>. Acesso em: 1 de setembro de 2020

24 SILVA, Ricardo George de Araújo. **Ação, pluralidade e política em Hannah Arendt**. Revista de Filosofia Argumentos, ano 10, n. 19 - Fortaleza, jan./jun. 2018.

REFERÊNCIAS BIBLIOGRÁFICAS

AMADEO, K. **How Does the 2020 Stock Market Crash Compare with Others? The Balance**. Março, 2020. Disponível em: <https://www.thebalance.com/fundamentals-of- the-2020- market-crash-4799950>. Acesso em: 29 ago. 2020.

BLYTH, M. Austeridade: **A História de uma Ideia Perigosa**. São Paulo: Autonomia Literária, 2017.

CARVALHO, Pedro Conceição. **O fascismo e o nazismo**. CIARI – Centro de Investigação e Análise em Relações Internacionais, 2007.

CASAGRANDE, Cássio. **'Vírus chinês': memória jurídica do racismo 'amarelo' nos EUA**. JOTA, Março, 2020. Disponível em: <https://www.jota.info/opiniao-e- analise/colunas/o-mundo-fora-dos-autos/virus-chines-memoria-juridica-do-racismo- amarelo-nos-eua-30032020>. Acesso em: 02 set. 2020.

CHIU, Alisson. **Trump has no qualms about calling coronavirus the 'Chinese Virus.' That's a dangerous attitude, experts say**. The Washington Post, fevereiro, 2020. Disponível em: < https://www.washingtonpost.com/nation/2020/03/20/coronavirus-trump-chinesevirus/>. Acesso em: 02 set. 2020.

CORONAVÍRUS: condomínio em SP tentou segregar chineses como 'medida de prevenção'. BBC News Brasil, fevereiro, 2020. Dispível em: < https://www.bbc.com/portuguese/brasil-51379835>. Acesso em: 10 set. 2020.

DANTAS, Sylvia. Pandemia, mentiras e xenofobia: a saúde pública requer interculturalidade. **Migrações Internacionais e a pandemia de COVID-19**, Julho, 2020.

FELLET, João. **'Vírus chinês': como Brasil se inseriu em disputa geopolítica entre EUA e China sobre pandemia.** BBC News Brasil, São Paulo, março, 2020. Disponível em: < https://www.bbc.com/portuguese/brasil-51963251>. Acesso: 02 set. 2020.

FILHO, José Valdir Teixeira Braga. **A teia de relações humanas e a formação do mundo comum: a pluralidade na filosofia política de Hannah Arendt.** UNESP, 2020.

FIRMINO, Paul Clívilan Santos. **Globalização e covid19: guerra contra um inimigo invisível**. Revista Contexto Geográfico, Alagoas, v. 5. N. 9, julho, 2020.

GELLNER, Ernest. **Nations and Nationalism**. Oxford: Basil Blackwell Publisher Limited, 1983.

GERTZ, B. **Trump confirms U.S. investigating reports virus came from Chinese lab**. The Washington Times, 17 abr. 2020. Disponível em: <https://www.washingtontimes.com/news/2020/apr/17/trump-confirms-us- investigating-reports-virus-came/>. Acesso em: 31 ago. 2020.

HARARI, Yuval Noah. Yuval Noah Harari: **"Maior perigo não é um vírus, mas ódio, ganância e ignorância"**. DW, 2020. Disponível em: https://www.dw.com/pt-br/yuval-noah-harari-maior-perigo-não-é-o-mas-ódio-ganância-e-ignorância. Acesso em: 13 set. 2020.

JUNIOR, Durval Muniz de Albuquerque. **Xenofobia: medo e rejeição ao estrangeiro**. São Paulo: Editora Cortez, 2016.

KONCHINSKI, Vinicius. **Nazismo e xenofobia "surfam" na pandemia e denúncias triplicam na internet.** UOL, 2020. Disponível em https://noticias.uol.com.br/cotidiano/ultimas-noticias/2020/05/25/neonazista- aproveitam-pandemia-para-intensificar-acoes-no-brasil.htm?cmpid . Acesso em: 13 set. 2020.

LIMA, Juliana Domingos de. **Como o racismo aflora diante do medo do coronavírus**. Nexo Jornal, fevereiro, 2020. Disponível em: < https://www.nexojornal.com.br/expresso/2020/02/03/Como-o-racismo-aflora-diante-do- medo-do-coronav%C3%ADrus> . Acesso em: 10 set. 2020.

MARTINS; PRESTES. **Mobilidade e xenofobia: considerações da geografia à psicanálise**. Revista Percurso – NEMO, Maringá, v. 9, n. 1, 2017.

MINISTÉRIO DA SAÚDE. Tradução do documento original da OMS. **Novel coronavirus (2019-ncov) situation report – 1. 21 january 2020**. Disponível em: < https://saude.gov.br/images/pdf/2020/janeiro/22/novo-coronavirus-resumo-e-traducao-oms-22jan20-nucom.pdf>. Acesso em: 10 set. 2020.

NATURE MEDICINE. **The proximal origin of SARS-CoV-2**. Vol. 26, abril, 2020. Disponível em: < https://www.nature.com/articles/s41591-020-0820-9.pdf>. Acesso em: 28 ago. 2020.

NIGRO; SANTOS. **Incertezas migratórias em tempos de pandemia da Covid-19**. Conjur, agosto, 2020. Disponível em: https://www.conjur.com.br/2020-ago-03/nigro- santos-incertezas-migratorias-tempos-covid-19>. Acesso em: 25 ago. 2020.

OIM – Organização Internacional para as Migrações. **Mixed migration flows in the Mediterranean and Beyond**. Compilation of available data and information, 2018.

ORTEGA, A.; MARÍN, P. **O coronavírus e a propaganda anti-China**. Revista Opera, março, 2020. Disponível em: <https://revistaopera.com.br/2020/03/22/o-coronavirus-e- a-propagandaanti-china/>. Acesso em: 29 ago. 2020.

OLIVEIRA; MORAIS. **COVID-19: uma pandemia que alerta à população**. InterAm J Med Health, 2020.Disponível em: <https://iajmh.com/iajmh/article/view/80/77>. Acesso em: 29 ago. 2020.

ORWELL, George. Notes on Nationalism. Polemic: **A Magazine of Philosophy**, Psychology, and Aesthetics: Number 5: September-October 1946.

RAMOS, André de Carvalho. Construindo muralhas: o fechamento de fronteiras na pandemia do COVID-19. **Migrações Internacionais e a pandemia de COVID-19**, Julho, 2020.

REGO, Daniel Cunha. **O paradoxo nacionalista em tempos de pandemia**. Pretel, maio, 2020.

RODRIGUES; GERZSON. **A dimensão geopolítica da pandemia de coronavírus**. Physis: Revista de Saúde Coletiva, Rio de Janeiro, v. 30(2), e. 300209, 2020.

SCANDOLARA, Daniel Lorenzo Gemelli. **A nação inventada: o pensamento político de Ernest Gellner a respeito de nações e nacionalismo**. Almanaque de Ciência Política, Vitória, vol. 3, n. 1, p. 01-21, 2019.

SILVA, Wanise Cabral; AMARAL, Nemo de Andrade do. **A Imigração na Europa: a ação política da União Europeia para as migrações extracomunitárias**. In: Sequência (Florianópolis), Florianópolis, n. 66, p. 235-259, julho 2013. Disponível em: http://bit.ly/346xkKC. Acesso em: 02 set. 2020.

SILVA, Ricardo George de Araújo. **Ação, pluralidade e política em Hannah Arendt**. Revista de Filosofia Argumentos, ano 10, n. 19 - Fortaleza, jan./jun, 2018.

NEGACIONISMO COMO POLÍTICA DE ESTADO: UMA ANÁLISE CRÍTICA

Gabriela Cavalieri[1]
Gabriel Oliveira Santos[2]
Gabriel Santos De Mello[3]
Gustavo Campos Coura[4]

"Aqueles que invalidam a razão devem seriamente considerar se estão argumentando contra a razão com ou sem razão. Se é com razão, eles estabelecem o princípio que se esforçam para derrubar; mas, se argumentam sem razão (o que, para ser coerentes consigo mesmos, deveriam fazer), ficam fora do alcance da convicção racional e não merecem uma argumentação racional" – Ethan Allen.

1. INTRODUÇÃO

A prática de negar a realidade é um ato humano. Estar em negação é uma das formas em que os indivíduos, inseridos em um certo grau de sociabilidade, utilizam para lidar com os seus pares. Em todo o momento, escolhemos aceitar certas realidades – e portanto lidar com as suas consequências – e negar outras que não desejamos (como ocorre durante um dos cinco tradicionais estágios do luto). Como argumentou Richard Sennett: "Ao praticar a civilidade social, você se mantém em silêncio sobre coisas que sabe claramente, mas que não deve dizer" (KAHN-HARRIS, p.1, 2018, tradução nossa).

1 Graduanda em Direito pela Universidade Federal de Minas Gerais (UFMG).

2 Graduando em Direito pela Universidade Federal de Minas Gerais (UFMG).

3 Graduando em Direito pela Universidade Federal de Minas Gerais (UFMG).

4 Graduando em Direito pela Universidade Federal de Minas Gerais (UFMG).

No entanto, no momento em que a prática de negar realidades se expande, tornando-se um fenômeno social, alinhado e coordenado para atingir certos objetivos finais, a questão, antes individual e tratada como algo natural da psicologia humana, torna-se um risco à civilidade. A negação ampliada, organizada e manipulada por certos grupos de poder pode ser denominada negacionismo:

> "O negacionismo é mais do que apenas outra manifestação das complexidades monótonas de nossos enganos e autoenganos. Representa a transformação da prática cotidiana de negação em uma forma totalmente nova de ver o mundo e - o mais importante - uma realização coletiva. A negação é furtiva e rotineira; o negacionismo é combativo e extraordinário. A negação se esconde da verdade, o negacionismo constrói uma verdade nova e melhor." (KAHN-HARRIS, p.2, 2018).
> "A crítica que visava invalidar a razão e relativizar tudo *ad infinitum* ficou conhecida como o negacionismo." (RABELO, p.1, 2011).

Nesse sentido, no decorrer do século passado, como é apresentado por André Rabelo, os movimentos que pretendiam negar realidades fáticas comprovadas empiricamente se fortaleceram nos círculos filosóficos e políticos do ocidente. No entanto, no momento em que esses movimentos políticos perceberam que a manipulação do instinto negacionista[5] das pessoas poderia consolidar argumentos irracionais e, através do apelo emocional e da construção de outras realidades, os promover politicamente, o uso do negacionismo tornou-se um ponto central dos programas partidários. Ao ascenderem ao poder, as máquinas do Estado foram capturadas por esses grupos e uma infinidade de recursos foram empenhados em transmitir mentiras e negar realidades,

---

5 "Bloom e Weisberg (2007) sugerem que os seres humanos possuem alguma resistência universal à ideias científicas contraintuitivas desde cedo, que muitas vezes permanece durante a vida adulta. O conflito com a ciência ocorre porque muitas vezes as evidências científicas atentam contra propensões da intuição infantil, como a tendência nas crianças de perceber as coisas em termos de propósito (teleologia promíscua) e de perceber o cérebro como algo fundamentalmente diferente da mente (dualismo). Isso talvez explique porque muitas pessoas tendem a preferir explicações intuitivas mesmo que as evidências apontem para outro caminho". (RABELO. 2011).

"But denial and denialism are closely linked; what humans do on a large scale is rooted in what we do on a small scale. While everyday denial can be harmful, it is also just a mundane way for humans to respond to the incredibly difficult challenge of living in a social world in which people lie, make mistakes and have desires that cannot be openly acknowledged. Denialism is rooted in human tendencies that are neither freakish nor pathological." (KAHN-HARRIS, 2018).

inaugurando um novo momento na história da relação entre mentira e política: o negacionismo enquanto política de Estado.

O presente artigo buscará, em um primeiro momento, estabelecer um traço histórico-analítico do negacionismo de Estado no ocidente. Após, procurar-se-á demonstrar como – caminhando entre os programas partidários do fascismo europeu até os círculos pseudointelectuais que deram base de sustentação à ascensão do populismo autoritário personificado nas figuras de Donald Trump, nos Estados Unidos da América, e de Jair Bolsonaro, no Brasil – o negacionismo constituiu-se como a principal ameaça à democracia, à saúde pública e à civilidade no século XXI.

Em tempos de pandemia do novo coronavírus, de campanhas massivas de vacinação (e dos consequentes movimentos antivacina) e de redes sociais – com a sua irredutível capacidade de espalhar informações, em velocidade e quantidade nunca antes vistas –, uma verdadeira guerra virtual entre negacionistas, de um lado, e jornalistas e divulgadores da ciência, de outro, foi traçada. Em dias em que negar os fatos comprovados custa vidas, faz-se necessário entender as raízes e as perspectivas da política de negação que está inserida nas estranhas do Estado Nacional.

2. DESENVOLVIMENTO

2.1. A ORIGEM DO NEGACIONISMO COMO POLÍTICA DE ESTADO

Especificar a origem do negacionismo enquanto fenômeno social ou político é uma tarefa difícil, mas a referência que parece mais relevante às observações desse estudo é centrada no contexto pós 2ª Guerra Mundial. A tese que tratamos como pioneira, que certamente é uma das mais relevante nesse debate, uma vez que ainda encontra uma adesão considerável é a negação do holocausto judeu. Na Europa assolada pela guerra, mais especificamente na França, surgiram as primeiras contestações acerca da veracidade do tratamento brutal conferido aos judeus nos campos de concentração e extermínio[6]. A corrente em questão começou com intelectuais que não tinham envolvimento direto e comprovado com os acontecimentos trágicos da guerra, mas se mostravam simpáticos a uma doutrina que àquela altura já se podia

6 CARTA MAIOR. **O negacionismo como estratégia política e discurso de ódio**. Disponível em: https://www.cartamaior.com.br/?/Editoria/Politica/O-negacionismo-como-estrategia-politica-e-discurso-de-odio-E-algumas-licoes-da-experiencia-francesa-/4/43903. Acesso em: 14 jan. 2021.

denominar neofascismo, e por razões estritamente políticas e ideológicas tentavam sustentar que a ameaça de extermínio, bem como a rapidez e a crueldade com que se deu esta tentativa, eram invenções da própria sociedade judaica, para desmoralizar as correntes simpáticas ao nacional-socialismo e, ainda, viabilizar a aprovação internacional à investida de criação do Estado de Israel.

Atualmente, o negacionismo acerca do holocausto é um fenômeno típico das redes sociais. Conforme a historiadora e pesquisadora Deborah Lipstadt, da Emory University, os defensores dessa tese contestam o fato de Auschwitz ser um campo de extermínio e não um mero campo de trabalho; os documentos e relatos que comprovam as experiências vividas na guerra; a versão de que os judeus não eram conduzidos aos campos, sugerindo que muitos simplesmente fugiram. Ao criador e CEO do grupo Facebook - Mark Zuckerberg, judeu -, foi questionada a liberdade com que se davam essas declarações em sua plataforma online. Este, porém, sugeriu que, apesar de achar "profundamente ofensivas", considera um mero equívoco: "não acho que as pessoas estejam intencionalmente interpretando os fatos de forma errada"[7].

Em primeira análise, é importante destacar que se engana o Sr. Zuckerberg e qualquer outra pessoa que trata o negacionismo como mero equívoco, afinal, enorme é o seu potencial político. Importante destacar como esse movimento encontrou terreno fértil na pós-modernidade.

Sob tal perspectiva, é importante considerar que alguns traços sociais contribuem para a fácil adesão social a discursos vazios. Um levantamento da Wellcome Trust, em parceria com o grupo Gallup, o "Global Monitor" de 2018[8], alcançou conclusões muito relevantes acerca da confiança na ciência por parte da população em diversas partes do mundo. Vale apontar: 57% das pessoas entrevistadas admitem saber "muito pouco", "nada", ou não souberam responder, quando perguntadas "o quanto, pessoalmente, sabem sobre ciência"; somente 18% dizem ter "alta confiança" no trabalho de cientistas (ambos os índices são de média global). Além disso, o estudo aponta que a população de países com menores índices de desenvolvimento socioeconômico

---

7 BBC BRASIL. Sala Social. Disponível em: https://www.bbc.com/portuguese/salasocial-44897985. Acesso em: 14 jan. 2021.

8 WELLCOME. Global Monitor. Disponível em: https://wellcome.org/reports/wellcome-global-monitor/2018. Acesso em: 14 jan. 2021.

tende a confiar menos na ciência. Portanto, a desinformação parece ser uma realidade social, que constitui uma vulnerabilidade educacional e uma desconfiança crônica das classes populares - que costumam ser as mais numerosas - a respeito do que diz a ciência. O academicismo, que contesta as crenças, lhes atribui responsabilidades sobre as quais não conhecem a razão ou o valor, e lhes direcionam informações que fogem à fácil compreensão. Esse descompasso entre o fato científico e a realidade facilmente manipulável, enquanto desconhecida, é uma porta aberta ao autoritarismo.

Em segunda análise, vale apontar, então, como o negacionismo - social, histórico e científico - se torna uma poderosa arma política, enquanto escada para o poder. Max Weber, na obra Economia e Sociedade de 1922[9], aponta para um tipo relevante de liderança, a carismática. Esta é fruto de um reconhecimento à personalidade do líder, enquanto figura supostamente sincera, leal, honesta, fortemente identificada com o povo. O negacionismo é um convite irrecusável de tal perfil político à população que visa conquistar, afinal, o que poderia ser mais carismático do que alguém que "diz exatamente o que o povo quer ouvir".

Portanto, os grupos mais atentos, estratégicos ou oportunistas do meio político, movidos pelo desejo de alcançar o poder, não veem problema algum em recorrer a eufemismos, contestações mal fundamentadas ou a simples negação de um fato passado, presente ou futuro que incomoda um eleitorado que muito pouco ou quase nada compreende a respeito de sua relevância. Na prática, negar o problema se apresenta como uma ótima solução, eficaz a curto prazo e que basta para muitos sofredores.

Por ora, relevante concluir que a origem do negacionismo como política do Estado foi um fenômeno social, que poderia e deveria ter sido superado com o advento da rápida comunicação e fácil informação, mas o que se verificou foi seu fortalecimento com base na exploração de um sentimento de exclusão e injustiça, em que novos adeptos são facilmente contagiados pela proposta de rebeldia frente ao *status quo* que lhes causa tantos transtornos. Em suma, o negacionismo é uma ignorância que se retroalimenta, o que faz desse fenômeno, mais que um passaporte ao poder, um meio poderoso de manutenção dessa posição, enquanto instrumento de manipulação sistemática.

---

9 WEBER, Max. **Economia e sociedade:** fundamentos da sociologia compreensiva. Tradução de Regis Barbosa e Karen Elsabe Barbosa. São Paulo: Editora UnB, 2004.

2.2. O CRESCIMENTO DO POPULISMO AUTORITÁRIO DE DIREITA E O NEGACIONISMO COMO ESTRATÉGIA POLÍTICA

O negacionismo enquanto fenômeno social tem se instalado na população através do medo e da desconfiança. Nas últimas duas décadas, discursos negacionistas passaram a estar também presentes nas falas de importantes líderes políticos ao redor do mundo e, principalmente, de líderes com forte viés populista e autoritário de direita. Mas o que é populismo? Eleita palavra do ano em 2017 pelo dicionário de Cambridge, populismo é um termo difícil de ser definido, sobretudo pela falta de consenso acerca de seu significado. Uma abordagem ideacional do Populismo entende o fenômeno como um conjunto de ideias que reúne os elementos da crença de que a política incorpora uma batalha entre as forças do bem, entendida como a vontade comum do povo, e as forças do mal, associadas à conspiração de uma elite. Além disso, populismo é um discurso polarizador que é voltado para o povo e de cunho "anti-*status quo*" (HAWKINS e ROVIRA KALTWASSER, p. 515, 2017).

Apesar de não ser um movimento nem de direita nem de esquerda, podendo ser associado a diferentes ideologias[10], é o populismo de direita que tem avançado na última década. Tal crescimento, bem como sua presença em países como Rússia, Turquia, Polônia e Hungria é por demais complexo para ser analisado em poucas páginas. Em resumo, podemos apontar como algumas das causas do seu florescimento entre grupos sociais conservadores o sentimento de frustração, descredibilidade e aversão à política tradicional, acusada - muitas vezes acertadamente - de ser corrupta e de favorecer apenas os que já estão no poder.

As rápidas mudanças sociais, econômicas e culturais - acentuadas pela crise financeira de 2008 e pela crise migratória mundial - resultam no afastamento de valores e morais tradicionais e contribuem para que esses grupos apoiem líderes populistas e autoritários que expressam e defendem suas crenças (NORRIS e INGLEHART, p. 15, 2018). Combinado com valores autoritários, a retórica populista colocou no

---

10 Em suas pesquisas Hawkins e Kaltwasser defendem que o populismo tem uma natureza camaleônica, podendo ser adaptado a diversos discursos e ideologias, tanto de direita quando de esquerda. (HAWKINS and ROVIRA KALTWASSER, p. 31, 2019) De fato, em suas análises muito é falado sobre o populismo de esquerda, que predominou na América Latina na primeira metade do século XX, contudo, é o populismo de direita quem vem ganhando mais atenção e enfoque nos últimos anos.

poder diversos líderes da extrema-direita em um considerável número de democracias ao redor do mundo, como Donald Trump nos Estados unidos, Narendra Modi na Índia e Jair Bolsonaro no Brasil. Todos eles compartilham de elementos populistas e autoritários como uma retórica do "bem" contra o "mal", crítica às instituições democráticas e a necessidade da lealdade à sua pessoa.

Em meio a tantos elementos discursivos diferentes dentro da retórica populista e autoritária, o negacionismo tem adquirido maior destaque nos últimos anos. Segundo a revista britânica The Guardian, uma pesquisa de 2019 revelou que pessoas com forte viés populista tendem a acreditar até duas vezes mais em teorias da conspiração acerca do aquecimento global, da vacinação e dos ataques de 11 de setembro nos Estados Unidos[11]. Ao redor do mundo, líderes políticos, partidos e movimentos populistas autoritários de direita têm difundido ideias negacionistas para fomentar suas críticas – muitas vezes mal fundamentadas – ao "*establishment*" e aumentar no povo a desconfiança em relação aos processos democráticos, à ciência e às instituições estabelecidas no cenário global.

Dessa forma, o negacionismo tem se configurado como uma estratégia com o objetivo principal de provocar confusão e caos na população, favorecendo os interesses de quem está no poder (KAHN-HARRIS, 2018). Para ilustrar, analisaremos dois exemplos de discursos negacionistas altamente populares nos últimos anos.

Em 2012, quando da preparação para a corrida presidencial, Donald Trump publicou em suas redes sociais: "O conceito de aquecimento global foi criado por e para chineses com o objetivo de tornar a indústria americana não competitiva". Esse excerto não foi o primeiro em que o futuro presidente estadunidense endossou posicionamentos negacionistas em relação à ciência climática. A opinião de Trump é um exemplo e um reflexo da quantidade de informações negacionistas veiculadas por norte-americanos de direita, que de fato acreditam que toda a discussão acerca das mudanças climáticas tem por objetivo prejudicar a economia americana em detrimento da chinesa.

---

11 THE GUARDIAN. **Revealed: populists far more likely to believe in conspiracy theories**. Disponível em: https://www.theguardian.com/world/2019/may/01/revealed-populists-more-likely-believe-conspiracy-theories-vaccines. Acesso em: 18 jan. 2021.

No Brasil, o ano de 2020 foi marcado pelos diversos depoimentos polêmicos do presidente Jair Bolsonaro em relação a pandemia da COVID-19. Também em suas redes sociais, Bolsonaro endossou manifestações[12] que, além de antidemocráticas, violaram e desacreditaram o isolamento social adotado no país e repetidamente se refere, em rede nacional, ao vírus como uma "gripezinha"[13] e às medidas de combate à pandemia como "um pouco de exagero"[14]. Tudo isso para defender que a economia deve continuar avançando a qualquer custo e que o país não pode ficar parado. Hoje, o Brasil ultrapassa a triste marca de 450.000[15] mortos pela COVID-19, enquanto as notícias falsas atingem 7 em cada 10 brasileiros[16], aumentando a divisão, o medo e a incerteza.

Dessa maneira, o negacionismo como estratégia política é capaz de gerar desconfiança e ódio por parte da população e aumentar a polarização política interna. Esse discurso, quando usado em forma de estratégia, é também um meio de evitar que assuntos de extrema importância - como aquecimento global, vacinação, genocídio, entre outros - sejam discutidos em prol da manutenção dos interesses de um grupo específico. No fundo, o negacionismo se apresenta como forma de manipulação e propagação de mentiras na esfera política. Na oportunidade, são as lições de Bauman:

---

12 EL PAÍS. **Bolsonaro endossa ato pró-intervenção militar.** Disponível em: https://brasil.elpais.com/politica/2020-04-19/bolsonaro-endossa-ato-pro-intervencao-militar-e-provoca-reacao-de-maia-stf-e-governadores.html. Acesso em: 18 jan. 2021.

13 O GLOBO. **Bolsonaro volta a minimizar pandemia e chama Covid-19 de 'gripezinha'**. Disponível em: https://oglobo.globo.com/brasil/bolsonaro-volta-minimizar-pandemia-chama-covid-19-de-gripezinha-1-24319177. Acesso em: 18 jan. 2021.

14 G1 GLOBO. **Bolsonaro vê 'exagero' em ações contra coronavírus.** Disponível em: https://g1.globo.com/politica/noticia/2020/06/22/bolsonaro-defende-reabertura-do-comercio-e-fala-em-pouco-de-exagero-no-trato-da-pandemia.ghtml. Acesso em: 18 jan. 2021.

15 Número contabilizado na data de subscrição deste artigo. Portanto, desatualizado.

16 ESTADO DE MINAS. **Coronavírus: fake news atinge 110 milhões de brasileiros**. Disponível em: https://www.em.com.br/app/noticia/bem-viver/2020/05/21/interna_bem_viver,1149424/coronavirus-fake-news-atinge-110-milhoes-de-brasileiros.shtml. Acesso em: 19 jan. 2021.

> Como nós (as "pessoas comuns" ocupadas em nossos pequenos afazeres cotidianos) só sabemos por meio indireto desses perigos terríveis, porém distantes, é possível, muito fácil, na verdade, manipular nossas atitudes públicas; é fácil menosprezar ou silenciar os perigos que não prometem ganhos políticos ou financeiros, enquanto outros são altamente inflados ou até inventados, mais adequados que são à exploração política ou comercialmente lucrativa. (BAUMAN, p. 76, 2011).

2.3. O NEGACIONISMO COMO A PRINCIPAL AMEAÇA À DEMOCRACIA NA ATUALIDADE

A democracia enfrenta uma crise em nível global, seguindo tendência oposta à que tomou nas décadas anteriores. Em 2006, 28 países eram considerados *full democracies* ("democracias plenas") de acordo com o relatório Democracy Index da revista Times. Já em 2019, ano do relatório mais recente, o número de *full democracies* caiu para apenas 22 países. Inclusive, os EUA deixaram de marcar presença na lista de democracias plenas, o que corrobora para uma situação de preocupação global devido a sua posição de potência hegemônica mundial que tanto influencia, direta e indiretamente, os demais países. A média global, que vinha em tendência ascendente, alcançou um platô em 2015 e, desde então, começou a cair vertiginosamente. Mostra-se necessário, a partir de então, pensar as causas da crise democrática global que se abate sobre o globo. (THE ECONOMIST, 2020)

Esse histórico recuo democrático coincide justamente com o avanço do discurso populista e negacionista, conforme explanado anteriormente. Não se trata de mero acaso. O negacionismo tem sido usado como ferramenta de disputa do poder, e de forma extremamente eficiente e, como demonstra Stanley (2018), é característica distintiva dos fascismos a promoção do "anti-intelectualismo" e a deturpação do real, da realidade.

O constante ataque à intelectualidade e às universidades mina a confiança popular nesses, deixando a população cada vez mais suscetível ao proselitismo autoritário dos grupos extremistas. O que torna essa tática tão efetiva e perigosa é a desnecessidade de conquistar aceitação geral da população. Para ela, basta "levantar suspeitas gerais sobre a credibilidade e a decência de seus alvos" (STANLEY, 2018).

Outra característica marcante desses movimentos é a constante noção de "estar sob ataque", o que também é alimentado pelo negacionismo. Do negacionismo climático ao negacionismo dos crimes da ditadura, há entre os adeptos a ideia de um grande inimigo que fornece mentiras ao povo através da "Grande Mídia" e dos demais canais *mainstream* de informações. E, note-se, isso pode ser alegado por diversos grupos políticos.

Pouco importa se a realização de tamanha manipulação envolveria um esforço tremendo que chega à inverossimilhança. Como aponta Eco (1998), a noção de que há um adversário todo poderoso contra o qual é preciso lutar permanentemente é um pilar do "Ur-Fascismo" e que agrupa o coletivo em torno do líder. Líder este que, no Brasil, ironicamente tomou a alcunha de mito, o que nos faz remeter aos arquétipos de mitos políticos descritos por Girardet (1987).

Resta evidente que o negacionismo é ferramenta política perigosa e é constantemente instrumentalizado, quando não diretamente criado e fomentado, por grupos extremistas. Contudo, ainda poder-se-ia objetar que, uma vez que o negacionismo em si não passa da esfera do discurso, ele é parte constituinte da democracia, enquanto corolário da livre expressão e do livre pensamento. Por essa visão, somente quando negacionistas chegassem às vias de fato contra o regime democrático é que se poderia tratá-los como ameaça à democracia e combatê-los institucionalmente.

Essa posição, porém, baseia-se em uma noção procedimental de democracia, noção essa que, progressivamente, se apresenta demasiado antiquada para solucionar os desafios da democracia hodierna. Cada vez mais o colapso democrático não vem de uma cisão com os procedimentos formais da democracia, como a vigência da constituição ou a realização de eleições, mas sim da corrosão dos valores e princípios fundamentais do Estado Democrático de Direito presentes em "regras não escritas", ainda que a forma reste inalterada (LEVITSKY, 2018).

A democracia não é forma, mas sim substância. "A democracia plena de valores põe em primeiro plano o conteúdo e em segundo lugar o método" (CABRAL, 1994, p. 74 apud MONTEIRO, 2015, p. 30). E, com base nessa visão material do regime democrático, vê-se que, para a reversão do colapso democrático mundial e a salvaguarda de um regime de igualdade e de liberdade, é preciso encarar o negacionismo enquanto a ameaça aos valores democráticos que é.

2.4. O NEGACIONISMO COMO A PRINCIPAL AMEAÇA À SAÚDE PÚBLICA NA ATUALIDADE

Já há alguns anos o negacionismo tem se mostrado um empecilho à efetivação da saúde pública. Em 2019 a cobertura vacinal contra poliomielite no Brasil ficou em 83,74%, muito abaixo dos 98,2% de 2015. O país, que estava livre da doença desde 1990, agora tende a voltar a enfrentá-la. Mas isso não se restringe à poliomielite. Em verdade, 2019 foi o primeiro em 25 anos em que nenhuma meta de vacinação foi batida. O sarampo retornou a afligir os brasileiros, muito embora estivesse erradicado desde 1989 e, se essa "tendência" permanecer, será apenas a primeira de várias doenças.

Um relatório do *Centre for Countering Digital Hate* revelou um aumento de 7 a 8 milhões de pessoas seguindo contas *anti-vaxxers* em mídias sociais. Com esse crescimento vertiginoso, já se somam 31 milhões de pessoas em grupos adeptos a teorias conspiratórias antivacina no Facebook e 17 milhões em canais similares no YouTube. No Brasil, de acordo com o Datafolha, as intenções de vacinação contra a COVID-19 despencaram rapidamente de 89% para 73% em quatro meses, o que pode em boa parte ser creditado às ações do governo federal para disseminar desconfiança contra a imunização.

Resta evidente que, muito mais do que um pequeno e desimportante grupo, os círculos negacionistas tornaram-se influentes formadores de opinião pública, e permanecem em ascensão. Não é mais possível encará-los como mero grupo excêntrico. Com essa influência, mostram ser uma real ameaça à efetivação do direito público à saúde, que é tido pela Carta brasileira em tão alta conta. E não apenas real, mas a maior ameaça da atualidade.

3. CONCLUSÕES

O negacionismo, uma espécie de expansão da negação, inerente aos seres humanos, apresentou-se como uma eficaz estratégia política de manipulação das massas por políticos inescrupulosos, autoritários e populistas, da extrema-direita. As estratégias desses políticos, apesar de adaptadas aos diferentes contextos nacionais, são reflexo dos instrumentos adotados por Steve Bannon, importante marqueteiro da campanha presidencial de Donald Trump de 2016. O marqueteiro, recentemente perdoado pelo então presidente dos Estados Unidos em um dos seus últimos atos no poder, consolidou um verdadeiro manual de práticas políticas. As estratégias, baseadas na manipulação do eleitorado através de mensagens mentirosas direcionadas, por meio da manipulação de dados, como foi demonstrado pelo escândalo da empresa britânica Cambridge Analítica e a sua relação com o Facebook, demonstram como um enorme sucesso eleitoral e que seriam seguidas por políticos populistas em todo o globo.

> O envolvimento de Bannon com a campanha de Jair Bolsonaro tornou-se público a partir da **postagem de Eduardo Bolsonaro no Twitter**, de 4 de agosto de 2018. Eduardo escreveu os seguintes dizeres: "Foi um prazer conhecer Steve Bannon, estrategista da campanha presidencial de Donald Trump. Nós tivemos uma ótima conversa e compartilhamos da mesma visão de mundo. Ele disse ser um entusiasta da campanha de Bolsonaro e estamos certamente em contato para unir forças, especialmente contra o marxismo cultural". (BEZ, 2018).

No caso brasileiro, as práticas se iniciaram para permitir a eleição do então candidato à presidência da república. O negacionismo, movimento que floresceu nos campos da intelectualidade fascista europeia no século XX, se revigorou após um intenso trabalho de estrategistas preparados e empenhados em torná-lo um sistema de práticas eleitorais eficazes. O primeiro importante passo para entender o negacionismo e os seus principais atores é não os subestimar. Como retrata Ruy Fausto, a retórica populista da extrema-direita, personificada na figura de Olavo de Carvalho, através de mecanismos como "a ida ao extrema da caricatura" e o "sofismo da hiperanálise ou do desdobramento infinito das razões" (FAUSTO, 2017, p. 51), é extremamente avançada. Apesar dos absurdos propagados através dela, a manipulação das massas – o seu fim último – foi alcançado com sucesso.

Os instrumentos de controle à pandemia de Covid19 tornaram-se, ademais, o grande foco de ataques desses líderes, que dependem do sucesso econômico para se perpetuar no poder e viram nessas restrições, recomendadas pela ciência, um obstáculo à reeleição. O resultado disso tudo, mentiras e mortes, enquanto políticas de Estado, não podem conviver com a democracia em seu sentido material e mais amplo. O segundo passo para enfraquecer o negacionismo é reconhecer nele a ameaça que verdadeiramente é, possivelmente a maior que o ocidente terá que enfrentar nesse conturbado início de século.

Apesar do mais ousado que possa parecer a tentativa de oferecer um prognóstico em tão curto espaço, a última necessidade para que se possa construir um horizonte de combate ao negacionismo é a ação coordenada de democratas e agentes da verdade. Para essa árdua tarefa, Karl Popper, filósofo liberal austro-britânico, apresenta importantes lições.

Entre elas, Popper é capaz de demonstrar, em sua obra "The Open Society And Its Enemies", o paradoxo da tolerância. Para o autor, em um ambiente social, para preservar a tolerância, não se pode a admitir ilimitadamente. Aliada a isso, a verdade para Popper, que não pode ser revelada, mas sempre descoberta, através de sistemáticas refutações e debates, é um importante horizonte para enfraquecer o negacionismo.

Agir, principalmente nas redes, para combater a política de negação e espalhar informações, em especial as científicas, fundamentas em observações empíricas, é um imperativo moral. A derrota de Donald Trump nas eleições americanas de 2020, o seu banimento das redes sociais – que, de acordo com o tabloide New York Times, reduziu em 78% a circulação de informações falsas nos Estados Unidos – e o crescimento dos influenciadores cientistas na rede social Twitter nos últimos meses espelham, antes de tudo, esperança de que é possível combater o negacionismo de Estado, a principal ameaça à democracia e à saúde pública das últimas décadas.

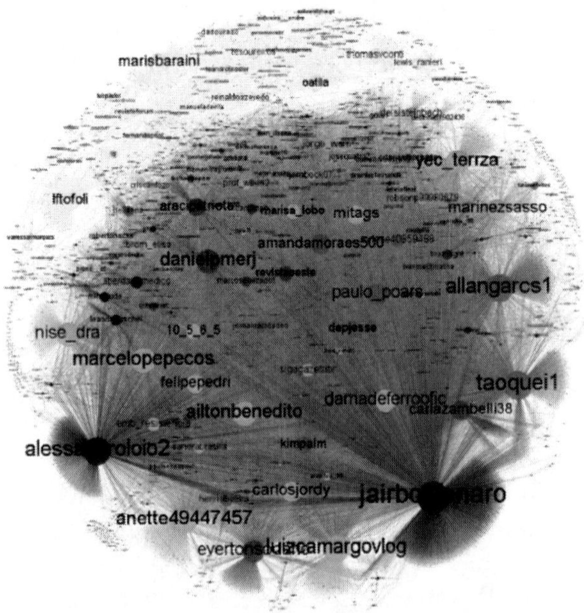

Grafo analítico que possibilita a visualização do embate nas redes sociais, no início do ano de 2021, entre negacionistas da pandemia (perfis em cinza, cerca de 11 mil) e divulgadores científicos (perfis em amarelo, cerca de 5 mil), na rede social Twitter. (Disponível em: https://twitter.com/oatila?lang=de. Acesso em: 21/01/2021).

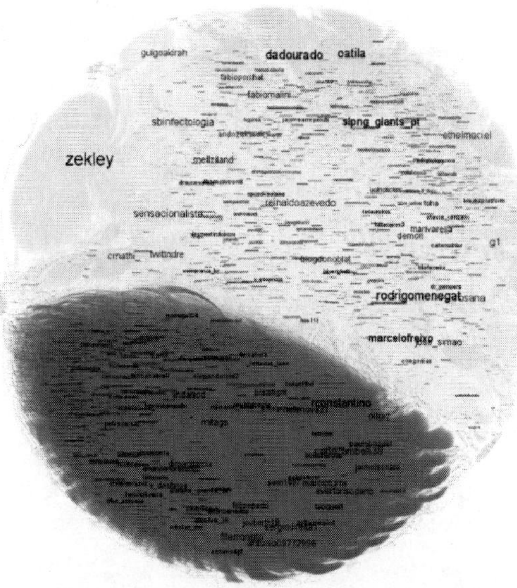

Grafo analítico que possibilita a visualização do embate nas redes sociais, após a imunização da primeira pessoa contra à Covid19, em São Paulo, no dia 16/01, entre negacionistas da pandemia (perfis em cinza) e divulgadores científicos (perfis em amarelo), na rede social Twitter, indicando uma inversão de popularidade entre os dois polos. (Disponível em: https://twitter.com/oatila?lang=de. Acesso em: 21/01/2021).

REFERÊNCIAS BIBLIOGRÁFICAS

BAUMAN, Zygmunt. **Danos Colaterais:** Desigualdades Sociais Numa Era Global. 1. ed. Rio de Janeiro: Zahar, 2013. p. 1-228.

BBC BRASIL. Sala Social. Disponível em: https://www.bbc.com/portuguese/salasocial-44897985. Acesso em: 14 jan. 2021.

BURKI, TALHA. The online anti-vaccine movement in the age of COVID-19. **The Lancet**, [s. l.], v. 2, n. 10, oct 2020. DOI: https://doi.org/10.1016/S2589-7500(20)30227-2. Disponível em: https://www.thelancet.com/journals/landig/article/PIIS2589-7500(20)30227-2/fulltext. Acesso em: 20 jan 2021.

CARTA MAIOR. O negacionismo como estratégia política e discurso de ódio.. Disponível em: https://www.cartamaior.com.br/?/Editoria/Politica/O-negacionismo-como-estrategia-politica-e-discurso-de-odio-E-algumas-licoes-da-experiencia-francesa-/4/43903. Acesso em: 14 jan. 2021.

DATAFOLHA. **Pesquisa Nacional**. [s. l.], 2020. Disponível em: http://media.folha.uol.com.br/datafolha/2020/12/14/ad8a599a43kj9u94hu9hv9u94j99no278vc.pdf. Acesso em: 20 jan 2021.

ECO, HUMBERTO. O fascismo eterno. In: ECO, HUMBERTO. **Cinco Escritos Morais**. Rio de Janeiro: Editora Record, 1998.

ECODEBATE. Entenda as ondas de frio em um planeta cada vez mais quente. Disponível em: https://www.ecodebate.com.br/2021/01/19/entenda-as-ondas-de-frio-em-um-planeta-cada-vez-mais-quente.Acesso em: 14 jan. 2021.

EL PAÍS. **Bolsonaro endossa ato pró-intervenção militar.** Disponível em: https://brasil.elpais.com/politica/2020-04-19/bolsonaro-endossa-ato-pro-intervencao-militar-e-provoca-reacao-de-maia-stf-e-governadores.html. Acesso em: 18 jan. 2021.

ESTADO DE MINAS. **Coronavírus: fake news atinge 110 milhões de brasileiros**. Disponível em: https://www.em.com.br/app/noticia/bem-viver/2020/05/21/interna_bem_viver,1149424/coronavirus-fake-news-atinge-110-milhoes-de-brasileiros.shtml. Acesso em: 19 jan. 2021.

FAUSTO, Ruy; Caminhos da Esquerda: Elementos para uma reconstrução. 1a. ed. São Paulo: CIA das Letras, 2017. p. 1-209.

G1 GLOBO. **Bolsonaro vê 'exagero' em ações contra coronavírus.** Disponível em: https://g1.globo.com/politica/noticia/2020/06/22/bolsonaro-defende-reabertura-do-comercio-e-fala-em-pouco-de-exagero-no-trato-da-pandemia.ghtml. Acesso em: 18 jan. 2021.

GIRARDET, RAOUL. Mitos e mitologias políticas. São Paulo: Companhia das Letras, 1987.

HAWKINS, Kirk A.; KALTWASSER, Cristóbal Rovira. The Ideational Approach to Populism. **Latin American Research Review**, Brigham Young University, v. 4, n. 1, p. 513, jan./2017. Disponível em: https://doi.org/10.25222/larr.85. Acesso em: 18 jan. 2021.

KAHN-HARRIS, Keith. **DENIAL:** The Unspeakable Truth. 2. ed. UK, United Kingdom: Notting Hill Editions, 2018. p. 1-200.

LE MONDE DIPLOMATIQUE. Steven Bennon e as eleições fake. Disponível em: https://diplomatique.org.br/steve-bennon-e-as-eleicoes-fake/. Acesso em: 20 jan. 2021.

LEVITSKY, STEVEN; ZIBLATT, DANIEL. Como as democracias morrem. Rio de Janeiro: Jorge Zahar Editor, 2018.

MADEIRO, CARLOS. Após 25 anos, Brasil não bate meta em nenhuma vacina do calendário em 2019. **UOL**, Maceió. 23 mar 2020. Disponível em: https://noticias.uol.com.br/saude/ultimas-noticias/redacao/2020/03/23/apos-25-anos-brasil-nao-bate-meta-em-nenhuma-vacina-do-calendario-em-2019.htm. Acesso em: 20 jan 2021.

MONTEIRO, ALESSANDRA PEARCE DE CARVALHO. **Democracia militante na atualidade**: O banimento dos novos partidos políticos antidemocráticos na Europa. 2015. Dissertação (Especialização em Ciências Jurídico-Políticas Menção em Direito Constitucional) – Faculdade de Direito, Universidade de Coimbra, Coimbra, 2015.

NORRIS, Pippa; INGLEHART, Ronald. **Cultural Backlash**: Trump, Brexit, and Authoritarian Populism. 1. ed. New York, NY: Cambridge University Press, 2018. p. 3-383.

O GLOBO. **Bolsonaro volta a minimizar pandemia e chama Covid-19 de 'gripezinha'**. Disponível em: https://oglobo.globo.com/brasil/bolsonaro-volta-minimizar-pandemia-chama-covid-19-de-gripezinha-1-24319177. Acesso em: 18 jan. 2021.

REVICH, BORIS A. Thawing of permafrost may disturb historic cattle burial grounds in East Siberia. **Global Health Action**, v. 4, n. 1, nov 2011. DOI: https://doi.org/10.3402/gha.v4i0.8482. Disponível em: https://www.tandfonline.com/doi/full/10.3402/gha.v4i0.8482. Acesso em: 20 jan 2021.

REVISTA PIAUÍ. O negacionismo no poder. Disponível em: https://piaui.folha.uol.com.br/materia/o-negacionismo-no-poder/. Acesso em: 14 jan. 2021.

SOCIALMENTE - UNICAMP. Negacionismo. Disponível em: https://www.blogs.unicamp.br/socialmente/2011/02/13/negacionismo/. Acesso em: 16 jan. 2021.

STANLEY, JASON. Como funciona o fascismo. Porto Alegre: L&PM Editores, 2018

THE ECONOMIST. **Democracy Index 2019**. London, 2020. Disponível em: http://www.eiu.com/Handlers/WhitepaperHandler.ashx?fi=Democracy-Index-2019.pdf&mode=wp&campaignid=democracyindex2019. Acesso em: 20 jan. 2021.

THE GUARDIAN. Denialism: what drives people to reject the truth. Disponível em: https://www.theguardian.com/news/2018/aug/03/denialism-what-drives-people-to-reject-the-truth. Acesso em: 16 jan. 2021.

THE GUARDIAN. **Revealed: populists far more likely to believe in conspiracy theories**. Disponível em: https://www.theguardian.com/world/2019/may/01/revealed-populists-more-likely-believe-conspiracy-theories-vaccines. Acesso em: 18 jan. 2021.

WEBER, Max. **Economia e sociedade:** fundamentos da sociologia compreensiva. Tradução de Regis Barbosa e Karen Elsabe Barbosa. São Paulo: Editora UnB, 2004.

WELLCOME. Global Monitor. Disponível em: https://wellcome.org/reports/wellcome-global-monitor/2018. Acesso em: 14 jan. 2021.

A PUBLICIDADE E A PROPAGANDA ESTATAL NO SÉCULO XXI

Pedro Silluzio Ferreira Andrade[1]
Roberta Puccini Gontijo[2]
Sarah Franco de Souza e Souza[3]

Um javali e um cavalo viviam num mesmo pasto. E, como o javali a todo momento destruía a relva e turvava a água, o cavalo tomou a decisão de vingar-se e recorreu a um caçador. Este lhe respondeu que não podia socorrê-lo, a não ser que ele aceitasse uma rédea e o levasse na garupa. O cavalo sujeitou-se a tudo. E o caçador, montado sobre ele, deu cabo do javali e, depois, conduziu o cavalo à cocheira, onde o prendeu.

Esopo

1. PELAS VEREDAS HISTÓRICAS

A publicidade e a propaganda constituem meios de difundir uma determinada informação com a finalidade de persuadir um público-alvo específico. Diferem-se pelos seus propósitos: no contexto atual, enquanto a primeira visa incitar a comercialização de bens, a segunda objetiva a disseminação de valores. Nesse esteio, ressalta-se o caráter mutável desses mecanismos, o qual se adapta aos contextos históricos e temporais de seus interlocutores. É preciso, pois, pensá-los a partir da relação com a época na qual se manifestam.

1 Graduando em Direito pela Universidade Federal de Minas Gerais (UFMG). E-mail: pedrosilluzio@ufmg.br

2 Graduanda em Direito pela Universidade Federal de Minas Gerais (UFMG). E-mail: robertapuccini@ufmg.br

3 Graduanda em Direito pela Universidade Federal de Minas Gerais (UFMG). E-mail: sarahfssouza@gmail.com

Engana-se quem confere à contemporaneidade a invenção desses sistemas de influência, haja vista a estimativa de que a propaganda tenha existido desde a Antiguidade. De acordo com os historiadores Stanley M. Burstein e Brendan D. Nagle, a Inscrição de Beistum, no Irã, a qual descreve a ascensão de Dario I ao trono persa - datada de, aproximadamente, 515 a.C. - constitui-se como um dos primeiros exemplos de propaganda na história. Essa inscrição, talhada em pedra, é entendida como uma espécie de autobiografia na qual foi proclamado o direito divino de governar de Dario I, rei do Império Aquemênida. Assim, a inscrição desejava suscitar admiração e lealdade no povo persa, bem como temor em outras nações.

Ao longo dos anos, a publicidade e a propaganda se mostraram, cada vez mais, meios eficientes e dinâmicos quanto à modelagem da opinião pública. Galgaram maior influência a partir da invenção da prensa de Gutenberg, uma vez que se exauria, naquele instante, a necessidade de reproduções manuscritas, por sua vez, restritivas ao amplo acesso informacional. Tal avanço tecnológico teve grande importância no Iluminismo, em períodos revolucionários e, especialmente, na Reforma Protestante, quando viabilizou a impressão das 95 Teses de Lutero, permitindo a circunscrição da coletividade às novas ideologias. Pulverizava-se a então hegemonia da Igreja Católica sob a égide propagandista.

No descortinar do século XX, a popularização do rádio facultou à propaganda e à publicidade o ganho de uma nova dimensão por intermédio da possibilidade de alcançar um amplo contingente de modo simultâneo. De acordo com Andréia da Paixão Ferreira,

> O comercial surgiu no Brasil em 1932, após o decreto nº 21.111 que permitiu a inserção publicitária no rádio. A partir de então, a produção radiofônica erudita passou a ser popular e os interesses dos proprietários das mesmas passaram de educativos para comerciais[4].

A publicidade e a propaganda, portanto, se tornavam cada vez mais voltadas à difusão da capacidade influenciadora. Ao longo do século XX, tanto o rádio quanto o meio escrito de propaganda foram usados por diversos Estados para incitar o consumo de bens materiais, legiti-

---

4 FERREIRA, Andréia da Paixão. A invenção do rádio: um importante instrumento no contexto da disseminação da informação e do entretenimento. **Múltiplos Olhares em Ciência da Informação**, [S. l.], v. 3, n. 1, 2014. Disponível em <https://periodicos.ufmg.br/index.php/moci/article/view/16969>. Acesso em: 17 jan. 2021

mar regimes totalitários, promover campanhas de alistamento militar e disseminar a guerra ideológica durante a Guerra Fria. Da mesma forma para finalidades positivas, como a reconstrução da Europa no período pós-guerra com o plano Marshall, chancelado pelos EUA, e a instituição de políticas econômicas keynesianas, que proporcionaram a instauração do *Welfare State* e os Anos Dourados do Capitalismo[5]. Nesse cenário, as propagandas direcionavam-se à enunciação da necessidade cooperativa – exemplificada pela Organização Europeia de Cooperação Econômica - e à contenção da influência comunista.

Em âmbito global, o aumento produtivo das indústrias, fomentado pelos novos modelos de produção - fordista e taylorista – era acompanhado da necessidade quanto à elevação da demanda consumidora. Nesse panorama, a publicidade agia consoante à incitação de um desiderato de consumo com o intuito de resguardar o aparato econômico vigente - função ainda pertinente à realidade do século XXI.

Naquele contexto, a publicidade não foi suficiente para evitar que o sistema de superprodução entrasse em colapso, o qual, associado a outros fatores, culminou na crise de 1929. Ademais, a propaganda configurou-se como mecanismo essencial à ascensão do partido nazista ao poder a partir da associação do incêndio do *Reichstag* a uma conspiração comunista, além de amplamente utilizada como instrumento de sacralização da figura hitlerista, bem como arma antissemita e em favor da supremacia ariana.

Situação semelhante alojou-se, em território brasileiro, com o Plano Cohen. Mais uma vez, a propaganda estatal ilustrou seu potencial atroz. Arquitetado sob ajuda militar, o projeto varguista usufruiu desse mecanismo para o desencadeamento de uma campanha anticomunista, pressionando o Congresso Nacional a decretar estado de guerra. Assim, instaurou-se a ditadura do Estado Novo.

Nesse sentido, é nítida a essencialidade da propaganda no que tange à garantia de uma máscara de legitimidade em governos autoritários. Ainda em solo brasileiro, o regime militar apoderou-se do aparato propagandista para a germinação de uma identidade coletiva, favorável ao sistema repressivo: aos amantes do país - sintetizados no respeito ao governo vigente - era reservada a honra, enquanto aos revolucionários, a inimizade.

---

5 BATISTA JÚNIOR, Onofre Alves. **O outro Leviatã e a Corrida ao Fundo do Poço**. São Paulo: Almedina, 2015.

Variantes dessa estratégia usufruída pelo Brasil, nesses dois períodos, e pela Alemanha, durante o nazismo, foram usadas abundantemente por diversos Estados autoritários ao longo do século XX e vigem, ainda, no século XXI. A Venezuela de Chávez, a Itália de Mussolini, o Chile de Pinochet, a China de Mao Tsé-Tung, a Cuba de Fidel Castro, a Espanha de Franco, a Rússia de Stalin e a obscura Coreia do Norte de Kim Jong-un também apresentam essa mácula.

Transposto a este século, tal aparato pode ser observado em movimentos xenofóbicos e racistas, na polarização política globalizada e até mesmo em governos historicamente democráticos, para legitimar a violação de direitos fundamentais. O que fortaleceu, de certa forma, um verdadeiro Direito Penal do Inimigo, panorama outrora elaborado por Günter Jakobs[6], é então delineado.

Todos esses usos da publicidade estatal, tanto atual quanto historicamente, podem ser analisados pela contraposição do amigo-inimigo de Carl Schmitt na teoria política. Pela perspectiva desse autor, a própria essência do conceito de "político" e de "união política" está inserida na dicotomia entre amigo-inimigo, entre o "nós" e "eles":

> A diferenciação entre amigo e inimigo tem o propósito de caracterizar o extremo grau de intensidade de uma união ou separação, de uma associação ou dissociação, podendo existir na teoria e na prática, sem que, simultaneamente, tenham que ser empregadas todas aquelas diferenciações morais, estéticas, econômicas ou outras. O inimigo político não precisa ser moralmente mau, não precisa ser esteticamente feio; ele não tem que se apresentar como concorrente econômico e, talvez, pode até mesmo parecer vantajoso fazer negócios com ele[7].

O mais interessante é que, na perspectiva do autor, essas diferenças que permitem o estabelecimento de um inimigo público e, consequentemente, a integração social, não necessitam de existir materialmente; basta que exista uma decisão política de transformar o outro em adversário, conforme exemplifica o universo distópico orwelliano, em *1984*, à luz da guerra estatal direcionada a Goldstein – um alvo abstrato. Como também ensina Schmitt:

---

6 GÜNTHER, Jakobs. *Bürgerstrafrecht und Feindstrafrecht*. HRSS-Strafrecht, Hamburgo, v.5, n. 3, p. 88-95, mar. 2004. Disponível em <https://www.hrr-strafrecht.de/hrr/archiv/04-03/hrrs-3-04.pdf.>. Acesso em:18 jan. 2021.

7 SCHMITT, Carl. **O conceito do político** - Teoria do Partisan. Tradução de Geraldo de Carvalho. Belo Horizonte: Del Rey, 2006. p. 28.

> Ele [inimigo] é precisamente o outro, o desconhecido e, para sua essência, basta que ele seja, em um sentido especialmente intenso, existencialmente algo diferente e desconhecido, de modo que, em caso extremo, sejam possíveis conflitos com ele, os quais não podem ser decididos nem através de uma normalização geral empreendida antecipadamente, nem através da sentença de um terceiro "não envolvido" e, destarte, "imparcial" [8].

É precisamente nesse ponto que entra o papel da propaganda estatal: ela viabiliza a consolidação pela opinião pública daquele que, por razões políticas, deva ser o inimigo. Acima desse ideal construído acerca do que precisa ser combatido, em contraposição ao *establishment* tutelado pelo governo, assenta-se a perfeita máquina alienadora. Enquanto existir o "outro" e a publicidade estatal ser eficiente o suficiente para convencer a população de tal "perigo", o sistema consegue operar.

O que torna essa construção do inimigo mais perigosa e eficiente é o sistema propagandístico e publicitário do século XXI com suas inovações tecnológicas, cenário no qual a linha protetora da tolerância mútua – um dos pilares da sustentação democrática junto à reserva institucional – parece tênue, pois vislumbra-se a aniquilação gradual quanto à aceitação da legitimidade oponente. A partir da liberação da internet para usos comerciais no início da década de 1990, até então restrita para fins acadêmicos e belicosos, a propaganda ganhou o seu meio mais eficiente de difusão, conectando grande parte do mundo de forma instantânea. Assim, essa nova tecnologia permitiu o surgimento das redes sociais, possibilitando a propagação de informações de forma nunca vista antes. Indubitavelmente, essa evolução teve impactos bastante positivos sob a ótica da intercomunicação, mas, em contraposição, trouxe uma série de contratempos.

2. A METAMORFOSE EM MEIO ÀS NOVAS TECNOLOGIAS

À luz do século XXI, a feição propagandística estatal modifica-se de modo voraz, diluindo-se, cada vez mais, no cotidiano coletivo, em virtude da onipresença tecnológica. Nesse panorama, o Estado usufrui das redes sociais, íntimas companheiras do indivíduo contemporâneo, para assegurar sua influência, cujos ecos são capazes de automatizar a mentalidade individual, uma vez rápidos, contínuos e de grande alcance espacial.

---

8 SCHMITT, Carl. **O conceito do político** - Teoria do Partisan. Tradução de Geraldo de Carvalho. Belo Horizonte: Del Rey, 2006. p. 28.

No horizonte cibernético, chefes de Estado, ao redor de todo o globo, tecem um contato direto com o corpo social a partir da digitação de poucos caracteres. Mensagens breves, pontuais e patrióticas arquitetam uma faceta inédita do escopo publicitário; em um momento simultâneo, uma legião de discípulos floresce. A energia discursiva ressoa na mentalidade coletiva, alojando-se, após sucessivas irreflexões, no inconsciente, momento em que a agrura se inicia. Quando informações não verídicas são revestidas com mantos solenes – a exemplo do argumento de combate à corrupção ou de garantia à segurança –, há a possibilidade de se tornarem sacras ou continentes de revelações quase celestiais.

Neste século, a vigência certeira das *fake news*, cuja eficácia é inscrita nos desígnios governamentais, foi outrora justificada por Hannah Arendt[9] ao declarar que

> A ralé [conjunto dos elementos de todos os estratos sociais, o qual clama continuamente pelo 'homem forte', pelo 'grande líder'] realmente acreditara que a verdade era tudo aquilo que a sociedade respeitável houvesse hipocritamente escamoteado ou acobertado com a corrupção.

A massa contemporânea, acorrentada à ficção de outro Dom Sebastião, vê-se nua em senso crítico, na medida em que se seduz pela simplicidade resolutiva oferecida pelo Estado quanto aos empecilhos que circunscrevem o espaço social. É então devorada pela malícia do poder, como os filhos de Cronos[10] o foram, e mantém-se resignada.

Nesse contexto, a capacidade reflexiva cede espaço à alimentação de certezas, mesmo que demagógicas ou isentas de fundamentação, pois o simples acato publicitário, instantâneo e conformado, é preferível à busca efetiva e, portanto, árdua de soluções para as problemáticas reais. Na poética descrição de Rubem Alves[11]:

> Somos assim. Sonhamos o voo, mas tememos as alturas. Para voar é preciso amar o vazio, porque o voo só acontece se houver o vazio. O vazio é o espaço da liberdade, a ausência de certezas. Os homens querem voar, mas temem o vazio. Não podem viver sem certezas. Por isso trocam o voo por gaiolas. As gaiolas são o lugar onde as certezas moram.

---

9 ARENDT, Hannah. **Origens do totalitarismo.** Tradução de Roberto Raposo. São Paulo: Companhia das Letras, 2012. p. 485.

10 HESÍODO. **Teogonia.** Tradução de Christian Werner. São Paulo: Hedra, 2013. p. 63.

11 ALVES, Rubens. **Religião e Repressão**. Juiz de Fora: Editora Siano, 2020.

Os laços entre o Estado e os cidadãos fortificam-se no âmbito virtual a partir da intensificação da apologia nacionalista. O grande fluxo de mensagens, via redes sociais – as quais estabelecem uma comunicação instantânea e eficaz –, convoca o coletivo a reunir-se em torno do zelo direcionado à pátria. A construção de um arquétipo patriótico ideal alimenta o desejo coletivo quanto à salvaguarda da honra cívica, há muito deteriorada pelas mazelas sociais, a exemplo de corrupção, insegurança pública e decadência da moral e dos bons costumes. A veracidade do pensamento rousseauniano de que "o sentimento da humanidade se evapora e se dilui quando é estendido a todos os cidadãos do mundo", de modo que haja a necessidade de "o interesse e a comiseração" serem "limitados e restritos para que sejam efetivos" [12], é então autenticada. O ideário de associação à tentativa de enobrecer a pátria-mãe, libertando-a das amarras corruptas do passado, parece alimentar a virtude coletiva e, assim, conquista apoio de uma ala populacional específica, a qual acredita na ficção do "homem forte".

Nesse sentido, os algoritmos têm um papel fundamental na construção da nova tendência (neo)nacionalista. Se antes se acreditava que a internet fomentaria um ambiente informativo, hoje se sabe que seu sistema algorítmico, o qual tem como escopo o maior tempo possível do usuário online, orienta-se a partir das mídias com as quais o indivíduo interage. Assim, ergue-se uma verdadeira bolha informativa, dentro da qual o usuário, erroneamente, acredita estar inserido todo o universo. Esse tipo de construção facilita a alienação, pois limita a interação com a diversidade de pontos de vista e ideologias, esculpindo uma realidade artificial de aparente consenso, perspectiva essa favorável à polarização política. Nesse cenário, o engajamento, garantidor de rentabilidade, é bastante valorizado.

Isso fez surgir um novo paradigma de discurso político. Se antes os candidatos apostavam em discursos moderados, beirando a pura generalidade para conquistar os eleitores, com o advento das mídias sociais, os discursos polarizados se encontram em uma posição bem mais atrativa. A base do sistema dos algoritmos tem por esteio uma característica da psique humana, passível de explicação a partir de uma analogia com os experimentos de Ivan Pavlov e as correntes behavioristas de pensamento. Assim como o cão salivava em uma resposta-reflexo ao ouvir um sino, uma vez associado à alimentação, assim tam-

---

12 ROUSSEAU, 1755 *apud* SANDEL, 2020, p. 281.

bém o cérebro libera dopamina como resposta química a curtidas ou visualizações, justificativa para a construção do vício em redes sociais.

A questão aqui concernente ao corpo social tangencia a relevância que esses meios de comunicação adquiriram na vivência contemporânea, a ponto de os aparelhos eletrônicos serem considerados quase que uma extensão do corpo humano. Nota-se, pois, neste século, o aumento exponencial dos poderes emanados pela propaganda em relação à modelagem da conduta coletiva.

Em um segundo plano, é imperativo ressaltar que nem tudo a respeito da propaganda estatal tem fins tirânicos. Ao contrário: quando se ajusta a anseios democráticos, pode se tornar um recurso valioso, desde que alinhado com os preceitos da CRFB/1988.

Nos últimos anos, a publicidade tem sido especialmente importante no âmbito da saúde pública – em especial, no que tange ao incentivo às campanhas de vacinação e ao combate às *fake news* propagadas por movimentos antivacina. De acordo com a Organização Mundial de Saúde (OMS), desde 2013, o Brasil registra queda na cobertura vacinal, reflexo de desinformação e menosprezo pelo sistema de prevenção. Em suma, infere-se que a publicidade e a propaganda estatal podem ser benéficas e, em meio à pandemia da Covid-19, o estímulo à vacinação, por parte dos Estados, confirma essa tese.

3. CONSIDERAÇÕES FINAIS

Conforme os aspectos aqui destacados, a publicidade e propaganda estatal têm sua importância na sociedade do século XXI quando se adequam às finalidades do Estado instituídas democrática e constitucionalmente. Porém, esses meios de modelagem de conduta também podem ser desvirtuados, principalmente, com fins tirânicos, como apontado pela historiografia.

A feição perversa da propaganda estatal, no século XXI, ilustra a continuidade da malícia stalinista, hitlerista e maoísta nessa mesma esfera. Nesse horizonte, o anjo da história anunciado por Walter Benjamin[13] encontra-se presente no corpo social contemporâneo. Ao voltar sua face ao passado, o anjo vislumbra o acúmulo de ruínas, em movimento acelerado, rumo a este século e aos futuros. Em meio ao caos que acompanha o progresso, a propaganda e a publicidade estatal fazem

---

13 BENJAMIN, Walter. **O anjo da história.** Organização e tradução de João Barrento. Belo Horizonte: Autêntica Editora, 2019. p. 14.

sua morada, remodelando-se a cada nova era para concretizar seus objetivos. Assim, com o intuito de afastá-lo, é necessário que os homens cultivem o seu jardim[14], na ocasião, a democracia.

REREFÊRENCIAS BIBLIOGRÁFICAS

ALVES, Rubens. **Religião e Repressão.** Juiz de Fora: Editora Siano, 2020.

ARENDT, Hannah. **Origens do totalitarismo.** Tradução de Roberto Raposo. São Paulo: Companhia das Letras, 2012.

BATISTA JÚNIOR, Onofre Alves. **O outro Leviatã e a Corrida ao Fundo do Poço.** São Paulo: Almedina, 2015.

BENJAMIN, Walter. **O anjo da história.** Organização e tradução de João Barrento. Belo Horizonte: Autêntica Editora, 2019.

BRENDAN, D. Nagle; BURSTEIN, M. Stanley. **The Ancient World: Readings in Social and Cultural History. New York:** Pearson Education, 2009.

CAIXETA, Renato Reis. **O conceito do político em Carl Schmitt: a distinção entre amigo-inimigo como a relação política genuína.** 2012. 66 f. Monografia (Bacharelado em Filosofia) — Universidade de Brasília, Brasília, 2012.

CORBIN, Juan Armando. **Iván Pávlov:** biografía de este referente del conductismo. Psicología y Mente, 2017. Disponível em: <https://psicologiaymente.com/biografias/ivan-pavlov>. Acesso em: 21 jan. 2021.

DOMENACH, Jean-Marie. **A propaganda política.** São Paulo: Difusão Europeia do Livro, 1963.

ESOPO. **Esopo** - Fábulas completas. Tradução de Maria Celeste C. Dezotti. São Paulo: Cosac Naify, 2013.

FERREIRA, A. da P. A invenção do rádio: um importante instrumento no contexto da disseminação da informação e do entretenimento. **Múltiplos Olhares em Ciência da Informação**, [S. l.], v. 3, n. 1, 2014. Disponível em <https://periodicos.ufmg.br/index.php/moci/article/view/16969>. Acesso em: 17 jan. 2021

GÜNTHER, Jakobs. *Bürgerstrafrecht und Feindstrafrecht.* **HRSS-Strafrecht**, Hamburgo, v.5, n. 3, p. 88-95, mar. 2004. Disponível em <https://www.hrr-strafrecht.de/hrr/archiv/04-03/hrrs-3-04.pdf.>. Acesso em:18 jan. 2021.

HESÍODO. **Teogonia**. Tradução de Christian Werner. São Paulo: Hedra, 2013.

LEVITSKI, Steven; ZIBLATT, Daniel. **Como as democracias morrem**. Tradução de Renato Aguiar. Rio de Janeiro: Zahar, 2018.

ORLOWSKI, Jeff. **O dilema das redes.** Produção de Exposure Labs e Arget Pictures. Estados Unidos: Netflix, 2020.

---

14 VOLTAIRE. **Cândido ou o otimismo.** Tradução de Samuel Titan Jr. São Paulo: Editora 34, 2012. p. 185. Na versão original, "il faut cultiver notre jardin".

ORWELL, George. **1984**. Tradução de Alexandre Hubner e Heloisa Jahn. São Paulo: Companhia das Letras, 2009.

SANDEL, Michel J. **Justiça** – O que é fazer a coisa certa. Tradução de Heloisa Matias e Maria Alice Máximo. Rio de Janeiro: Civilização Brasileira, 2020.

SCHMITT, Carl. **O conceito do político** - Teoria do Partisan. Tradução de Geraldo de Carvalho. Belo Horizonte: Del Rey, 2006.

VOLTAIRE. **Cândido ou o otimismo**. Tradução de Samuel Titan Jr. São Paulo: Editora 34, 2012.

O FINANCIAMENTO PÚBLICO DAS CAMPANHAS ELEITORAIS E O PODER ECONÔMICO

André Santos Ulhoa[1]
Antônio Lucas Rocha Leite[2]
Felipe Lacerda Garcia Pereira[3]
Tarcísio Mateus Martins Mendes[4]

1. O FINANCIAMENTO ELEITORAL ANTES DO JULGAMENTO DA ADI 4.650

O arcabouço normativo que disciplina o custeio de campanhas eleitorais no Brasil, conquanto relativamente recente, tem sido objeto de intenso debate no meio jurídico-político nacional. O primeiro código pátrio que regula de maneira explícita o financiamento eleitoral é o Código Eleitoral de 1950 e, quanto a ele, observa Marcelo Machado:

> O Código estabeleceu a fiscalização das contas dos partidos pela Justiça Eleitoral, a obrigatoriedade do rigoroso registro das receitas e despesas partidárias e a vedação do recebimento de contribuições de entidades estrangeiras, autoridades públicas, sociedades de economia mista ou concessionárias de serviços públicos.[5]

Subsequentemente, o Código atual, de 1965, aprimorou o controle da movimentação financeira dos partidos, ao fixar limites mais claros

---

1 Graduando em Direito pela Universidade Federal de Minas Gerais (UFMG).

2 Graduando em Direito pela Universidade Federal de Minas Gerais (UFMG).

3 Graduando em Direito pela Universidade Federal de Minas Gerais (UFMG).

4 Graduando em Direito pela Universidade Federal de Minas Gerais (UFMG).

5 MACHADO, Marcelo Passamani. In: CAGGIANO, Monica Herman S. (Org.) O voto nas Américas. São Paulo: Minha Editora, 2008. p. 186.

às doações de natureza privada e às despesas partidárias. Atualmente, destacam-se na regulação da matéria a Lei 9.096/1995 ("Lei Orgânica dos Partidos Políticos") e a Lei 9.504/1997 ("Lei das Eleições").

A Lei dos Partidos estabelece o Fundo Partidário, que tem como uma de suas principais destinações o custeio do aparato publicitário em épocas de eleição, nos termos de seu art. 44, III. Enquanto a Lei das Eleições determina, em seu art. 81, § 1°, que o montante doado ao partido por pessoa jurídica deve se ater ao valor correspondente a 2% do faturamento bruto por ela obtido no ano anterior ao eleitoral. Já em seu art. 23, § 1°, II, define para pessoas físicas o limite de 10% dos rendimentos brutos auferidos no ano anterior ao eleitoral. Com isso, parece ter configurado um sistema misto de financiamento de campanhas, que consubstancia verbas públicas e recursos privados.

2. O JULGAMENTO DA ADI 4.650

Em setembro de 2015, no âmbito do julgamento da ADI 4.650, o Supremo Tribunal Federal assentou a inconstitucionalidade dos dispositivos legais que autorizavam a participação de pessoas jurídicas no financiamento de campanhas eleitorais.

O pedido formulado na inicial, assinada pelo Conselho Federal da Ordem dos Advogados do Brasil, requeria também a alteração do regime de contribuições cedidas por pessoas naturais, incluindo os próprios candidatos. No entanto, tal pretensão restou denegada nos termos do voto do Ministro Relator, permanecendo inalterado o disposto no art. 23 da Lei 9.504/97, que limita a contribuição da pessoa física em até 10% dos rendimentos brutos por ela auferidos no ano anterior ao pleito.

Dessa forma, foi declarada a inconstitucionalidade parcial, sem redução de texto, do artigo 24 da Lei nº 9.504/97 e do artigo 31 da Lei 9.096/95, por não incluírem a doação de pessoa jurídica em seus respectivos rols de vedações. Foram igualmente invalidados, na parte em que prevêem a contribuição por parte de empresas, os artigos 31; 38, inciso III; 39, *caput,* § 5º da Lei 9.096/95 e o art. 81, *caput,* § 1º da Lei 9.504/97. Nota-se que a decisão foi modulada, gozando de eficácia *erga omnes* e efeitos *ex nunc*, de modo que passou a valer a partir das eleições municipais de 2016 para todos os partidos envolvidos no pleito.

Decisão oportuna, porquanto nos parece evidente que o antigo modelo de financiamento eleitoral potencializava o grau de sujeição da conjuntura política ao poder econômico. E o Conselho Federal é peremptório ao invocar, em escorreita peça vestibular, o preceito da isonomia e o preceito da proporcionalidade em sua dimensão de vedação à proteção insuficiente dos princípios democrático e republicano.[6]

É irrazoável chancelar um sistema de financiamento que, ao invés de atenuar os desequilíbrios econômicos, os exacerbe em grau máximo, reservando o êxito eleitoral unicamente aos candidatos capazes de providenciar portentosas campanhas publicitárias. Do mesmo modo, inadmissível a proteção deficiente ao princípio democrático, que resta violado em sua região nuclear em razão da profunda desigualdade de chances gerada pelo antigo modelo. O princípio republicano também resta substancialmente lesado, dadas as inúmeras práticas patrimonialistas anti-republicanas propiciadas pelos vínculos espúrios que acabam se estabelecendo entre o capital e os agentes públicos por ele patrocinados.[7] Nesse sentido, eis relevante excerto extraído do voto do Ministro Dias Toffoli, que acompanhou a maioria:

> [...] o financiamento eleitoral por pessoas jurídicas nada mais é do que uma reminiscência dessas práticas oligárquicas e da participação hipertrofiada do poder privado na nossa realidade eleitoral, em direta violação às cláusulas pétreas da Constituição de 1988, também chamada, convém lembrar, de "Carta Cidadã".[8]

Ainda, o Senado Federal, em parecer elaborado por sua douta Advocacia, apresentou duas contraposições com as quais somos instados a dialogar. Conquanto reconhecesse a pertinência da discussão de um novo *standard* de custeio das atividades publicitárias com fins eleitorais, a Câmara Alta opinou pela improcedência do pedido aduzido na exordial da ação direta, dada a existência de diversos mecanismos que visam ao equilíbrio da disputa eleitoral, tais como a fiscalização das contas partidárias, a limitação dos valores investidos na campanha e o provimento de verbas públicas a todos os postulantes. Ademais, considerou o ambiente judiciário espaço constitucionalmente inadequado ao debate da pretensão em tela, pois caberia ao Parlamento deliberar sobre a conveniência da reforma do bloco normativo contestado.

---

6 STF, ADI 4.650, rel. Min. Luiz Fux, Tribunal Pleno, setembro/2015, p. 7.

7 STF, ADI 4.650, rel. Min. Luiz Fux, Tribunal Pleno, setembro/2015, p. 14.

8 STF, ADI 4.650, rel. Min. Luiz Fux, Tribunal Pleno, setembro/2015.

Mesmo que os aportes financeiros constituam objeto de regulamentação por parte dos órgãos de controle preventos, inegável a expressiva assimetria que ainda assim se manifesta entre os candidatos. Além do mais, episódios recentes de corrupção tornaram explícito o caráter mafioso das relações de setores da política com a classe empresarial, que envolvem desde a mais velada troca de favores até o pagamento de vantagem indevida em espécie ao agente público, restando demonstrada a completa ineficácia dos instrumentos de controle previstos em nossa legislação.

Quanto à alegação de usurpação da competência legislativa do Congresso por parte da Suprema Corte, não nos parece que a intervenção da Suprema Corte enseje crítica de tal natureza. Como é cediço, compete ao Poder Judiciário a análise da validade jurídico-constitucional dos atos normativos exarados pelos Poderes da República, em conformidade com a doutrina do controle de constitucionalidade, extraída do reconhecimento da supralegalidade da Carta Constitucional. Trata-se, pois, de mecanismo indispensável à manutenção do célebre sistema de freios e contrapesos.

3. IMPACTOS DO JULGAMENTO DA ADI 4.650

Diante das discussões acima levantadas, é imperioso analisar os efeitos práticos da decisão do Supremo Tribunal Federal sobre as dinâmicas da política brasileira. O principal ponto a ser estudado é se a ADI 4.650 realmente conseguiu reduzir a desproporcional influência do poder econômico sobre a política nacional, posto que esta foi a *ratio decidendi* por trás da decisão da Corte. Vale notar que a redução da interferência desta força no processo eleitoral brasileiro teria grande potencial para mitigar também o alarmante cenário de corrupção no Brasil. Isso se deve ao fato de que este cenário decorre, em grande medida, da capacidade de infiltração política ostentada por empresas detentoras de elevado poder econômico: o agente econômico patrocina um candidato com a expectativa de ser favorecido no futuro em caso de vitória, sendo o financiamento eleitoral a forma pela qual se operaria o pagamento da propina.

Para autores como Albuquerque e Lyra, contudo, a ADI 4650 não surtiu os efeitos desejados. Em suas palavras, "a partir da experiência das eleições de 2016, não se vislumbra qualquer efeito dessa inovação do direito eleitoral como agente de mudanças sociais".[9] Conforme demonstram estes autores, entretanto, a persistência da interferência do poder econômico no resultado de eleições não se deve a uma falta de vinculação entre o resultado das urnas e permissão ou vedação do financiamento de campanhas por pessoas jurídicas. Pelo contrário, o que ocorre é que as empresas que antes financiavam diretamente campanhas, cientes de que a interrupção desta prática prejudicaria sua influência política, buscaram meios para driblar esta vedação, levando a uma baixa eficácia de aplicação da norma. Dados empíricos provenientes de pesquisas recentes confirmam que este é o mecanismo utilizado pelas empresas para contornar a legislação atual.

A Diretoria de Análise de Políticas Públicas da Fundação Getúlio Vargas (FGV-Dapp), a pedido do Jornal O Globo, realizou uma pesquisa sobre as doações efetivadas para campanhas à prefeitura da cidade do Rio de Janeiro em 2016, cruzando os dados do Cadastro de Pessoas Físicas – CPF dos doadores com os números ativos do Cadastro Nacional de Pessoas Jurídicas – CNPJ. A pesquisa demonstrou que do conjunto de doadores dos candidatos a prefeito do Rio de Janeiro, 59 deles doaram, cada um, mais de R$ 30 mil. E apenas um desses maiores doadores não era ligado a nenhuma empresa. Para os outros maiores doadores, a pesquisa revelou a existência de 643 vínculos ativos com empresas, pois tais doadores possuíam altos cargos nessas pessoas jurídicas, tais como sócio, diretor, administrador ou presidente. Assim, essa pesquisa da FGV, quanto às doações às campanhas eleitorais de 2016 para prefeitura do Rio de Janeiro, concluiu que apesar das doações empresariais estarem proibidas, a influência de empresas em campanhas continua, por meio das doações de pessoas físicas - sócios, administradores, presidentes ou diretores -, e com o mesmo predomínio de grandes construtoras que se via nas eleições anteriores.[10]

Assim, verifica-se que os agentes de elevado poder econômico - cuja influência se busca limitar - não aceitaram inertes o impedimento ao financiamento de campanhas por pessoas jurídicas, valendo-se de instrumentos que visam driblar a reforma. A partir disto é possível concluir que a ADI 4650 e mudanças legislativas correlatas têm forte

---

9 LYRA, Lorena; ALBUQUERQUE, Felipe Braga. **Análise da vedação ao financiamento de campanhas eleitorais por pessoas jurídicas à luz da Sociologia Jurídica.**

10 LYRA, Lorena; ALBUQUERQUE, Felipe Braga. **Análise da vedação ao financiamento de campanhas eleitorais por pessoas jurídicas à luz da Sociologia Jurídica.**

potencial para combater a desmedida influência do poder econômico, potencial que, contudo, não vem a se materializar em função de dificuldades de aplicação do entendimento do STF à prática.

Observa-se aqui, portanto, exemplo de umas das máquinas da teoria institucionalista do desenvolvimento: a reforma de uma instituição da sociedade (no caso, o financiamento de campanhas políticas), para ter efeito, deve necessariamente vir acompanhada de reformas aos outros institutos (no caso, a fiscalização do financiamento por pessoas físicas) que estejam ligados à instituição que é alvo primário da reforma.

Autores como Trebilcock e Prado, ao analisarem como reformas legais podem impactar no bem estar da população de um país, dão centralidade ao fenômeno da "dependência de trajetória" ("path dependency"), segundo o qual as instituições que se reforçam mutuamente devem, obrigatoriamente, ser reformadas simultaneamente (ou com intervalo temporal pequeno) para que se possa notar qualquer resultado positivo dessa reforma.[11]

Deste modo, é possível atribuir a pouca eficácia prática da decisão do STF não ao que efetivamente foi decidido, mas sim àquilo que foi deixado de fora da decisão: um limite (ou até mesmo a completa proibição) às doações realizadas por pessoas físicas, de modo a impedir distorções indevidas como as descritas acima. Este limite, vale ressaltar, fazia parte da ADI 4650, conforme protocolado pela OAB, a qual o Supremo julgou procedente apenas no tocante à vedação do financiamento por pessoas jurídicas.

Outra consideração indispensável a este debate é o de que o impedimento do financiamento de campanhas por empresas, para além de não reduzir a influência do poder econômico, pode, por si só, agravar outro problema: o financiamento ilícito de campanhas, alcunhado de "caixa dois". Este problema já foi levantado por autores como Soares e Jorge, que demonstram que impor restrições sem trabalhar também os meios para sua aplicação pode produzir efeitos indesejados, afirmando que "em matéria de arrecadação para campanhas eleitorais, todas as restrições devem ser acompanhadas de mecanismos eficientes de fis-

11 PRADO, Mariana Mota; TREBILCOCK, Michael. **Advanced Introduction to Law and Development**, p. 33- 42.

calização (...), sob pena de se tornarem letra morta e de favorecerem práticas ocultas".[12]

Assim, percebe-se que, além de banir o financiamento privado de campanhas por pessoas jurídicas e limitar as doações que podem ser feitas por pessoas físicas, há uma terceira condição *sine qua non* ao enfrentamento da influência do poder econômico na política: a efetiva fiscalização dos recursos envolvidos em campanhas eleitorais, logicamente associada à rígida punição dos infratores.

O ponto a ser observado é que, sem extensa fiscalização, nem mesmo o financiamento exclusivamente público de campanhas defendido por parte da doutrina surtiria efeitos positivos. Isso se deve ao fato de que, sem o devido acompanhamento e aferição do lastro dos recursos sendo utilizados, agentes econômicos de desproporcional poder seguiriam podendo fazer doações paralelas a seus candidatos de escolha sem punição, mantendo, assim, a influência que se objetivava coibir. Nessa linha de pensamento, novamente, faz-se útil o recurso ao referido artigo de Jorge e Soares:

> O ideal seria a adoção de um sistema de regulamentação que privilegiasse a transparência e a imposição de penalidades severas em caso de abuso de poder econômico. Para nós, portanto, o ponto central reside não na origem dos recursos (público ou privado, pessoa física ou jurídica), mas sim na transparência, na eficácia da fiscalização e na punição daqueles que cometem abusos.[13]

Conclui-se, portanto, que a decisão do STF, ao declarar inconstitucional o financiamento privado de campanhas por pessoas jurídicas, deu passo importante para o combate à interferência do poder econômico na política, mas ainda carece de complementação. A sentença da Egrégia Corte reconhece que uma sociedade que preze pela democracia e pela igualdade política material (e não apenas formal) não pode admitir que uma "plutocracia" defina os resultados de uma eleição, através da doação de mais ou menos recursos a alguns poucos. Entretanto, não fornece todos os instrumentos necessários para que esta decisão tenha impacto prático relevante, como ressalta o desembargador do TJSP Paulo Sérgio Brant de Carvalho Galizia:

---

12 JORGE, André Guilherme Lemos; SOARES, M. B. Financiamento eleitoral por pessoas jurídicas - A influência do poder econômico sobre a democracia. Revista de Informação Legislativa, v. 54, 2017. p. 87-104.

13 JORGE, André Guilherme Lemos; SOARES, M. B. Financiamento eleitoral por pessoas jurídicas - A influência do poder econômico sobre a democracia.

Vê-se, pois, que a proibição de doação de pessoas jurídicas, por si só, não é garantia de equilíbrio nos pleitos eleitorais. Vale dizer, a mudança nas regras a respeito do financiamento das campanhas pode ser um fator importante para contribuir para a melhoria do processo eleitoral, entretanto, não é o remédio para resolver todos os problemas que afetam a normalidade e a legitimidade das eleições.[14]

4. A DECISÃO DO SUPREMO NO INQUÉRITO 4.435

Em março de 2019, no âmbito do julgamento do Quarto Agravo Regimental no Inquérito 4.435, o Supremo Tribunal Federal assentou a competência da Justiça Eleitoral para julgar os ilícitos penais conexos aos crimes eleitorais.

Os investigados envolvidos no inquérito foram denunciados pelos crimes de falsidade ideológica para fins eleitorais, corrupção passiva, corrupção ativa, evasão de divisas e lavagem de capitais. Aqui nos interessa especialmente o crime de falsidade ideológica para fins eleitoral, comumente denominado "caixa 2 eleitoral" e tipificado no art. 350 do Código Eleitoral da seguinte forma:

> Art. 350. Omitir, em documento público ou particular, declaração que dele devia contar, ou nele inserir ou fazer inserir declaração falsa ou diversa da que devia ser escrita, para fins eleitorais.

No "caixa 2 eleitoral", o partido político deixa de declarar à Justiça Eleitoral o recebimento de verbas de financiamento, que passam a configurar recursos ilegais. Em muitas ocasiões, a prática da falsidade ideológica eleitoral é deflagrada em conjunto com outros ilícitos, por vezes de maior gravidade. Como é notório, os crimes de corrupção, evasão de divisas e lavagem de dinheiro atraem a competência da Justiça Federal, conforme o artigo 109, IV da Constituição da República.

No entanto, a maioria dos Ministros da Corte entendeu que deveria prevalecer o disposto pelo artigo 35, II, do Código Eleitoral, que atribui à Justiça Eleitoral a competência para julgar não apenas os crimes previstos na legislação eleitoral, mas também aqueles que forem conexos a eles. Sustentaram tal posição com base no artigo 78, IV, do Código de Processo Penal, segundo o qual, quando se verificar concurso entre a jurisdição comum e a jurisdição especial, prevalecerá a especial.

---

14 GALIZIA, Paulo Sérgio Brant de Carvalho. Cadernos Jurídicos da Escola Paulista da Magistratura, São Paulo, v. 42, n. 17, p. 17-24, mar. 2016.

Inobstante a tese adotada pelo Supremo Tribunal Federal, nos parece que o artigo 35, II, do Código Eleitoral, é inaplicável aos casos em que há conexão entre crimes federais e crimes de competência da Justiça Eleitoral,[15] porquanto lei ordinária não detém o condão de se sobrepor a competência fixada por dispositivo constitucional.[16]

Nesse sentido, leciona o eminente Desembargador Federal Leandro Paulsen, do Tribunal Regional Federal da 4ª Região:

> Pode-se dizer, assim, que **a competência da Justiça Federal é absoluta**, porquanto, de um lado, prevalece sobre a Justiça Estadual e, de outro, **mesmo havendo conexão entre crimes da sua competência e da competência das Justiças Militar ou Eleitoral, não haverá julgamento unificado**, sendo o crime da competência da Justiça Federal nela julgado, com a cisão e encaminhamento dos demais às respectivas Justiças especializadas competentes. Efetivamente, não haverá reunião de processos ou, versando uma ação sobre os diversos crimes, será cindida.[17]

Do ponto de vista prático, a decisão da Suprema Corte tornou mais custosa a apuração e julgamento de crimes praticados, haja vista que a Justiça Eleitoral não possui a estrutura necessária para processar com a devida celeridade e eficiência casos criminais de alta complexidade, que por vezes envolvem "requintada engenharia financeira transnacional".[18]

Com isso, ironicamente, o cometimento do crime de falsidade ideológica eleitoral, ilícito que quase sempre vem acompanhado dos crimes de corrupção; peculato; evasão de divisas; dentre outros, acaba por dificultar a persecução penal e a eventual responsabilização criminal dos autores pela prática do conjunto de delitos a eles imputados. Portanto, pouco efetivo discutir a maior ou menor adequação de um modelo de financiamento de campanha eleitoral se o capital for capaz de fluir impunemente em canais paralelos, livre do controle e da sanção estatais.

5. O FINANCIAMENTO ELEITORAL NA EUROPA E NOS ESTADOS UNIDOS

Outro importante ponto que se faz de fundamental necessidade salientar é como as campanhas eleitorais são financiadas em outras nações ao redor do mundo. Para saber se a legislação brasileira está

---

15 STJ, CC 39.357-MG, rel. Min. Laurita Vaz, 3ª Seção, junho/2004.

16 STF, ADI 4.650, rel. Min. Luiz Fux, Tribunal Pleno, setembro/2015, p. 65.

17 PAULSEN, Leandro. Crimes Federais, p. 32.

18 STF, RHC 80.816, rel. Min. Sepúlveda Pertence, 1ª Turma, junho/2001.

em conformidade com as exigências democráticas hodiernas devemos compará-la com a dos países desenvolvidos e em que prevalece a soberania popular através do voto.

Primeiramente, tome-se o exemplo dos Estados Unidos, maior potência econômica do mundo, além de ser um país que adota o financiamento de campanha misto, podendo o doador ser pessoa física ou jurídica. O sistema é considerado misto, uma vez que os candidatos podem optar por escolher o recurso público ou as doações privadas, que são limitadas até certa quantia.

Percebe-se, portanto, que há uma profunda influência do poder econômico nesse tipo de financiamento, já que a maioria dos candidatos prefere as doações privadas, em virtude de suas cifras serem expressivamente maiores. Ademais, outro problema enfrentado é a dificuldade de fiscalização da origem do dinheiro que vai para as campanhas via pessoa jurídica, uma vez que, nesse sistema, os indivíduos podem camuflar sua identidade contribuindo antes com entidades sem fins lucrativos ou organizações de assistência social, não estando sujeitos a limite de gastos e a outras exigências comumente requisitadas.

Em contrapartida, a França, outra potência mundial e uma das maiores referências em democracia moderna adota um sistema semelhante ao brasileiro, em que há teto de gastos e limites de doações privadas sendo vedada a contribuição de empresas privadas, sindicatos e de entes estrangeiros. A única diferença de maior expressão é que lá são permitidas doações anônimas, limitadas a €150,00. Percebe-se que esse tipo de sistema, mais rigoroso quanto a influência do poder econômico no devido processo democrático, acaba por amenizar as disparidades entre as chances de eleição entre os candidatos. Por conseguinte, aparentemente, parece ser uma alternativa mais democrática do que deixar com que haja uma influência massiva do capital sobre o processo de escolha de governantes.

6. CONSIDERAÇÕES FINAIS

Do exposto, concluímos que o financiamento público de campanhas, somado à proibição do financiamento por pessoas jurídicas, contribui para a contenção da influência exercida pelo poder econômico sobre os pleitos, desde que os órgãos de controle sejam capazes de detectar eventuais doações não permitidas e de responsabilizar criminalmente os infratores.

Além disso, entendemos que o financiamento por pessoa física deve ser incrementado no Brasil. Os partidos precisam encontrar maneiras de conquistar os eleitores e motivá-los a participarem do financiamento das campanhas por convicção ideológica e ímpeto de cidadania. Mas para isso, urge que a política brasileira restaure sua reputação, gravemente conspurcada pelos escândalos de corrupção deflagrados nos últimos tempos.

REFERÊNCIAS BIBLIOGRÁFICAS

AGRA, Walber de Moura. **Financiamento eleitoral no Brasil**. Enciclopédia jurídica da PUC-SP. Celso Fernandes Campilongo, Alvaro de Azevedo Gonzaga e André Luiz Freire (coords.). Tomo: Direito Administrativo e Constitucional. Vidal Serrano Nunes Jr., Maurício Zockun, Carolina Zancaner Zockun, André Luiz Freire (coord. de tomo). 1. ed. São Paulo: Pontifícia Universidade Católica de São Paulo, 2017.

BRASIL. **LEI Nº 9.504**, DE 30 DE SETEMBRO DE 1997. Estabelece normas para as eleições.. Disponível em: http://www.planalto.gov.br/ccivil_03/leis/l9504.htm. Acesso em 7 de março de 2021.

BRASIL. **LEI Nº 9.096**, DE 19 DE SETEMBRO DE 1995. Dispõe sobre partidos políticos, regulamenta os arts. 17 e 14, § 3º, inciso V, da Constituição Federal. Disponível em: http://www.planalto.gov.br/ccivil_03/leis/l9096.htm. Acesso em 7 de março de 2021.

BRASIL. Supremo Tribunal Federal. **ADI nº 4.650**. REQTE. (S): Conselho Federal da Ordem Dos Advogados do Brasil - INTDO.(A/S) : Presidente da República INTDO. (A/S) : Congresso Nacional. Ministro Dias Toffoli. Relator: Ministro Luiz Fux. Brasilia, DF, 17 de setembro de 2015. Ação Direta de Inconstitucionalidade 4.650 Distrito Federal. Brasília. Disponível em: http://www.stf.jus.br/arquivo/cms/noticiaNoticiaStf/anexo/ADI_4650__Voto_Min__Dias_Toffoli.pdf. Acesso em: 1 mar. 2021

FUNDAÇÃO GETULIO VARGAS (São Paulo). Fundação Getulio Vargas. **Os Custos da Campanha Eleitoral no Brasil: Uma análise baseada em evidência**. 2019. Coordenação: George Avelino e Ciro Biderman Pesquisadores: Jonathan Philips, Lara Mesquita e Natália Salgado Bueno Consultor: Diogo Rais Assistentes de Pesquisa: André Barreto Jurkstas; Andreza Davidian; Arthur Fisch; Gabriela Campos; Helena Funari e Thiago Nascimento Fonseca. Disponível em:http://www.cepesp.io/uploads/2019/05/Os-Custos-da-Campanha-Eleitoral-no-Brasil_Cepesp_BRAVA.pdf. Acesso em: 01 mar. 2021.

GALIZIA, Paulo Sérgio Brant de Carvalho. **O financiamento das campanhas eleitorais e as doações de pessoas jurídicas**. Cadernos Jurídicos da Escola Paulista da Magistratura, São Paulo, v. 42, n. 17, p. 17-24, mar. 2016. Disponível em: https://www.tjsp.jus.br/download/EPM/Publicacoes/CadernosJuridicos/42de%202.pdf?d=636686463593421369. Acesso em: 05 mar. 2021

JORGE, André Guilherme Lemos; SOARES, M. B. **Financiamento eleitoral por pessoas jurídicas - A influência do poder econômico sobre a democracia**. Revista de Informação Legislativa, v. 54, p. 87-104, 2017.

LOBO, Gerson Luis de Almeida; ROMERO, Letícia Garcia. **Financiamento de Campanha Eleitoral: reflexões sobre as propostas atuais para o Brasil**. In: SALGADO, Eneida Desiree (org.). Direito, Política e Democracia: reflexões sobre a reforma do sistema político. Curitiba: Íthala, 2015. Cap. 3. p. 237-256. Disponível em: http://www.petdireito.ufpr.br/wp-content/uploads/2016/12/PET-Direito_Direito-pol%C3%ADtica-e-democracia_reflexoes-sobre-a-reforma-do-sistema-pol%-C3%ADtico.pdf#page=142. Acesso em: 05 mar. 2021

LYRA, Lorena; ALBUQUERQUE, Felipe Braga. **Análise da vedação ao financiamento de campanhas eleitorais por pessoas jurídicas à luz da Sociologia Jurídica.** NOMOS: Revista do Programa de Pós-Graduação em Direito da UFC, Fortaleza, v.38, n.1, jan./jun., 2018, p. 319-355.

MACHADO, Marcelo Passamani. **O financiamento das campanhas eleitorais: perspectivas para uma reforma política**. In: CAGGIANO, Monica Herman S. (Org.) O voto nas Américas. São Paulo: Minha Editora, 2008.

PAULINO, João Vitor Borges. **A inelegibilidade dos doadores ilícitos em face do art. 23 da Lei nº 9.504/97 após a Ação Direta de Inconstitucionalidade 4.650.** Revista Magister de Direito Civil e Processual Civil, Porto Alegre, v. 15, n. 88, p. 86-112, Não é um mês válido! 2019.Disponível em: https://ambitojuridico.com.br/edicoes/revista-172/a-inelegibilidade-dos-doadores-ilicitos-em-face-do-art-23-da--lei-n-9-504-97-apos-a-acao-direta-de-inconstitucionalidade-4650/#_ftn21. Acesso em: 1 mar. 2021

PAULSEN, Leandro. **Crimes Federais**. São Paulo: Saraiva, 2018.

PRADO, Mariana Mota; TREBILCOCK, Michael. **Advanced Introduction to Law and Development**. Cheltenham: Edward Elgar Publishing Ltd, 2014.

SPECK, B. W., 2012. **O financiamento político e a corrupção no Brasil**. In: R.C. Biason, ed. Temas de corrupção política. São Paulo: Balão Editorial. Disponível em: encurtador.com.br/aYZ26. Acesso em: 05 mar. 2021

STF, **ADI 4.650**, rel. Min. Luiz Fux, Tribunal Pleno, setembro/2015.

STF, **RHC 80.816**, rel. Min. Sepúlveda Pertence, 1ª Turma, junho/2001.

STJ, **CC 39.357-MG**, rel. Min. Laurita Vaz, 3ª Seção, junho/2004

DIREITO À EDUCAÇÃO EM RISCO: UMA BREVE ANÁLISE DAS NORMAS CONSTITUCIONAIS E INFRACONSTITUCIONAIS AFETADAS PELOS PROJETOS DE DESMANCHE DO ENSINO NO BRASIL

Pedro Lucas Moura de Almeida Cruz[1]
Rafael Dias Rodrigues[2]
Rafael Martins Lobato Bicalho[3]
Rafael Teldo Fonseca Alves[4]

1. INTRODUÇÃO

O presente artigo propõe-se à análise da incompatibilidade entre os recentes projetos de desmonte do ensino público no Brasil e as garantias constitucionais e infraconstitucionais do direito à educação. Em um primeiro momento, recorreu-se à Carta Maior do Estado brasileiro e às Leis 13.005/14 e 9.934/96 para, através de uma análise normativa, identificar quais dispositivos objetivamente dispõem acerca do direito à educação, esmiuçando-os em suas garantias e objetivos. Em seguida, demonstrada a constitucionalidade do direito à educação, refinou-se a análise crítica acerca dos recentes projetos de desestruturação da edu-

1 Graduando em Direito pela Universidade Federal de Minas Gerais (UFMG).

2 Graduando em Direito pela Universidade Federal de Minas Gerais (UFMG).

3 Graduando em Direito pela Universidade Federal de Minas Gerais (UFMG).

4 Graduando em Direito pela Universidade Federal de Minas Gerais (UFMG).

cação pública, traçando um panorama dos principais argumentos de inconstitucionalidade e retrocesso dessas medidas.

De fato, os ventos democráticos que impulsionaram a promulgação da Constituição Federal de 1988 consolidaram o Estado Democrático de Direito no Brasil, após o Regime Militar, momento no qual os direitos individuais foram tolhidos diante do interesse do Estado.[5] Em face disto, positivou-se um rol de princípios que asseguram aos brasileiros o estatuto de indivíduos de direito. Atualmente, estes princípios são tidos como os pilares norteadores da Constituição e do atual Estado Democrático de Direito[6].

2. O DIREITO À EDUCAÇÃO SOB A LUZ DA CONSTITUIÇÃO FEDERAL DE 1988

Dentro desta amálgama de "novas" garantias, destaca-se a relevância do direito à educação, sobretudo no contexto de defesa da dignidade humana. Já em seu art. 6º a Constituição estabelece o direito à educação[7] como direito social, reconhecendo-o, portanto, como um dos requisitos mínimos a serem garantidos aos cidadãos brasileiros, enquanto direito basilar. Essa garantia é mencionada mais uma vez no art. 22, XXIV, que estabelece como competência privativa da União o poder de legislar sobre diretrizes e bases da educação nacional, e no art. 23, V quando diz ser de competência comum da União, dos Estados, do Distrito Federal e dos Municípios proporcionar os meios de acesso à educação.

Observa-se, dessa forma, que o acesso à educação deve ser um esforço comum a todos os entes da Administração Pública direta, fato que demonstra a importância do tema e a preocupação que deve prevalecer, em especial, por parte do poder público em efetivá-lo.

A educação ainda é tema recorrente na Constituição Federal em diversos outros dispositivos, especialmente entre os artigos 205 e 214. Tamanha é a sua relevância que é vedado o seu retrocesso, assim como de todos os direitos fundamentais constantes no texto constitucional,

---

5 PINHO, Rodrigo César Rebello. **Direito constitucional, teoria geral da Constituição e direitos fundamentais**. 17. ed. São Paulo: Saraiva, 2018.

6 PIOVESAN, Flávia. **Direitos humanos e o direito constitucional internacional**. 18. ed. São Paulo, SP: Saraiva, 2018

7 BRASIL. **Constituição da República Federativa do Brasil.** Brasília, DF: Centro Gráfico, 1988.

por serem eles resultados de um processo evolutivo de conquistas graduais da humanidade[8]. Isso significa que as normas que os instituem não podem ser revogadas ou substituídas por outras que diminuam, restrinjam ou suprimam o seu núcleo essencial[9].

Como bem ensina Canotilho[10], baseado no princípio do não retrocesso social, os direitos sociais – inclusive o direito à educação – uma vez previstos, passam a constituir tanto uma garantia institucional quanto um direito subjetivo. Dessa forma, é possível afirmar que essas restrições limitam o legislador e exigem a realização de uma política condizente com esses direitos, sendo inconstitucionais quaisquer medidas estatais que, sem a criação de outros esquemas alternativos ou compensatórios, anulem, revoguem ou aniquilem o núcleo essencial desses direitos.

3. LEI 3.934/96 E LEI 13.005/14: AS GARANTIAS INFRACONSTITUCIONAIS DO DIREITO À EDUCAÇÃO

As garantias apresentadas nos referidos artigos constitucionais, apesar de sua importância, não operam por si só: é necessária – e a própria Constituição reconhece e prevê – a criação de uma legislação auxiliar para a consecução dos objetivos pretendidos. Esse arcabouço normativo infraconstitucional pretende, assim, reforçar os objetivos constitucionais e, de maneira prática, definir metas, campos de atuação, estratégias, competências e parâmetros para a educação brasileira. Aos fins pretendidos por este trabalho, importa – pela completude e capilaridade – duas leis: a Lei 9.394/96, Lei de Diretrizes e Bases da Educação Nacional (LDB)[11], e a Lei 13.005/14, que instituiu o Plano Nacional de Educação (PNE)[12].

---

8 PIOVESAN, Flávia. **Direitos humanos e o direito constitucional internacional** 18. ed. São Paulo, SP: Saraiva, 2018.

9 PIOVESAN, Flávia. **Direitos humanos e o direito constitucional internacional**. 18. ed. São Paulo, SP: Saraiva, 2018.

10 CANOTILHO, José Joaquim Gomes. **Comentários à Constituição do Brasil**. 2. ed. São Paulo: Saraiva, 2018.

11 Lei 9.394/96. Disponível em: http://www.planalto.gov.br/ccivil_03/leis/l9394.htm.

12 Lei 13.005/14. Disponível em: http://www.planalto.gov.br/ccivil_03/_ato2011-2014/2014/lei/l13005.htm.

A LDB, mais abrangente, define a organização estrutural da educação no Brasil, desde a implementação de uma gestão democrática e autônoma, à organização dos anos escolares, carga-horária etc. Em seu art. 3º, consoante com o art. 206 da CF, reafirma os princípios gerais do ensino no país, dos quais destacam-se: "(...) II - a **liberdade** de aprender, ensinar, pesquisar e divulgar a cultura, o pensamento, a arte e o saber; III – **pluralismo** de ideias e de concepções pedagógicas; (...) VII – **valorização do profissional** da educação escolar; VIII – **gestão democrática** do ensino público, na forma desta Lei e da legislação dos sistemas de ensino (...)".

A gestão democrática do ensino, também instituída pelo diploma, é o vetor para a capilaridade e real efetivação dos objetivos constitucionais. Constatações que, por si só, já demonstram a incompatibilidade constitucional de projetos como Escola sem Partido (PL 7.180/14), Reforma do Ensino Médio (Lei 13.415/17), os contingenciamentos financeiros atualmente realizados ou ainda, em suas últimas consequências, a Emenda Constitucional 95. Ademais, destaca-se o fato de que incube à União a elaboração do Plano Nacional de Educação (art. 9º, I, da LDB).

O outro diploma legal, estatuído pela Lei 13.005/14, que possui vigência decenal, estabelece um plano estratégico, democraticamente construído, assentado em 10 diretrizes, 20 metas e 254 estratégias para a consecução de um ensino de qualidade. Dentre seus grandes marcos, estabeleceu metas de investimento significativas: no mínimo, 7% do PIB no ano de 2019, e o equivalente a 10% do PIB em 2024.[13] Apesar disto, o orçamento executado pela União em 2019 foi de 94,47 bilhões, menor que em 2018 e 2017, porém, maior do que em 2020: ou seja, nos últimos 4 anos, o investimento executado em educação pela União saiu de 101,82 bilhões, em 2017, para 88,15 bilhões em 2020[14], o que não chega perto da meta objetivada. Dessa forma, as garantias financeiras vislumbradas com o horizonte do PNE estão cada dia mais distante da realidade brasileira.

---

13 Lei 13.005/14. Disponível em: http://www.planalto.gov.br/ccivil_03/_ato2011-2014/2014/lei/l13005.htm.

14 Nesse sentido, ver Informativo Técnico Nº 6/2019 – CONOF/CD, do Ministério da Educação sobre despesas primárias pagas entre 2014-2018 e o impacto da EC Nº95/2016 (Teto de Gastos). E os orçamentos executados pelo Ministério da Educação, disponível no portal da Transparência, disponíveis em: http://www.portaltransparencia.gov.br/funcoes/12-educacao?ano=2017; http://www.portaltransparencia.gov.br/funcoes/12-educacao?ano=2018; http://www.portaltransparencia.gov.br/funcoes/12-educacao?ano=2019; http://www.portaltransparencia.gov.br/funcoes/12-educacao?ano=2020.

4. O DESMANCHE DA EDUCAÇÃO: O QUE É E COMO OCORRE?

O assim referenciado "desmanche" na educação brasileira representa um processo múltiplo, tanto em suas causas quanto em seus efeitos. Porém, para os fins a que se pretende esse artigo, estrutura-se em quatro grandes movimentos: o desabastecimento dos mecanismos de investimento na área; as práticas políticas de interferência na autonomia (gestão democrática) da própria rede de ensino; a diminuição proposital da qualidade do ensino público em combinação com um aumento exponencial das instituições privadas de educação – sobretudo, superiores; e, em uma perspectiva mais abrangente, a manutenção de uma estrutura social conveniente aos detentores do poder. Esses desmanches não ocorrem de modo seriado, por etapas, mas sim, simultaneamente e por múltiplos fatores, dentro os quais pode-se dar lugar privilegiado ao interesse privado, incentivado pelo modelo econômico neoliberal, de redução dos investimentos públicos em direitos sociais e incremento de receita para fins de incentivo da atividade econômica financeira.

Atentar-se-á, desta forma, aos recentes projetos legislativos e medidas executivas de desmanche da educação no Brasil, não esquecendo que a educação, enquanto prática emancipadora, foi, historicamente, afastada das camadas populares, mas buscando, de alguma forma, através do recorte temporal recente, diagnosticar o atual estágio da educação no país.

4.1. DESABASTECIMENTO DOS MECANISMOS DE INVESTIMENTO NA ÁREA EDUCACIONAL

O primeiro, e possivelmente principal, vetor de desmantelamento da educação pública no país é a redução de investimentos públicos. Inúmeros são os exemplos possíveis para demonstrar a sucessiva redução do financiamento público sobre o ensino, mas dois saltam aos olhos: primeiro, o corte de mais de 10 bilhões promovido pelo governo Dilma Rousseff em 2015 (ano em que, contraditoriamente, o lema do Brasil era "Pátria Educadora")[15] e a derrocada constante do investimento em educação desde então; e segundo, a influência negativa da Emenda Constitucional 95 na capacidade de investimento da União.

---

15 SALDAÑA, Paulo. No ano do lema 'Pátria Educadora', MEC perde R$ 10,5bi, ou 10% do orçamento. **Estadão**, São Paulo, 01 de jan. 2016. Educação. Disponível em: https://educacao.estadao.com.br/noticias/geral,no-ano-do-lema-patria-educadora--mec-perde-r-10-5-bi--ou-10-do-orcamento,1817192. Acesso em: 18 de jan. 2021.

Esta última, aprovada em 2016 durante o governo Michel Temer, consiste no chamado "Teto de Gastos" para as despesas públicas, alicerçada sobre o discurso de eficiência nos gastos, desburocratização do Estado, mas sobretudo, contingenciamento da dívida pública. Na realidade, e ao nosso ver, a medida representa um retrocesso na capacidade de investimento do país em áreas essenciais, inclusive para o manuseio da crise, como infraestrutura e educação. Não sendo possível o incremento de verba na educação – para além da inflação do ano anterior – a meta 20 do PNE (alcançar investimento relativo a 7% do PIB em educação, em 2019, e de 10%, em 2024) torna-se inviável. O sucateamento promovido pela Emenda afeta, especialmente no âmbito superior, as áreas de pesquisa e extensão: não à toa, sucessivamente, bolsas de financiamento estudantil estão reduzindo ou se extinguindo[16].

4.2. AS PRÁTICAS POLÍTICAS DE INTERFERÊNCIA NA AUTONOMIA (GESTÃO DEMOCRÁTICA) DA PRÓPRIA REDE DE ENSINO E OS ATAQUES ÀS UNIVERSIDADES

A gestão democrática e a consequente autonomia designada às unidades de ensino no Brasil, bem como, em conexão com seus princípios norteadores, a liberdade e a valorização dispensada aos educadores são garantias da LDB. Apesar disto, o temor de uma educação emancipadora por parte das elites políticas incentiva as tentativas de controle, por parte do Estado, dessas garantias.

O PL da Escola Sem Partido, levado a cabo pelo Deputado Federal Flavinho (PSC-SP), institui preceitos já previstos na Constituição, quando, em seu art. 1º diz que "deve ser buscado entre a liberdade de ensinar e a liberdade de aprender, no âmbito da educação básica, em todos os estabelecimentos de ensino públicos e privados do País"[17]. Apesar da referência constitucional, parece o texto compreender a leitura de outra constituição, pois, logo em seguida, diz que o professor, no exercício de sua função, "não se aproveitará da audiência cativa dos alunos, com o objetivo de cooptá-los para nenhuma corrente po-

16 JUCÁ, Beatriz. Cortes de verbas desmontam ciência brasileira e restringem pesquisa a mais ricos. **El País**, São Paulo, 09 de set. 2019. Disponível em: https://brasil.elpais.com/brasil/2019/09/03/politica/1567542296_718545.html. Acesso em: 18 de jan. 2021.

17 Nesse sentido, ver o substitutivo ao projeto de Lei Nº 7.180, de 2014, apresentado pelo Deputado Flavinho. Disponível: substitutivo-ao-pl-7180-14 (camara.leg.br). Acesso em: 18 jan. 2021.

lítica, ideológica ou partidária" (art. 2º, I).[18] Esta é uma concepção pedagógica ultrapassada e já superada pela educação brasileira: não se trata de defender a "doutrinação" por parte dos educadores, mas pelo contrário, garantir a pluralidade de ideias, do debate e da liberdade de expressão, não observando os alunos como uma "plateia cativa", mas como sujeitos ativos, dispostos a aprender e, simultaneamente, compartilhar suas convicções, pensamentos, dúvidas e sentimentos.

A sala de aula deve ser um local seguro, confortável e convidativo, no qual nem os alunos, muito menos os professores, sintam-se ameaçados, em qualquer medida que seja, a não discutirem sobre temáticas como Direitos Humanos, educação sexual, liberdade de gênero e desigualdade racial.

Em decisões, ao nosso ver, acertadas, o STF julgou três pedidos de ADPF (Arguição de Descumprimento de Preceito Fundamental), em ocasiões distintas, decidindo em todas as oportunidades, por unanimidade, pela inconstitucionalidade da legislação que inviabiliza o debate de gênero nas escolas (ADPF 457, ADPF 526 e ADPF 467)[19].

Em ocasião da ADPF 457, o relator Min. Gilmar Mendes, ao encaminhar seu entendimento, assentou que as tentativas de censurar ou limitar os debates na sala de aula "violam ainda a liberdade de ensinar, aprender, pesquisar e divulgar o pensamento, a arte e o saber, diretrizes fundamentais da educação, estabelecidas pelo artigo 206, inciso II, da Constituição Federal". Ressaltou, por fim, que as "restrições às liberdades de expressão e de ensino são características típicas de Estados totalitários ou autoritários".

5. CONSIDERAÇÕES FINAIS

Vivencia-se, no Brasil, ao nosso ver, a doença crônica do neoliberalismo – da indisposição política social e do vigor da política dos interesses do capital – onde a "briga" entre crescimento econômico e contingenciamento de recursos para a educação faz sentido. Mas a rea-

18 Idem.

19 Nesse sentido, ver ADPFs 457, 526 e 467 do STF. Disponíveis em: http://www.stf.jus.br/portal/cms/verNoticiaDetalhe.asp?idConteudo=442331; http://www.stf.jus.br/portal/cms/verNoticiaDetalhe.asp?idConteudo=442331; http://www.stf.jus.br/portal/cms/verNoticiaDetalhe.asp?idConteudo=442331.

lidade demonstra que não existe conflito entre crescimento econômico e investimento público em direitos sociais, especialmente a educação.

O argumento de investir no ensino para o desenvolvimento de mão de obra, com consequente incremento de qualidade e competitividade aos produtos brasileiros, embora verdadeiro, não deve ser o único norte para o governo federal, pois o amplo arcabouço jurídico em torno da defesa desse direito torna claro seu horizonte de busca pelo desenvolvimento pessoal e de construção da cidadania. Buscou-se, com essa breve exposição, demostrar os desmanches atentados contra o direito constitucional à educação movidos por uma parcela do Legislativo e pelas últimas administrações presidenciais do Brasil. A luta por uma educação de qualidade é um exercício de cidadania, de defesa da Constituição e dos interesses verdadeiramente públicos.

REFERÊNCIAS BIBLIOGRÁFICAS:

BATISTA JÚNIOR, Onofre Alves. **O outro Leviatã e a corrida ao fundo do poço**. 1ª edição, São Paulo, Almeidina Brasil, 2015.

AZAMBUJA, Darcy. Teoria Geral do Estado. 41a ed., São Paulo, Editora Globo, 2000.

DALLARI, Dalmo de Abreu. **Elementos da Teoria Geral do Estado**, 23a ed., São Paulo, Saraiva, 2003.

BRASIL. Constituição (1988). **Constituição da República Federativa do Brasil.** Brasília, DF: Centro Gráfico, 1988.

CANOTILHO, José Joaquim Gomes. **Comentários à Constituição do Brasil.** 2. ed. São Paulo: Saraiva, 2018.

SANTOS, Clóvis Roberto dos. **Educação escolar brasileira estrutura, administração, legislação**. 2. ed. São Paulo: Cengage Learning, 2018.

PINHO, Rodrigo César Rebello. **Direito constitucional teoria geral da Constituição e direitos fundamentais.** 17. ed. São Paulo: Saraiva, 2018.

PIOVESAN, Flávia. **Direitos humanos e o direito constitucional internacional.** 18. ed. São Paulo, SP: Saraiva, 2018.

O FUTURO DA DEMOCRACIA NA ERA DA INTERNET: UMA ANÁLISE CRÍTICA DA INTERNET COMO MEIO DE NOVAS ALTERNATIVAS DEMOCRÁTICAS E INSTRUMENTO POLÍTICO

Giovanna Luiz Neiva[1]
João Vítor Fortes de Araujo e Silva[2]
Larissa Nunes Tebúrcio[3]
Lucas Perry Resende[4]
Osvaldo Mendonça Capelari[5]

1 Graduanda em Direito pela Universidade Federal de Minas Gerais (UFMG). E-mail: giovanna.neiva@gmail.com.

2 Graduando em Direito pela Universidade Federal de Minas Gerais (UFMG). E-mail: fortesjoaovitor@ufmg.br.

3 Graduanda em Direito pela Universidade Federal de Minas Gerais (UFMG) e Diretora da Diretoria de Mulheres do Centro Acadêmico Afonso Pena (CAAP). E-mail: larissateburcio@ufmg.br.

4 Graduando em Direito pela Universidade Federal de Minas Gerais (UFMG). E-mail: lucasperry@ufmg.br.

5 Graduando em Direito pela Universidade Federal de Minas Gerais (UFMG) e Diretor de extensão do Centro Acadêmico Afonso Pena (CAAP). E-mail: netocapelari10@gmail.com.

1. INTRODUÇÃO

Para compreender o futuro da democracia na era da internet, é necessário, inicialmente, entender o significado de democracia nesse contexto, visto que os meios digitais ainda são popularmente conhecidos como "terra de ninguém", apesar de ser inegável que "[...] a globalização e a existência de uma rede de comunicação (internet) de cunho internacional vêm aproximando, cada vez mais, os indivíduos das diversas partes do globo, que passam, inclusive a compartilhar problemas comuns [...]"[6].

A chamada "democracia digital", de acordo com professor Wilson Gomes, se refere "à experiência da internet e de dispositivos que lhe são compatíveis, todos eles voltados para o incremento das potencialidades de participação civil na condução dos negócios públicos"[7]. A partir dessa definição é possível afirmar que a internet, até certo ponto, exerce um papel de democratização política, uma vez que retoma o contato direto com o eleitorado. Nesse sentido, Canavilhas (2009) afirma que:

> A adesão às redes sociais e, mais recentemente, ao Twitter, confirmaram essa tendência [da internet fenômeno com potencial para se alargar a toda a sociedade], e hoje estes novos dispositivos online fazem parte do quotidiano de milhões de cidadãos em todo o mundo. Apesar deste sucesso, subsistem algumas dúvidas em relação à eficácia destes meios na comunicação política, ou à forma como devem ser usados no mix de comunicação dos partidos[8].

O presente artigo visa fazer uma análise crítica da influência da era digital na democracia política brasileira e, para tanto, serão analisados aspectos como: a adesão à democracia, o contexto político do país, bem como, o papel da internet como objeto de centralização do poder.

---

6 BATISTA JÚNIOR, Onofre Alves. **O outro Leviatã e a corrida ao fundo do poço**. São Paulo: Almedina, 2015, p. 93.

7 GOMES, Wilson. A democracia digital e o problema da participação civil na decisão política. **Revista Fronteiras** – Estudos Midiáticos, vol. VII, nº 3, set/dez, 2005, p. 217.

8 CANAVILHAS, J. Introdução. In: **A Comunicação Política na Era da Internet,** 2009, p. 1-2.

2. ADESÃO À DEMOCRACIA

Para pensar os impactos da internet no contexto político brasileiro, é preciso compreender, antes, o comportamento dos brasileiros em relação à democracia. Linz e Stepan ao tratar sobre a consolidação da democracia afirmam que:

> Um regime democrático se consolida quando uma forte maioria da opinião pública, mesmo em meio a grandes problemas econômicos e profunda insatisfação com o governo, mantém a crença de que os procedimentos e as instituições democráticas são a forma mais adequada de governar a vida coletiva da sociedade e quando o apoio para alternativas anti-sistema é muito pequeno ou isolado pelas forças pró-democráticas[9].

Fato é que o regime democrático é visto como a melhor forma de governo por uma grande maioria. No entanto, em novas democracias, marcadas por instabilidade, crises políticas econômicas e sociais e sem longo período de consolidação, como as democracias americana e europeia, a adesão à democracia é frágil facilitando a tomada do poder por regimes autoritários.

O professor Mário Fuks[10], em busca de uma visão multidimensional e temporal do comportamento brasileiro, utilizou-se de um banco de dados de testes realizados anualmente no Brasil e na América Latina. Dessa forma, o professor pôde preencher lacunas e compreender a real adesão dos brasileiros ao regime democrático. Os chamados "democratas ambivalentes", pessoas que se afirmam democratas, mas, ao serem questionados indiretamente sobre outros aspectos relacionados à democracia[11] tendem a posições antidemocráticas, nota o professor, compõem a maioria dos brasileiros e são o maior alvo de sua pesquisa[12]. Até 2012,

---

9 LINZ, J. & STEPAN, A. (1996). **Problems of democratic transition and consolidation: southern Europe, South America, and post-communist Europe**. Baltimore: Johns Hopkins University Press, 1996, p. 95.

10 FUKS, Mario; CASALECCHI, Gabriel Avila; GONCALVES, Guilherme Quaresma and DAVID, Flávia Felizardo. **Qualificando a adesão à democracia:** quão democráticos são os democratas brasileiros?. *Rev. Bras. Ciênc. Polít.* [online].

11 Questões relacionadas à existência de partidos políticos, necessidade de voto e soluções em momentos de crise.

12 O professor afirma que "Quando confrontados com situações de crises, parcela considerável dos democratas está disposta a reavaliar a sua preferência por uma democracia eleitoral e considerar a possibilidade de um 'procedimento' de outra natureza, como um golpe militar. Ainda menor do que a adesão aos procedimentos

período de relativa estabilidade econômica, os brasileiros rejeitavam golpes militares em períodos de desemprego, criminalidade e corrupção numa média de 75,3%[13]. A eleição de Jair Bolsonaro – candidato que se sinaliza positivamente em prol de medidas antidemocráticas – em 2018, apenas confirma a tendência conservadora do eleitorado brasileiro.

Nessa conjuntura, houve um período de crescimento do acesso aos meios digitais e grande otimismo dos pesquisadores, como aponta Lowande[14], quanto ao fortalecimento e a consolidação da democracia brasileira. Essas expectativas remetem à noção de democracia participativa proposta por Habermas, com a internet promovendo fluxos comunicacionais e facilitando a formação da opinião popular. Os pesquisadores mais otimistas viam, ainda, a internet como uma ferramenta revolucionária que permitia mobilizar a população para protestar em busca de melhores condições e mudanças como, de fato, ocorreu na Primavera Árabe em 2011.

3. CONTEXTO POLÍTICO

A história da internet no Brasil, assim como a da democracia, é curta e pouco desenvolvida. A internet foi trazida para o Brasil na década de 90, porém, era apenas acessada por um seleto grupo de pessoas em universidades que tinham equipamento adequado. Com o passar dos anos, a tecnologia foi desenvolvida e começou a ser utilizada, sobretudo em junho de 2013, como instrumento político de agitação. Não obstante, para entender o papel da internet como espaço público no Brasil, nesse período, deve-se analisar a onda progressista protagonizada pelo PT nos anos de 2002-2016.

A democracia é restaurada em 1988 e logo nos seus primeiros anos a onda progressista latino-americana atinge seus horizontes e o Partido

---

de escolha é a adesão ao princípio da representação política. Uma grande parcela dos democratas acredita que os partidos políticos não são necessários para a democracia". Tudo isso demonstra a inconsistência das escolhas políticas de parcela dos brasileiros.

13 FUKS, Mario; CASALECCHI, Gabriel Avila; GONCALVES, Guilherme Quaresma and DAVID, Flávia Felizardo. **Qualificando a adesão à democracia:** quão democráticos são os democratas brasileiros?. *Rev. Bras. Ciênc. Polít.* [online], p. 214.

14 LOWANDE, Walter Francisco Figueiredo. *A internet é garantia de democracia?*. In: Marta Gouveia de Oliveira Rovai. (Org.). **Revisionismos: a universidade esclarece**. 1ªed.João Pessoa, PB: Mentes Abertas, 2020, p. 89-104.

dos Trabalhadores chega ao poder com Lula, no final de 2002. A gestão petista foi caracterizada por um duplo sentido de suas políticas, por um lado trazia avanços sociais e de cidadania e por outro subordinava tais avanços ao grande capital. Essa análise é fundamentada nos dados que temos acerca da questão do trabalho e da educação. Na questão do trabalho e da expansão da universidade, os clientes majoritários foram os jovens que estudavam e trabalhavam.

> Este segmento foi duplamente afetado pelo projeto petista, uma vez que mais de 60% dos empregos criados durante estas gestões foram ocupados por jovens entre 18 e 24 anos, que constituem também os principais clientes da expansão do ensino superior no país (...) de cada dez novos empregos gerados nos anos 2000, nove pagavam menos de 1,5 salário-mínimo. Em 2014, quando se acentuam os efeitos da desaceleração econômica, cerca de 97,5% dos empregos criados situava-se nesta faixa de remuneração.[15]

Dessa forma, é possível enxergar que se criam empregos (avanço), mas empregos de baixa remuneração (atraso). O mesmo ocorre com a educação. Ainda que tenha ocorrido uma gigantesca expansão da universidade, entre os anos de 2003 e 2014, do total das 8 milhões de vagas criadas, 90.2% pertenciam a universidades particulares. O acirramento dessa política se deu quando, em 2014, os cortes da educação diminuíram substancialmente a verba para a universidade pública em detrimento do setor privado de educação. Trata-se, portanto, de terceirizar um serviço público, nas palavras de Fábio Luis, "Como toda terceirização, o preço da economia é o sacrifício da qualidade do serviço ofertado, ao mesmo tempo que acentua a exploração do trabalho".[16]

Este é o panorama das manifestações que ocorreram em 2013, que tiveram como motivação essa política de "modernização conservadora" da gestão petista e que teve a internet como apenas um instrumento de agitação e propaganda contra o aumento das passagens de ônibus. No entanto, nessa conjuntura, os oligopólios midiáticos ainda eram proeminentes na manipulação da opinião pública e a internet, por meio das redes sociais e de comunicação, não exercia esse papel ainda.

Já nos anos seguintes, 2015 e 2016, o PT perdeu tanto sua base militante quanto sua base no congresso, o que resultou no processo de *im-*

---

15 SANTOS, Fabio Luis Barbosa dos. **Além do PT:** a crise da esquerda brasileira em perspectiva latino americana. São Paulo : Elefante, 2016, p. 92

16 SANTOS, Fabio Luis Barbosa dos. **Além do PT:** a crise da esquerda brasileira em perspectiva latino americana. São Paulo : Elefante, 2016, p. 92

peachment da ex-presidenta Dilma Rousseff (2016) com ampla votação dos deputados, mesmo que na verdade as motivações declaradas consistissem em uma farsa. Nesse período, nas palavras ainda do mesmo autor:

> O relativismo jurídico degenerou a tal ponto que se contam nos dedos de uma mão os deputados que vincularam seu voto pelo impeachment à legalidade das pedaladas. Sequer disfarçou-se que qualquer pretexto jurídico serviria para encenar a farsa.[17]

Dentro dessa conjuntura, já é possível enxergar a internet como ponto fundamental de espaço e discussão política. Porém, a crise política e econômica vai se acirrando e, concomitantemente, a polarização da sociedade. No ano de 2018, na época da eleição presidencial, o papel da internet na democracia brasileira se transformou em um instrumento de destruição de seus pilares fundamentais. Com um cenário de desemprego grotesco, os três poderes, sem credibilidade alguma, assim como a mídia, e o principal concorrente de Bolsonaro preso, estavam postas as condições da destruição da democracia pelo sufrágio.

Uma campanha baseada em "*fake news*", como apontado pelo *EL PAÍS*[18], com pistas de financiamento de empresários, não precisou do apadrinhamento da mídia e nem de políticos importantes do centrão. A base era a utilização de plataformas digitais, como *Whatsapp* e *Facebook*, para disseminar vídeos e mensagens em favor do candidato ou disseminar mentiras acerca dos oponentes.

Por fim, conclui-se que a história da internet como instrumento do debate público brasileiro não tem suas determinações nela mesma, mas, sim, está determinada por pressupostos de outras áreas da convivência humana (economia, política, cultura etc.). Não obstante, conquistou autonomia relativa à mídia tradicional, tendo em vista a última eleição e o governo atual. É necessário, também, pontuar que o processo gestado no Brasil, o bolsonarismo como força política, possui tendências próprias do desenvolvimento da história da nossa sociedade, mas que é um processo que está ocorrendo no mundo todo e dialoga com o Brasil, como será melhor desenvolvido no próximo tópico.

---

17 Ibidem, p. 118

18 BENITES, Afonso. *A máquina de 'fake news' nos grupos a favor de Bolsonaro no WhatsApp*. **El País**, [*S. l.*], 28 de setembro.

4. A INTERNET E A DEMOCRACIA SUJEITAS À CENTRALIZAÇÃO DO PODER

A ascensão da extrema direita em várias partes do mundo, expressa no Brasil pelo fenômeno do bolsonarismo, e a flagrante influência dos meios digitais nesse processo fez com que o tema da internet em relação com as democracias ganhasse bastante relevância em diversas produções culturais nos últimos anos. O documentário francês *Fake America Great Again*[19] aborda a escandalosa fraude que envolveu a candidatura de Donald Trump para a presidência dos EUA em 2016. O método adotado para a campanha eleitoral do representante do partido republicano incluiu a coleta ilegal de dados de usuários da rede social *Facebook* e subsequente administração pela antiga empresa de análise de dados e comunicação estratégica *Cambridge Analytica20*. O grande volume de informações adquiridas serviu de base para a formação de perfis de usuários e forte distribuição de mensagens personalizadas (dentre elas, *fake news*) objetivando influenciar o comportamento dos eleitores do país com base em métodos da psicometria[21].

O projeto político que levou Trump à presidência foi fortemente financiado por Robert Mercer, cientista da computação, ex-presidente do fundo de investimentos *Renassaince Technologies* e bilionário americano. Mercer investiu, entre 2012 e 2015, segundo documentos fiscais, cerca de 20 milhões de dólares em instituições de perfil reacionário, como a *Heritage Foundation*, o *Media Research Center* (MRC), o *Government Accountability Institute* (GAI) e o *Hearthland Institute*[22]. Em 2016, o bilionário criou o comitê eleitoral *Make America Number One*, por meio do qual investiu 15 milhões de dólares na campanha de Trump[23], e indicou Steve Bannon, seu aliado de ideias ultraconservadoras e, à época, vice-presidente da empresa *Cambridge Analytica*, para a função de diretor executivo de campanha do candidato republicano[24].

---

19 FAKE America Great Again. Direção: Thomas Huchon. França: [*s. n.*], 2018.

20 Ibidem.

21 Psicometria é um ramo da estatística que busca mensurar as características psicológicas dos indivíduos, com base em testes de alta confiabilidade e precisão.

22 Ibidem.

23 Investimentos como o de Mercer foram viabilizados quando, em 2010, a Suprema Corte dos EUA decidiu - no que ficou conhecido como caso *Citizens United v. Federal Election Commission* - pelo afastamento do limite de doações para o financiamento de campanhas eleitorais por parte de corporações e sindicatos.

24 FAKE America Great Again. Direção: Thomas Huchon. França: [*s. n.*], 2018.

O método de campanha descrito no documentário francês não foi aplicado somente nas eleições dos EUA. A *Cambridge Analytica* trabalhou também na campanha pelo *Brexit* (processo de saída do Reino Unido da União Europeia), sendo, para muitos, fator de desequilíbrio no acirrado referendo que decidiu pela sua ocorrência[25]. O encontro de Eduardo Bolsonaro, filho de Jair Bolsonaro, com Steve Bannon em agosto de 2014, dois meses antes das eleições para presidência do Brasil, somado ao apoio formal de Bannon à candidatura de Bolsonaro[26]; os flagrantes disparos de *fake news* pelo aplicativo *WhatsApp* durante a campanha do candidato do PSL e o grande apoio de Bolsonaro a Trump são alguns dos fortíssimos indícios de que o método consagrado nos EUA, no Reino Unido e em outros países foi implementado no Brasil em 2018.

Todas essas informações vindas à tona, em contraste com o otimismo que via a internet como uma ferramenta revolucionária pela democracia, levam a uma posição que aponta na mesma direção do que escreve Maia (2008):

> Colocar a questão simplesmente nos termos se "a internet é um instrumento de democratização" pode levar a diversos equívocos. Em primeiro lugar, se as novas tecnologias podem proporcionar um ideal para a comunicação democrática, oferecendo novas possibilidades para a participação descentralizada, elas podem, também, sustentar formas extremas de centralização de poder.[27]

A internet é, afinal, um meio de poderosa efetividade para a publicidade, o convencimento, a informação e a desinformação, especialmente mediante grandes investimentos financeiros. A tolerância mútua, no entanto, como aborda Levitsky e Ziblatt (2018), é norma fundamental para o funcionamento de uma democracia:

> A tolerância mútua diz respeito à ideia de que, enquanto nossos rivais jogarem pelas regras institucionais, nós aceitaremos que eles tenham direito igual de existir, competir pelo poder e governar. [...] O que quer dizer que, mesmo se acreditarmos que suas ideias sejam idiotas, nós não as ve-

---

25 No referendo em questão, apenas 51,9% dos eleitores britânicos posicionaram-se a favor da saída da UE, ao passo que 48,1% dos votantes optou pela permanência (diferença de pouco mais de 1,2 milhão de votos).

26 STEVE Bannon, ex-assessor de Trump ligado à extrema direita, declara apoio a Bolsonaro. **O GLOBO**, [*S. l.*], p. 1-2, 26 out. 2018.

27 MAIA, R. C. M. Democracia... In: Gomes, W; Maia, R. C. M (eds.). **Comunicação e Democracia – Problemas e Perspectivas**. p. 278. São Paulo: Paulus, 2008.

mos como uma ameaça existencial. Tampouco os tratamos como traidores, subversivos ou desqualificados.[28]

Tendo em vista o modo como a internet influenciou o embate político das eleições dos EUA de 2016, é possível falar em "direito igual de existir" e "competir pelo poder" nesse espaço? A nítida prevalência do poder econômico na disputa política nos meios digitais (que certamente se manifesta também fora deles) representada pelo sucesso dos investimentos de bilionários, como Robert Mercer, revela o que não parece ser uma "competição justa" pelo poder. A distribuição de *fake news*, que atacavam a candidata Hillary Clinton nos EUA ou o PT no Brasil, representa (além de vestígios de processos ilegais), ainda, não tolerância e respeito à possibilidade de afirmação do rival como alternativa democrática, mas exatamente a preocupação em impôr publicamente sua imagem de "traidor, subversivo ou desqualificado".

Há outra perspectiva que também revela formas flagrantes de centralização de poder no mundo da internet e que foi importante no desenvolvimento da fraude das eleições dos EUA e do *Brexit*. Após enorme pressão e dúvidas quanto à transparência e a proteção de dados dos usuários do *Facebook*, Mark Zuckerberg, CEO e um dos fundadores da rede social, admitiu que até 87 milhões de pessoas podem ter tido seus dados compartilhados impropriamente com a *Cambridge Analytica* e reconheceu "erros" por parte de sua empresa[29]. No Brasil, como citado, foi fortemente denunciado um esquema de "Caixa 2" que envolveria disparos de mensagens (muitas delas falsas) em massa via *WhatsApp* (aplicativo que pertence ao *Facebook*) financiados por empresas privadas. O *WhatsApp* algumas vezes afirmou não conseguir impedir a proliferação em massa de *fake news* devido à criptografia das mensagens e negou na reta final do segundo turno das eleições brasileiras, adotar medidas demandadas por organizações e estudiosos brasileiros para conter o volume de mensagens falsas interferindo nas eleições, alegando estar em busca de um "equilíbrio entre o que é liberdade de expressão e o que é violação de regras", além de um "feedback dos

---

28 LEVITSKY, Steven; ZIBLATT, Daniel. **Como as democracias morrem: As grades de proteção da democracia.** ed. Rio de Janeiro: Zahar, Agosto 2018, p. 80-81.

29 FACEBOOK eleva para 87 milhões o nº de usuários que tiveram dados explorados pela Cambridge Analytica. G1, [*S. l.*], 4 abr. 2018.

usuários" sobre atualizações. A ausência de mudanças às vésperas do segundo turno também seria "impossível" por motivos técnicos[30].

Mesmo não sendo possível cravar a grande corporação *Facebook* como colaboradora direta e consciente dos processos fraudulentos das eleições brasileiras, a melhor das hipóteses não evitaria a conclusão de que ela concentra um enorme poder de mediação do modo como as pessoas utilizam a internet nos dias de hoje no Brasil e no mundo. A internet e o modo como ela é consumida majoritariamente em todo mundo não ocorre em espaços virtuais "sociais" (como sugere o nome redes sociais), nos quais os usuários deliberam em conjunto sobre como eles são configurados e quais são as formas pelas quais se distribuem publicações, notícias e conteúdos em cada um deles (algoritmos) ou pelas quais se conectam os usuários nesses meios. Os provedores de internet e plataformas virtuais são grandes corporações privadas que determinam a dinâmica desses espaços segundo seus próprios interesses, muitas vezes, produzindo resultados negativos do ponto de vista democrático.

5. CONSIDERAÇÕES FINAIS

A democracia atual é comumente acompanhada de dilemas. A expressão da vontade popular é fundamental, porém cercada de problemáticas passíveis de discussão e análise. A revolução da comunicação trazida pela internet, sendo esta apta de ser colocada, juntamente com a imprensa de Gutenberg, como uma ferramenta de transformação sem igual do *modus operandi* de circulação de ideias, trouxe consigo oportunidades nunca antes vistas, mas ao mesmo tempo perigos iminentes ao próprio Estado de Direito.

O escândalo de manipulação de dados da *Cambridge Analytica* (responsável em grande medida pela ascensão de Trump e pela concretização do *Brexit*)[31] e os disparos em massa de *fake news* durante as eleições brasileiras de 2018[32] são apenas exemplos da vulnerabilidade das instituições e do sistema político que sustentam a figura do Estado (e

---

30 SILVA, Victor Hugo. *WhatsApp não adotará sugestões contra fake news antes do segundo turno*. **Tecnoblog**, [*S. l.*], p. 1, 22 out. 2018.

31 FACEBOOK eleva para 87 milhões o nº de usuários que tiveram dados explorados pela Cambridge Analytica. G1, [*S. l.*], 4 abr. 2018.

32 MELLO, Patrícia Campos. Empresários bancam campanha contra o PT pelo WhatsApp. **Folha de S.Paulo**, São Paulo, 18 out. 2018. Disponível em: <https://

as garantias por ele proporcionadas). As leis antes estabelecidas não se provaram verdadeiramente capazes de proteger a sociedade, e o mundo hoje passa por um dilema moral, político e legal. A proteção da privacidade e a garantia da liberdade de expressão são hoje confrontadas com a necessidade de regulamentação e fiscalização do meio digital, na medida em que o mesmo torna-se o principal palco do debate público.

A proliferação de notícias falsas (normalmente coordenadas e direcionadas com precisão a um alvo político) tem se tornado algo rotineiro para a política do século XXI. A "fofoca" deixa de ser espontânea e irrelevante, transformando-se em uma ferramenta poderosa de controle e manipulação de massas. Mensagens enviadas em redes sociais são agora centrais nas campanhas políticas, e mostraram-se extremamente eficientes para fins eleitorais, corrompendo a democracia. Nesse sentido, a socióloga Zeynep Tüfekçi é mobilizada por Kakutani, ao tratar sobre a sistemática presente no disparo das *fake news:* "Na era digital, semear confusão on-line em meio a uma enxurrada de informações errôneas e desinformação está se tornando a principal tática de propagandistas em todo o mundo"[33].

Ainda segundo Tüfekçi, tal prática causa uma sensação de impotência nas pessoas, as quais não se veem mais capazes de ditar suas próprias verdades. Os cidadãos, antes protagonistas do debate público, tornam-se meros espectadores da realidade política, dependentes de informações produzidas e enviadas por terceiros.

No Brasil, a legislação existente que impera sobre o ambiente digital mostrou-se insuficiente. O Marco Civil da Internet[34], embora trate da responsabilização dos emissores de informações falsas, tem a pretensão de legislar sobre um fenômeno transnacional; isto é, controlar a rede mundial de computadores com a força de uma lei nacional. Sobre este aspecto, o jurista Tomasevicius Filho coloca:

> É aspecto intrigante do Marco Civil da Internet a ingenuidade do legislador brasileiro de manter a pretensão de solução de problema de escala mundial,

---

www1.folha.uol.com.br/poder/2018/10/empresarios-bancam-campanha-contra-o--pt-pelo-whatsapp.shtm>. Acesso em: 7 mar 2021.

33 KAKUTANI, M. **A Morte da Verdade: notas sobre a mentira na era Trump**. 1. ed. Rio de Janeiro: Intrínseca, 2018, p. 178.

34 BRASIL. **Marco Civil da Internet**. Lei 12.964/14. Disponível em: <http://www.planalto.gov.br/ccivil_03/_ato2011-2014/2014/lei/l12965.htm >. Acesso em: 7 mar. 2021.

com efeitos extraterritoriais, por meio de uma lei nacional. A própria estrutura da internet permite que as violações dos direitos das pessoas ocorram em qualquer parte do mundo, passando ao largo da jurisdição brasileira.[35]

Em um novo panorama, vigora a Lei Geral de Proteção de Dados Pessoais[36], a qual pretende criar um cenário de maior proteção jurídica no ambiente digital, predominando inclusive sobre as grandes corporações mantenedoras das plataformas digitais (como *Google*, *Twitter* e *Facebook*). Apesar de promissora e conservar importantes semelhanças com a legislação de outros Estados Nacionais (como a GDPR europeia), a Lei em questão enfrenta dilemas éticos ainda não superados, especialmente no ambiente privado de troca de informação entre usuários (como as mensagens de *Whatsapp* ou *Telegram*). Imperar sobre o íntimo dos cidadãos, mesmo com a melhor das intenções, parece conflitante com as próprias ideias de proteção da privacidade e da liberdade de expressão. A teoria panóptica de Foucault, a qual trata de um Estado de Vigilância constante, parece assumir uma outra forma, ainda mais intimidadora. Conforme colocam Oliveira e Carneiro: "O panoptismo representa a base do poder-saber, que regula a vida dos indivíduos e se constitui no protótipo dos sistemas sociais de controle e vigilância (total), presentes na atualidade"[37].

O "grande irmão" distópico da ficção de George Orwell[38] parece cada vez mais real. O caso de Snowden[39] (ex-técnico da CIA que noticiou a invasão de privacidade por parte do governo estadunidense) mostrou ao mundo o óbvio: a privacidade completa no mundo digital, atualmente, não existe. Os Estados, até o momento, não foram capazes de

---

35 TOMASEVICIUS FILHO, Eduardo. Marco Civil da Internet: uma lei sem conteúdo normativo. **Estud. av.**, São Paulo , v. 30, n. 86, p. 276, Apr. 2016 . Disponível em: <http://www.scielo.br/scielo.php?script=sci_arttext&pid=S0103-40142016000100269&lng=en&nrm=iso>. Acesso em: 7 mar. 2021.

36 BRASIL. Lei Geral de Proteção de Dados Pessoais (LGPD). Disponível em: <http://www.planalto.gov.br/ccivil_03/_ato2011-2014/2014/lei/l12965.htm>. Acesso em:7 mar. 2021.

37 CARNEIRO, I. L. B.; OLIVEIRA, E. C. **Sobre O Caráter Persuasivo da Estrutura Panóptica: Bentham, Foucault e as novas tecnologias.** Ideação. Feira de Santana, v. 1, n. 33, 2016, p. 108

38 ORWELL, G. **1984.** 1. ed. São Paulo: Companhia das Letras, 21 jul. 2009.

39 ENTENDA o caso de Edward Snowden, que revelou espionagem dos EUA. **G1**, São Paulo, 2 jul. 2013. Disponível em: <http://g1.globo.com/mundo/noticia/2013/07/entenda-o-caso-de-edward-snowden-que-revelou-espionagem-dos-eua.html>. Acesso em 7 mar. 2021.

solucionar os problemas trazidos pela internet, ao contrário: são as maiores vítimas desses. As oportunidades de debate e o espaço público encontrado na internet poderiam figurar como grandes fortalecedores da democracia. Habermas poderia ser ouvido, e a deliberação por consenso seria mais buscada do que a pela votação[40]. Mas até lá, é preciso repensar ética e juridicamente o paradigma da construção contemporânea do meio digital e da sociedade de vigilância.

REFERÊNCIAS BIBLIOGRÁFICAS

BATISTA JÚNIOR, Onofre Alves. **O outro lado do Leviatã e a corrida ao fundo do poço.** São Paulo: Almedina, 2015.

BENITES, Afonso. A máquina de 'fake news' nos grupos a favor de Bolsonaro no WhatsApp. **El País,** [S. l.], 28 set. 2018. Disponível em: https://brasil.elpais.com/brasil/2018/09/26/politica/1537997311_859341.html. Acesso em: 07/03/2021

BRASIL. Lei Geral de Proteção de Dados Pessoais (LGPD). Lei 13.709/18. Disponível em: <http://www.planalto.gov.br/ccivil_03/_ato2015-2018/2018/lei/L13709.htm>. Acesso em:7 mar. 2021.

BRASIL. Marco Civil da Internet. Lei 12.964/14. Disponível em: <http://www.planalto.gov.br/ccivil_03/_ato2011-2014/2014/lei/l12965.htm>. Acesso em: 7 mar. 2021.

CANAVILHAS, J. **A Comunicação Política na Era da Internet, 2009.** Disponível em: <http://www.bocc.uff.br/pag/canavilhas-joao-comunicacao-politica-na-era-da--internet.pdf>.

CARNEIRO, I. L. B.; OLIVEIRA, E. C. **Sobre O Caráter Persuasivo da Estrutura Panóptica: Bentham, Foucault e as novas tecnologias. Ideação**. Feira de Santana, v. 1, n. 33, p.101-126. 2016.

ENTENDA o caso de Edward Snowden, que revelou espionagem dos EUA. **G1**, São Paulo, 2 jul. 2013. Disponível em: <http://g1.globo.com/mundo/noticia/2013/07/entenda-o-caso-de-edward-snowden-que-revelou-espionagem-dos-eua.html>. Acesso em 7 mar. 2021.

FACEBOOK eleva para 87 milhões o nº de usuários que tiveram dados explorados pela Cambridge Analytica. **G1**, [*S. l.*], 4 abr. 2018. Disponível em: https://g1.globo.com/economia/tecnologia/noticia/facebook-eleva-para-87-milhoes-o-n-de-usuarios-que-tiveram-dados-explorados-pela-cambridge-analytica.ghtml. Acesso em: 5 mar. 2021.

FAKE America Great Again. Direção: Thomas Huchon. França: [*s. n.*], 2018.

---

40 PINTO, José Marcelino de Rezende. A teoria da ação comunicativa de Jürgen Habermas: conceitos básicos e possibilidades de aplicação à administração escolar. **Paidéia (Ribeirão Preto)**, Ribeirão Preto , n. 8-9, p. 93, Ago. 1995. Disponível em: <http://www.scielo.br/scielo.php?script=sci_arttext&pid=S0103-863X1995000100007&lng=en&nrm=iso>. Acesso em 7 mar. 2021.

FUKS, Mario; CASALECCHI, Gabriel Avila; GONCALVES, Guilherme Quaresma and DAVID, Flávia Felizardo. **Qualificando a adesão à democracia: quão democráticos são os democratas brasileiros?**. *Rev. Bras. Ciênc. Polít.* [online].

GOMES, Wilson. A democracia digital e o problema da participação civil na decisão política. Revista Fronteiras – Estudos Midiáticos, vol. VII, nº 3, p. 214-222, set/dez, 2005. Disponível em: <http://revistas.unisinos.br/index.php/fronteiras/article/view/6394>.

KAKUTANI, M. **A Morte da Verdade: notas sobre a mentira na era Trump.** 1. ed. Rio de Janeiro: Intrínseca, 2018.

LEVITSKY, Steven; ZIBLATT, Daniel. **Como as democracias morrem.** ed. Rio de Janeiro: Zahar, Agosto 2018.

LINZ, J. & STEPAN, A. (1996). **Problems of democratic transition and consolidation: southern Europe, South America, and post-communist Europe.** Baltimore: Johns Hopkins University Press.

LOWANDE, Walter Francisco Figueiredo. *A internet é garantia de democracia?*. In: Marta Gouveia de Oliveira Rovai. (Org.). **Revisionismos: a universidade esclarece.** 1ªed.João Pessoa, PB: Mentes Abertas, 2020, v. , p. 89-104.

MAIA, R. C. M. Democracia e a Internet como Esfera Pública Virtual: Aproximação às Condições da Deliberação. In: Gomes, W; Maia, R. C. M (eds.). **Comunicação e Democracia – Problemas e Perspectivas.** p. 277-292. São Paulo: Paulus, 2008. Disponível em: <https://www.researchgate.net/publication/317053742_Democracia_e_a_internet_como_esfera_publica_virtual_aproximando_as_condicoes_do_discurso_e_da_deliberacao_Resumo>.

MELLO, Patrícia Campos. Empresários bancam campanha contra o PT pelo WhatsApp. **Folha de S.Paulo**, São Paulo, 18 out. 2018. Disponível em: <https://www1.folha.uol.com.br/poder/2018/10/empresarios-bancam-campanha-contra-o-pt-pelo-whatsapp.shtml >. Acesso em: 7 mar 2021.

MISHLER, W. & ROSE, R. (2001). **"Political support for incomplete democracies: realist vs. idealist theories and measures"**. International Political Science Review, n. 22, p. 303-20.

ORWELL, G. **1984**. 1. ed. São Paulo: Companhia das Letras, 21 jul. 2009.

PINTO, José Marcelino de Rezende. A teoria da ação comunicativa de Jürgen Habermas: conceitos básicos e possibilidades de aplicação à administração escolar. **Paidéia (Ribeirão Preto)**, Ribeirão Preto , n. 8-9, p. 77-96, Ago. 1995. Disponível em: <http://www.scielo.br/scielo.php?script=sci_arttext&pid=S0103-863X1995000100007&lng=en&nrm=iso>. Acesso em 7 mar. 2021.

SANTOS, Fabio Luis Barbosa dos. Além do PT: *a crise da esquerda brasileira em perspectiva latino americana*. São Paulo : Elefante, 2016.

SILVA, Victor Hugo. WhatsApp não adotará sugestões contra fake news antes do segundo turno. **Tecnoblog**, [*S. l.*], p. 1, 22 out. 2018. Disponível em: https://tecnoblog.net/264481/whatsapp-sugestoes-combate-fake-news/. Acesso em: 5 mar. 2018.

STEVE, Bannon, ex-assessor de Trump ligado à extrema direita, declara apoio a Bolsonaro. **O GLOBO**, [*S. l.*], p. 1-2, 26 out. 2018. Disponível em: https://oglobo.globo.com/brasil/steve-bannon-ex-assessor-de-trump-ligado-extrema-direita-declara-apoio-bolsonaro-23187643. Acesso em: 5 mar. 2021.

TOMASEVICIUS FILHO, Eduardo. Marco Civil da Internet: uma lei sem conteúdo normativo. **Estud. av.**, São Paulo , v. 30, n. 86, p. 269-285, Apr. 2016. Disponível em: <http://www.scielo.br/scielo.php?script=sci_arttext&pid=S0103-40142016000100269&lng=en&nrm=iso>. Acesso em: 7 mar. 2021.

A DESIGUALDADE REGIONAL E O COMBATE À MISÉRIA: A CLÁUSULA SOCIAL DA CARTA MAIOR NO PARADIGMA DO ESTADO DEMOCRÁTICO DE DIREITO

Edmar dos Reis[1]
Fernanda Lemos Ferreira [2]

As crianças ricas brincam nos jardins com seus brinquedos prediletos. E as crianças pobres acompanham as mães a pedirem esmolas pelas ruas. Que desigualdades trágicas e que brincadeira do destino.3

1. INTRODUÇÃO

Com a pretensão de designar um novo paradigma na concepção de Estado, superando os modelos liberal e social, o Estado Democrático de Direito tomou forma e serviu de base para a atual concepção, pelo menos nominal, da República Federativa do Brasil. Frente a grande crise que enfrentava a democracia participativa, que perdeu sua confiabilidade, considerando os inúmeros fatores externos paraestatais

1 Graduando em Direito pela Universidade Federal de Minas Gerais (UFMG). Servidor público do Tribunal de Justiça Militar do Estado de Minas Gerais - TJMMG. Contato: ereis2010@ufmg.br.

2 Graduanda em Direito pela Universidade Federal de Minas Gerais (UFMG). Auxiliar jurídico no Grupo Decolar - Central de Soluções Empresariais. Conselheira Fiscal Suplente na Fundação Metropolitana - FECM - NDHE. Contato: fernandalemos@ufmg.br.

3 JESUS, Carolina Maria de. **Quarto de despejo – diário de uma favelada**. São Paulo: Francisco Alves, 1960.

que influenciam na política, economia e sociedade como um todo, o Estado Democrático de Direito passou a representar um ponto norteador, atribuindo ao Estado a finalidade essencial de promoção do bem comum e de realização da justiça social.

Significa dizer que esse novo paradigma define que a função do Estado é satisfazer as necessidades da coletividade, propiciando o respeito à dignidade da pessoa humana e o bem comum. Segundo PEREIRA (2010, p. 171), nesse contexto se verifica o fortalecimento do princípio da supremacia da constituição e da autoaplicabilidade das normas constitucionais, com o reconhecimento da força normativa dos princípios constitucionais.

A Constituição Federal de 1988, que logo em seu primeiro artigo determina a organização em conformidade com o Estado Democrático de Direito, elenca em seu artigo 6º um rol de direitos sociais, que inclui o direito à educação, saúde, alimentação, trabalho, moradia, transporte, lazer, segurança, previdência social, proteção à maternidade e à infância e assistência aos desamparados.

Entretanto, cumpre o presente artigo a finalidade de investigar se a mudança paradigmática gerou efeitos fáticos no Brasil, verificando se os direitos sociais são uma realidade ou se são direitos que carecem de efetividade e aplicabilidade prática. A investigação parte dos dados apresentados pelo IBGE em 2021, que indicam o fato de que existem atualmente cerca de 10,3 milhões de pessoas no país em situação de insegurança alimentar grave (fome), excluídas as pessoas em situação de rua.

2. PRESSUPOSTOS DO ESTADO DEMOCRÁTICO DE DIREITO

O Estado democrático de direito foi o paradigma adotado pela Constituição da República Federativa do Brasil promulgada em 1988, a chamada Constituição Cidadã, que é a sétima carta política do país.

Sendo uma evolução dos conceitos de Estado liberal e social, o Estado democrático de direito traz insculpido em sua concepção uma forma de Estado orientada para o bem comum, este entendido como a busca da criação de condições que permitam a cada um a consecução de seus fins particulares, ou, segundo as palavras do Papa João XXIII, como "o conjunto de todas as condições de vida social que consintam e favoreçam o desenvolvimento integral da personalidade humana".

Constituído para satisfazer as necessidades da coletividade, o Estado democrático de direito objetiva "propiciar a dignidade da pessoa humana, o bem do homem, nos moldes do que já preconizava Rousseau", como leciona o Professor Doutor Onofre Alves Batista Júnior.

Os princípios inscritos na Carta Magna em seu artigo 1° e os objetivos fundamentais elencados no artigo 3° expressam esse objetivo:

> Art. 1° A República Federativa do Brasil, formada pela união indissolúvel dos Estados e Municípios e do Distrito Federal, constitui-se em Estado Democrático de Direito e tem como fundamentos:
> I - a soberania;
> II - a cidadania
> III - a dignidade da pessoa humana;
> IV - os valores sociais do trabalho e da livre iniciativa;
> V - o pluralismo político.
> Parágrafo único. Todo o poder emana do povo, que o exerce por meio de representantes eleitos ou diretamente, nos termos desta Constituição.
>
> Art. 3° Constituem objetivos fundamentais da República Federativa do Brasil:
> I - construir uma sociedade livre, justa e solidária;
> II - garantir o desenvolvimento nacional;
> III - erradicar a pobreza e a marginalização e reduzir as desigualdades sociais e regionais;
> IV - promover o bem de todos, sem preconceitos de origem, raça, sexo, cor, idade e quaisquer outras formas de discriminação.

O novo paradigma estabelece um Estado que, para além de criar leis, também se submete a elas (Estado de direito) e cujo poder emana do povo, que o exerce direta ou indiretamente, de forma democrática. Do estatuído no artigo 3°, depreende-se como missão do Estado promover o bem-estar e a justiça social.

Sobre o Estado democrático de direito, considera Miguel Reale:

> (...) o adjetivo 'democrático' pode também indicar o propósito de passar-se de um estado de direito, meramente formal, a um Estado de Direito e de Justiça Social, isto é, instaurado concretamente com base nos valores fundantes da comunidade. (...) A meu ver, esse é o espírito da Constituição de 1988. (REALE, 1999, p 02)

Refletindo toda a extensa participação ocorrida na Constituinte pós-redemocratização, a CRFB/88 reconhece os valores do trabalho e da livre iniciativa, prezando pela dignidade humana. Isso, se por um lado implica numa base econômica capitalista, por outro, cria um "Estado Solidário de desiderato social, responsável pela prestação dos direitos sociais e pela proteção dos economicamente mais fracos" (BATISTA JR, 2014).

Pensando o Estado Democrático de Direito em contraposição ao liberalismo, este carrega uma carga menor de responsabilidade social do que aquele. Fato é que a contraposição entre igualdade e liberdade tomou espaço em uma discussão que não mais considerava a liberdade o poder de se posicionar e se impor como um sujeito de direitos. A liberdade passa a ser um pressuposto da igualdade. Dessa forma, a liberdade só é possível se há igualdade, e esta igualdade engloba todo o corpo social.

Nas palavras do *rapper* contemporâneo "Djonga", de Belo Horizonte, "enquanto alguém for escravo, nenhum de nós é livre" (DJONGA, 2018). É exatamente neste sentido que TABORDA encara o pressuposto da igualdade:

> Diz-se ser a igualdade uma relação desejável entre indivíduos livres; não um ser, mas um dever-ser, já que uma sociedade em que todos são livres e iguais em uma mesma medida é um estado apenas imaginado, hipotético. Liberdade e igualdade constituem, assim, o conteúdo material do ideal de Justiça, uma vez que a liberdade é um valor para o homem enquanto indivíduo, e igualdade um bem ou valor para o homem enquanto ser genérico, como um ser pertencente a determinada classe ou grupo - a humanidade. (TABORDA, 1998, p. 245)

Apesar disso, se a igualdade é a "regra de justiça", faz parte de uma concepção maior, idealizada pelo homem, do que é a justiça. Então, o que antes seria facilmente resolvido com o ideário da igualdade substancial, passa a depender da escolha da maioria, pressuposto da democracia intrínseca à ideia do Estado Democrático de Direito, que muitas vezes, perpassa em muito a noção geral de justiça do senso comum, passando a privilegiar a noção de justiça criada como certa na mente do indivíduo, bombardeado com as ideias da classe dominante. Nesse sentido, a própria noção de Estado Democrático de Direito é abalada, por quem não acredita que liberdade, igualdade e justiça são essenciais.

Ora, então pensemos: se o Estado Democrático de Direito é o responsável por efetivar as cláusulas sociais da Constituição Cidadã, através da igualdade, da liberdade e da justiça, é possível que haja efetividade em algum desses aspectos se não há igualdade de oportunidades? Acreditamos não ser possível, considerando que atualmente, em um mundo globalizado, o valor da liberdade está no dinheiro, e quem não o tem, não é verdadeiramente livre para fazer suas próprias escolhas, vive em um mundo de sujeição.

3. A DESIGUALDADE REGIONAL E A EFETIVIDADE - OU NÃO - DO COMBATE À MISÉRIA

O Instituto Brasileiro de Geografia e Estatística - IBGE - é o órgão responsável pela divisão regional do Brasil. Desde a primeira proposta, realizada em 1913, já houve diversas divisões com a finalidade de adaptar a divisão regional às características naturais, econômicas, culturais, sociais e políticas coexistentes no Território Nacional.

A atual regionalização foi feita em 1970 e atualizada em 1990, em virtude das alterações trazidas pela Constituição de 1988. Segundo ela, o país é dividido em 5 (cinco) regiões: Norte, Nordeste, Centro-Oeste, Sudeste e Sul, as quais comportam os 26 estados, mais o Distrito Federal.

Por qualquer prisma que se escolha (econômico, social, educacional, de saúde, etc.), são nítidas - e por vezes gritantes - as diferenças entre as regiões brasileiras. Tal assertiva é tão real que levou o Constituinte a estabelecer como objetivo fundamental "erradicar a pobreza e a marginalização e **reduzir as desigualdades sociais e regionais**" (art. 3º, III da CRFB/88).

Segundo dados do IBGE, o PIB per capita do Brasil foi, em 2018, de R$ 33.593,82. No mesmo ano, o estado de São Paulo teve PIB per capita de R$ 48.542,24. Isso significa cerca de 40% a mais que a média nacional. Enquanto isso, o estado com menor índice no período foi o Maranhão, da região Nordeste, com R$ 13.955,75, ou seja, com uma defasagem de cerca de 60% em relação ao PIB per capita nacional. O Amazonas, estado da região Norte com melhor resultado em 2018, obteve para este indicador o valor de R$ 24.532,90, com uma defasagem de cerca de 30% em relação ao resultado nacional.

Esses dados ilustram de maneira quantitativa a questão da desigualdade regional, a qual se reflete também, de forma similar, em outros índices, como o IDH (Índice de Desenvolvimento Humano), na renda média dos trabalhadores e até na expectativa de vida. Em 2020, o IBGE informou que a expectativa média de vida dos brasileiros chegou aos 76,7 anos. Contudo, enquanto a maior expectativa de vida foi verificada em Santa Catarina (79,9 anos), na região Sul; os nascidos na região Nordeste, especificamente no Maranhão, têm esperança de viver 71,4 anos, espantosos 5,3 anos a menos que a média nacional.

Há uma grande e histórica disparidade entre as regiões Sul e Sudeste, mais desenvolvidas economicamente, e as regiões Centro-Oeste, Norte e Nordeste, figurando esta última como a de piores indicadores econômicos e a mais dependente de recursos federais, haja vista as condições climáticas da região, diversas vezes assolada pela seca. Saliente-se que existem também desigualdades intrarregionais, caracterizadas tanto por áreas de pobreza em regiões prósperas, quanto por áreas de alta renda em regiões menos desenvolvidas.

Para tentar diminuir as diferenças regionais o Governo Federal tem criado, ao longo da história brasileira, mecanismos com vistas a fomentar o desenvolvimento das regiões menos favorecidas como a implantação da Zona Franca de Manaus, no estado do Amazonas, em 1957. Também podemos citar o Banco Nacional de Desenvolvimento Econômico e Social (BNDES), fundado em 1952, que possuí programas que privilegiam as regiões menos desenvolvidas.

A CRFB/88 determinou, em seu artigo 159, I, c, que a União entregará, do produto da arrecadação dos impostos sobre renda e proventos de qualquer natureza e sobre produtos industrializados, 49% (quarenta e nove por cento), na seguinte forma:

> Três por cento, para aplicação em **programas de financiamento ao setor produtivo das Regiões Norte, Nordeste e Centro-Oeste**, através de suas instituições financeiras de caráter regional, de acordo com os planos regionais de desenvolvimento, ficando assegurada ao semiárido do Nordeste a metade dos recursos destinados à Região, na forma que a lei estabelecer. (g.n.)

A concretização do disposto no art. 159, I, c se dá através dos fundos constitucionais de financiamento, regulamentados pela Lei nº 7.827/89, que criou os três fundos dessa natureza: Fundo Constitucional de Financiamento do Centro-Oeste (FCO), o Fundo Constitucional de Financiamento do Nordeste (FNE) e o Fundo Constitucional de Financiamento do Norte (FNO). Esses fundos são as grandes ferramentas da Política Nacional de Desenvolvimento Regional - PNDR, e tem como objetivo reduzir as disparidades econômicas e sociais entre as regiões do país. Desde a sua criação, o FNE, o FNO e o FCO têm sido os principais instrumentos de política de desenvolvimento regional no Brasil. Em 2013, através dos três fundos, foram investidos cerca de R$ 23,5 bilhões em empréstimos para as atividades produtivas.

Os esforços de planejamento das políticas regionais existentes desde a década de 1990 foram consolidados na PNDR, desenvolvida a partir de 2003 e institucionalizada em 2007 pelo Decreto nº 6.047/2007 (Brasil, 2007) e, recentemente, redefinida pelos ditames exarados no Decreto nº 9.810/2019, que determina em seu art. 3º os seguintes objetivos:

> Art. 3º São objetivos da PNDR:
>
> I - promover a convergência dos níveis de desenvolvimento e de qualidade de vida inter e intra regiões brasileiras e a equidade no acesso a oportunidades de desenvolvimento em regiões que apresentem baixos indicadores socioeconômicos;
>
> II - consolidar uma rede policêntrica de cidades, em apoio à desconcentração e à interiorização do desenvolvimento regional e do País, de forma a considerar as especificidades de cada região;
>
> III - estimular ganhos de produtividade e aumentos da competitividade regional, sobretudo em regiões que apresentem declínio populacional e elevadas taxas de emigração; e
>
> IV - fomentar a agregação de valor e a diversificação econômica em cadeias produtivas estratégicas para o desenvolvimento regional, observados critérios como geração de renda e sustentabilidade, sobretudo em regiões com forte especialização na produção de commodities agrícolas ou minerais. (Brasil, 2019)

A norma estabelece ainda, em seu artigo 13, a forma de financiamento dos planos regionais de desenvolvimento, a saber:

> Art. 13. A execução dos planos regionais de desenvolvimento, dos planos sub-regionais, dos programas e das ações da PNDR será financiada por meio dos seguintes instrumentos:
>
> I - Orçamento Geral da União;
>
> II - Fundos Constitucionais de Financiamento do Norte, do Nordeste e do Centro-Oeste;
>
> III - Fundos de Desenvolvimento da Amazônia, do Nordeste e do Centro-Oeste;
>
> IV - programas de desenvolvimento regional de bancos públicos federais existentes ou que venham a ser instituídos;
>
> V - incentivos e benefícios de natureza financeira, tributária ou creditícia; e
>
> VI - outras fontes de recursos nacionais e internacionais.

Também foi instrumento de combate à pobreza advinda das desigualdades regionais os incentivos fiscais, que permitiram a industrialização do Nordeste e da Amazônia, sendo, até o início dos anos 2000, administrados pelos bancos regionais e agências de desenvolvimento. Recentemente foi editada a Lei 14.076/2020, que altera a legislação federal (Leis 9.440/97 e 9.826/99) para prorrogar até 31/12/2025 a validade de alguns incentivos fiscais voltados ao desenvolvimento regional, abrangendo os tributos IPI, PIS e COFINS.

De grande vulto para o desenvolvimento social e diminuição das diferenças regionais, propiciando o aumento do consumo e o aquecimento da economia em todas as regiões do país foi o programa de transferência de renda Bolsa Família. Criado em outubro de 2003, possui três eixos principais de atuação, quais sejam, o complemento da renda; acesso a direitos e articulação com outras ações a fim de estimular o desenvolvimento das famílias. O programa, que contribui para o combate à pobreza e à desigualdade, tem gestão descentralizada, isto é, tanto a União, quanto os estados, o Distrito Federal e os municípios têm atribuições em sua execução, a qual é operacionalizada através da Caixa Econômica Federal, que efetua os pagamentos.

O Bolsa Família beneficia as famílias que vivem em situação de pobreza e de extrema pobreza, cujo patamar é definido pelo critério do limite de renda. Podem participar do programa as famílias com renda por pessoa de até R$ 89,00 mensais; e famílias com renda por pessoa entre R$ 89,01 e R$ 178,00 mensais, estas desde que tenham crianças ou adolescentes em sua composição (idades de 0 a 17 anos). O recorde de transferência de renda pelo programa se deu em 2013, quando foram transferidos 24,5 bilhões de Reais às famílias de baixa renda.

Recentemente, devido à pandemia de COVID-19, o Governo Federal procedeu ao pagamento do auxílio emergencial estipulado pelo Congresso Nacional. Segundo dados do Ministério da Cidadania, os 14,28 milhões de famílias beneficiadas pelo Bolsa Família e com direito ao auxílio receberam um total superior a R$15,2 bilhões em agosto de 2020.

É inegável que a Constituição de 1988 estabeleceu um novo paradigma de Estado para o país. No entanto, muitos dos princípios e direitos estabelecidos ainda não se encontram regulamentados e mesmo as disposições constitucionais, como o uso exclusivo de rubricas orçamentárias (vinculação) para áreas como a seguridade social, que inclui a Saúde, e a educação, são penalizadas com a edição de emendas constitucionais. Os estados não praticam um "Federalismo cooperativo", mas sim, no geral, um "Federalismo competitivo", em "guerra fiscal" uns com os outros.

Em um cenário de crise sanitária e financeira mundial assistimos, em nosso país, ao aumento do desemprego, da população indigente, do endividamento das famílias e da violência, dentre tantas outras mazelas cotidianas para as quais, infelizmente, não parece haver solução num futuro próximo. E nem no distante, caso não sejam tomadas medidas que visem ao efetivo cumprimento da nossa Carta Magna, cujo conteúdo carece, ao nosso ver, de efetividade.

4. NOTAS FINAIS

De acordo com a harmonização de dados feita pelo Banco Mundial (World Bank), o Brasil, país de dimensões continentais e riquíssimo de recursos naturais, é um dos mais desiguais do mundo, em termos da distribuição de renda entre seus habitantes (WORLD BANK, 2020). Essa desigualdade imprime-se também na distribuição regional da riqueza.

Em 2018, segundo dados do Banco Mundial, dos 209,5 milhões de brasileiros, 4,4%, ou seja, 9 milhões e 218 mil pessoas, encontravam-se em situação de renda abaixo de US$1,90 por dia (atual linha internacional de extrema pobreza); 9,1% (equivalente a 19.064.500 pessoas) em situação de renda abaixo de US$3,20 por dia (pobreza) e 41.481.000 pessoas (19,8% do total) estavam em situação de renda abaixo de US$5,50 por dia. Com a queda apresentada no PIB em 2020 (-4,1% frente a 2019, a menor taxa da série histórica, iniciada em 1996) juntamente com o baixíssimo resultado de 2019, aliados ao crescente desemprego e à alta do dólar, podemos inferir que estes percentuais pioraram nos últimos dois anos, principalmente com a grave crise mundial causada pela epidemia da COVID-19.

Como leciona Batista Júnior:

> A gradual eliminação das desigualdades sociais apenas pode se dar por meio de políticas públicas, não se podendo prescindir da atuação do Estado.
>
> [...]
>
> O severo problema é que o dinheiro público, pelo menos nas iniciativas mais recentes, que poderia ser investido em prol dos necessitados, vem sendo usado para sanar problemas estruturais do próprio mercado, isto é, pagam a conta da crise, mais uma vez, os mais carentes, os miseráveis, que se vêm privados, gradativamente, das prestações mais elementares por parte dos Estados. (BATISTA JR, 2014)

Passados 32 anos da promulgação da chamada "Constituição Cidadã", faltam políticas públicas que ajudem a tornar as relações inter-regionais mais justas em nosso país, o que é agravado pela falta de continuidade dos programas devido às mudanças no governo, que não deveria se eximir do cumprimento dos mandamentos constitucionais.

REFERÊNCIAS BIBLIOGRÁFICAS

BATISTA JR, Onofre Alves. **Apostila TGE - NOTAS DE AULA DE TEORIA DO ESTADO - E.D.D** - Página 204. Belo Horizonte, 2014

BRASIL. Constituição (1988). **Constituição da República Federativa do Brasil**. Brasília, DF: Senado Federal: Centro Gráfico, 1988.

DJONGA. **Eterno**. Belo Horizonte: Coyote Beats: 2018.

FRANCISCO, Wagner de Cerqueira. **"Divisão Regional Brasileira"**; Brasil Escola. Disponível em: https://brasilescola.uol.com.br/brasil/divisao-regional-brasileira.htm. Acesso em 06 de março de 2021.

IBGE - Instituto Brasileiro de Geografia e Estatística. **Síntese de indicadores sociais : uma análise das condições de vida da população brasileira : 2020 / IBGE, Coordenação de População e Indicadores Sociais**. Disponível em https://biblioteca.ibge.gov.br/visualizacao/livros/liv101760.pdf. Acesso em 28 de fevereiro de 2021.

———. **Estatísticas Sociais: Em 2019, a expectativa de vida era de 76,6 anos.** Disponível em https://agenciadenoticias.ibge.gov.br/agencia-sala-de-imprensa/2013-agencia-de-noticias/releases/29502-em-2019-expectativa-de-vida-era-de--76-6-anos Acesso em 07 de março de 2021.

MINISTÉRIO DO DESENVOLVILMENTO REGIONAL. **Política Nacional de Desenvolvimento Regional**. Disponível em https://www.gov.br/mdr/pt-br/assuntos/desenvolvimento-regional/pndr Acesso em: jun. 2020.

PEREIRA, Rodolfo Viana. **Estado Democrático de Direito**. Editora Lumen Juris. 2010.

PLANALTO. **Entenda o que é o Estado Democrático de Direito**. Disponível em https://www2.planalto.gov.br/mandatomicheltemer/acompanhe-planalto/noticias/2018/10/entenda-o-que-e-o-estado-democratico-de-direito Acesso em 06 de março de 2021.

REALE, Miguel. **O Estado Democrático de Direito e o conflito das ideologias**. 2 ed. Ver. São Paulo: Saraiva, 1999

TABORDA, Maren Guimarães. **O princípio da igualdade em perspectiva histórica: conteúdo, alcance e direções**. Revista de direito administrativo. Rio de Janeiro, 1998 p.245

WORLD BANK. **World Development Indicators: Poverty rates at international poverty lines.** Disponível em: http://wdi.worldbank.org/table/1.2 Acesso em 07 de março de 2021.

———. **DISTRIBUTION of income or consumption. In: WORLD BANK. World development indicators**. Washington, DC, [2020]. tab. 1.3. Disponível em: http://wdi.worldbank.org/table. Acesso em: jun. 2020

DA PRÁTICA DO TOMA LÁ DÁ CÁ NO PRESIDENCIALISMO DE COALIZÃO AO RESPECTIVO RISCO DE CRISE DE REPRESENTATIVIDADE

André Felipe Reis Mendes[1]
Annache Valverde Rocha Diniz e Silva[2]
Nathalia Melo Figueiredo[3]
Nicolas Santana Pereira[4]

1. INTRODUÇÃO

Independentemente do nível de ensino, livros didáticos costumeiramente dão à Grécia Antiga um notável destaque ao tratar da Idade Antiga. Não por menos, tamanho valor recai sobre o fato de ter sido esta a localidade considerada não apenas por filósofos e historiadores como o berço da Democracia. Diante de tal cenário, o presente estudo lança mão de uma análise propedêutica sobre o conceito de Democracia e as diferentes formas de exercício no mundo contemporâneo, principalmente no Brasil. Em seguida, adentrando os limites da temática, será abordado a composição do sistema eleitoral parti-

1 Graduando em Direito pela Universidade Federal de Minas Gerais (UFMG). E-mail: reismendesandre@gmail.com.

2 Graduanda em Direito pela Universidade Federal de Minas Gerais (UFMG). E-mail: annache31@gmail.com.

3 Graduanda em Direito pela Universidade Federal de Minas Gerais (UFMG). E-mail: nathaliamelofigueiredo@gmail.com.

4 Graduando em Direito pela Universidade Federal de Minas Gerais (UFMG). E-mail: nicolassantana2e@gmail.com.

dário no Brasil e a questão da representatividade. Por fim, é talhada a ideia de como conflitos de interesses dentro de uma governança, apoiado sobre conceitos de presidencialismo de coalizão e da prática do toma lá dá cá, podem ser nocivas para o pleno exercício da democracia representativa

2. ORIGEM DA DEMOCRACIA

Democracia é uma nomenclatura advinda do grego *demokratía*, isto é, um governo exercido pelo poder (*kratos*) do povo (*dêmos*), termologia que recebe adequações com o passar do tempo, designando-se, atualmente, à titularidade do poder aos cidadãos, os quais possuem direitos e deveres na ordem jurídica.[5]

Um dos primeiros momentos em que foi possível notar socialmente a presença da democracia como regime político ocorreu na Grécia Antiga. Nesse período, havia na Grécia uma fragmentação territorial, a qual impossibilitava a unificação do poder político, de modo que havia subdivisões independentes e autônomas, denominadas *Pólis*. Atenas, especialmente, era uma *pólis* grega que ganhou bastante destaque quanto à implementação da forma democrática de governo, que prezava por um regime que efetivasse os direitos fundamentais dos cidadãos e que afastasse a ideia de opressão e tirania, de jeito que a divisão dos poderes seria o mecanismo para não acumular o poder político na mão de um soberano.

Nesse momento, a democracia era exercida por uma elite composta por cidadãos - então considerados homens, maiores de 21 anos -, excluindo-se os escravos ou estrangeiros. Eles se reuniam na Ágora, praça pública, para instituírem a Eclésia, dita Assembleia Popular, momento em que eram decididos, majoritariamente, os assuntos sobre a vida social dos habitantes da pólis. Era um local em que os membros do Estado exerciam o poder de participação política. Dessa maneira, essa primeira forma da democracia foi caracterizada como **direta**, uma vez que os cidadãos manifestavam suas vontades e interesses direta e pessoalmente, tendo seus votos individualmente contabilizados. Entretanto, o suporte para a dedicação dos cidadãos à coletividade apoiava-se em uma base escravagista, o que, mesmo sendo recriminada na atualidade, era uma prática comumente difundida, devendo ser observado o contexto histórico para melhor compreensão da temáti-

---

5 REIS, Maria Dulce. DEMOCRACIA GREGA: A ANTIGA ATENAS (SÉC. V a. C.). **Sapere Aude**, Belo Horizonte, v. 9, n. 17, p. 45-46, 2018.

ca. Aristóteles, *v.g.*, defendia a normalidade da escravidão, entendendo que o escravo nascia para tal múnus (GIORDANI, 2001, p. 186), e a imposição de pensamentos abolicionista no período da Grécia Antiga tenderia a configurar anacronismo[6].

Nesse sentido, a democracia direta era possível ocorrer na Grécia, pois a *pólis* tinha um contingente populacional moderado, de acordo com uma recomendação feita por Sócrates, e registrada por Platão (1956; p. 153), em seu livro A República: "[...] assim recomendamos a nossos magistrados que ajam de maneira que seu Estado não pareça nem grande nem pequeno, mas se conserve no meio termo e não deixe de ser uno.". A *pólis* não poderia ser diminuta, como forma de evitar ataques e invasões por outros povos, nem demasiadamente grande a ponto de não conseguir ser administrada.

Com o passar do tempo, a população se expandiu, tornando-se mais extensa e complexa, dificultando a reunião de todos os cidadãos em um local para participarem e exercerem o poder político individualmente. Além disso, o trabalho antes desvalorizado passou a ser cada dia mais necessário a todos os indivíduos, fazendo com que isto consumisse o tempo em que os cidadãos, antes, passariam tomando decisões públicas. Assim, aderiu-se à escolha de uma pessoa que seria representante do povo e teria como função a transmissão da vontade popular ao núcleo governamental. Esse outro tipo de democracia é chamado de **indireta e representativa**.

A democracia representativa tem como estrutura a eletividade de candidatos a representantes e o voto dos cidadãos. Como uma derivação democrática mais moderna, pressupõe-se a imparcialidade dos governantes, os quais devem visar, por meio da prática das políticas públicas, o bem comum, como dito por Sócrates e frisado em A República (PLATÃO, 1956, p. 148): "Afinal, ao construir uma república não tivemos em mira a felicidade de certa classe particular de cidadãos, porém antes, e quanto possível, a felicidade de todo o Estado". Sobretudo, a vontade popular deve ser livremente externada, havendo a supremacia do povo.

---

6 O historiador e jurista Antônio Manuel Hespanha explica que as diferentes concepções sobre uma mesma palavra se devem ao seu caráter "eminentemente relacional ou local" (HESPANHA, 2012, p.18), ou seja, uma análise referente a determinado termo - e discussões adjacentes a este - que esteja fora de seu devido lapso espaço-temporal incorrem em perdas semânticas e consequente anacronismo.

Vale ressaltar o extraordinário exemplo do exercício democrático que ocorre contemporaneamente no Estado suíço, onde a democracia direta é ainda uma realidade. Seguindo o modelo grego antigo de discussão de questões populares diretamente pelos cidadãos, a Suíça desenvolveu um modelo descentralizado de decisões governamentais ao longo de seus cantões, havendo, também um outro instrumento participativo, qual seja, a assembleia. "De forma gradual, esta também passou a fazer parte de todas as esferas do governo do país alpino" (KAUFMANN, 2019).

Quanto à democracia indireta, destaca-se a existência de alguns problemas, como a insatisfação da população com o governo dos representantes, o conflito de interesses destes com o povo e a corrupção. Dessa maneira, a partir das primeiras décadas do Século XX, disseminou-se outro tipo de democracia, chamada de **semidireta**. Nesta, há a escolha de representantes, como ocorre na democracia indireta, entretanto, com a possibilidade de convocação popular para a tomada de decisões públicas.

2.1. A IRÔNICA RELAÇÃO ENTRE PERÍODOS DE REGIME DEMOCRÁTICO E AUTORITÁRIO NA EVOLUÇÃO DA DEMOCRACIA BRASILEIRA

Hodiernamente, a adoção de uma democracia participativa com seu pleno exercício pela soberania popular, é um ponto de extrema relevância na sociedade Brasileira, tal como previsto com grande ênfase no art. 1º, parágrafo único da Constituição Federal de 1988: "Todo poder emana do povo, que o exerce por meio de representantes eleitos ou diretamente, nos termos desta Constituição." (BRASIL, 2020). Assim, tal como explicam Jorge, Liberato e Rodrigues em seu Curso de Direito Eleitoral (2016), a democracia semidireta é a forma mais próxima do povo exercer seu poder de maneira ordenada, a partir do sufrágio universal em comunhão com mecanismos de ação direta da soberania popular, tais como a o plebiscito, o referendo e a iniciativa popular[7] - apesar de não se restringirem a eles. Todavia, tal plenitude democrática nem sempre foi regra na história política do país, de modo que os regimes políticos marcados no país se apresentassem de maneira não

7 Apesar da oficialização da forma semidireta de democracia adotada no país, é evidente a prevalência da democracia representativa no ordenamento brasileiro, uma vez que são manipuladas e burocratizadas em âmbito político. Assim, "as formas constitucionais de participação direta [...] *sempre dependem dos representantes eleitos pelo povo.*" (JORGE, LIBERATO, RODRIGUES, 2016, p. 43).

linear - "em espiral", como bem alude Bizzarro e Coppedge (2017) – contando com momentos de maior e menor abertura democrática.

Com uma breve análise sobre a história do constitucionalismo e da política brasileira – e demais assuntos adjacentes a esta –, é possível perceber que, apesar de ser um Estado republicano relativamente jovem, o país percorreu uma trajetória repleta de percalços e instabilidade políticas e governamentais, com uma notória alternância de modelos de exercício do poder. Desta análise surge um convite à reflexão acerca da irônica relação entre governos de vieses majoritariamente democrático ou autoritário, na medida em que a dita ironia se consubstancia no fato de em meio à vigência de regimes essencialmente despóticos surgiram instrumentos de exercício da democracia, mesmo que, ao menos a princípio, a população não conseguisse exercê-los em sua forma categórica

Já à luz do Direito Constitucional, Moraes nos ensina que:

> Constituição, *lato sensu,* é o ato **de construir, de estabelecer, de firmar** [...]. Juridicamente, porém, *Constituição* deve ser entendida como a lei fundamental e suprema de um Estado, que contém normas referentes à **estruturação do Estado**, à formação dos poderes públicos, **formas de governo e aquisição de poder de governar**, distribuição de competências, direitos, garantias e deveres dos cidadãos. (2018, p. 52, grifo nosso)

Posto isso, com a promulgação ou a outorga de uma nova Carta Magna ascende a faculdade desta de firmar, ou não, um novo paradigma, juntamente com novos direitos, procedimentos e configurações governamentais, todos responsáveis pela legitimação do exercício de uma democracia ou de uma autocracia. A fim de ilustrar supracitadas assertivas, tem-se a Constituição Republicana de 1891, primeira do país pós imperial. Esta, que visava a concretização do regime republicano federativo no Brasil, apesar de promulgada em Assembleia Constituinte e prescrever como uma de suas principais características um regime representativo e uma tripartição dos poderes – extinguindo, portanto, o Poder Moderador[8] – (FERNANDES, 2020), encontrava-se imersa em uma realidade distinta do que se possa imaginar. Sob um **regime democrático limitado**, a Primeira República contava com uma representação popular quase nula, com sufrágio censitário e constan-

---

8 O quarto poder, denominado Poder Moderador, era o ponto central da organização política centralizada e durante o período imperial. Era exclusivo ao imperador - que também ocupava o cargo de chefe do Executivo - e poderia intervir nos demais poderes. Além disso, era uma figura tida como sagrada e inviolável, não estando sujeito a qualquer tipo de responsabilidade. (MENDES, BRANCO, 2018, p.145.)

tes casos de fraudes eleitorais, endossados por violência e arranjos restritos à elite cafeicultora da época (BIZZARRO, COPPEDGE, 2017, p. 9).

Sequencialmente, os acontecimentos pelos quais o mundo da década de 1920 e 1930 vinha passando, convergiram para que ocorresse uma mudança do paradigma liberal em direção ao paradigma do Estado de Bem-Estar Social, fato que influenciou o Governo provisório de Getúlio Vargas, após a Revolução de 1930. Tal concatenação de eventos corroboraram para o afunilamento dos níveis democráticos experimentados no Brasil da época, de modo que "o Congresso Nacional foi dissolvido, todos os órgãos legislativos estaduais e municipais também foram dissolvidos e os governadores foram afastados mediante nomeação de interventores federais" (FERNANDES, 2020, p. 303). Todavia, ainda na governança de Vargas, atendendo aos anseios de uma restauração do regime democrático, a Constituição de 1934 modificou as estruturas políticas por meio de alterações do Poder Legislativo. No tocante ao exercício da democracia durante a "Era Vargas", a ironia entre os regimes em questão fica por conta do advento do sufrágio universal e direto[9] em um período de supressão de importantes órgãos e fatores democráticos (FERNANDES, 2020).

2.2. SISTEMA ELEITORAL PARTIDÁRIO E A COMPOSIÇÃO DE BASES

A fim de solidificar a democracia brasileira e tendo o sufrágio como ferramenta primordial para isto, "exsurge o **partido político** como elo fundamental entre o povo e Estado, servindo como canal de aglutinação, debate, reflexão, e discussão da sociedade civil em torno de ideais políticos [...]" (JORGE, LIBERATO, RODRIGUES, 2016, p. 164, grifo nosso).

Sincronicamente, a relação entre democracia e sistema eleitoral pode ser vista por uma equação de meios e fins, sendo o fim caracterizado pela própria soberania popular, de modo justo e equânime (sentido finalístico da democracia), e que, para ser exercida, carece de meio e métodos para tanto (face instrumental da democracia), garantindo-se o sufrágio sem distorções ou desvios (JORGE, LIBERATO RODRIGUES, 2016, p. 42). Os mecanismos do exercício democrático, portanto, são ofertados a partir dos sistemas eleitorais, o qual, no Brasil, segue-se o majoritário e o proporcional. Adotado em eleições para os cargos de presidente da república, governador, prefeito e senador, o **sistema majoritário por maioria absoluta**, carece da maior soma de votos válidos

---

9 Responsável por eleger candidatos mediante um sistema proporcional, juntamente com eleições sindicais indiretas (FERNANDES, 2020).

de um candidato em relação aos seus concorrentes para que seja eleito. Já o sistema eleitoral proporcional - restrito aos membros do Poder Legislativo, salvo senadores -, leva em consideração a proporção de preferências ideológicas intrínsecas aos partidos, refletindo sua representatividade perante aquela parcela da sociedade[10].

Há certo paradoxo em ambos os sistemas, por apresentarem vantagens e desvantagens face à representatividade. O sistema majoritário é favorável ao sucesso de siglas mais fortes frente aos partidos menores e, por eleger somente o que detém maior número de votos, é passível de maior controle pelo eleitorado. Em contrapartida, o sistema proporcional garante maior fragmentação entre siglas menores, menos expressivas, promovendo maior representatividade entre a população, restando fragilizado o controle pelo eleitor. Surge assim o paradoxo: menor representatividade e maior controle contra maior representatividade e menor controle do mandato pelo do eleitor.

Em vista disso, as reconhecidas e comuns "alianças eleitorais"[11] - coligações - nem sempre se mantêm após a posse dos eleitos, surgindo novos desenhos de alianças e composições entre partidos do governo e as siglas que foram a base aliada - as coalizões -, com o escopo de sustentação ou oposição governamental (MENDES, BRANCO, 2018, p. 1268). Trata-se do "**jogo institucional**" entre o Poder Executivo e o Congresso Nacional. Para o desenvolvimento de medidas propostas pelo Governo, é necessária a aprovação do Legislativo e, para tanto, Poder Executivo e Congresso devem andar em sintonia, formando maioria parlamentar. Essa prática é conhecida por **Presidencialismo de Coalizão**.

3. CONFLITOS DE INTERESSES COMO RISCO À REPRESENTATIVIDADE

Atualmente, grande parte dos Estados Nacionais enfrentam uma crise denominada crise de representatividade, isto é, a representação democrática tem-se caracterizado por um desgaste profundo, de modo a não mais corresponder às expectativas postas sobre ela. Além disso, a legitimidade dos sistemas políticos vem sendo fragilizada em decor-

---

10 TORRES, Damiana. **Tribunal Superior Eleitoral.** Sistemas eleitorais brasileiros. [*s.l, s.d*]. Disponível em: https://www.tse.jus.br/o-tse/escola-judiciaria-eleitoral/publicacoes/revistas-da-eje/artigos/revista-eletronica-eje-n.-4-ano-4/sistemas-eleitorais-brasileiros. Acesso em: 4 mar 2021.

11 Termo utilizado pelo Código Eleitoral de 1950, Lei nº 1.164/1950.

rência de diversos aspectos como a corrupção e o conflito entre o interesse público e o privado (NOGUEIRA, 2014).

Os partidos políticos adquirem papel crítico por serem responsáveis por agrupar e zelar determinados ideais da sociedade (BATISTA, 2020). Contudo, em virtude dos constantes escândalos de corrupção e da instabilidade intrapartidária, cada vez mais as agremiações políticas caem em descrédito com a população. Além disso, de acordo com o índice de Percepção da Corrupção de 2020[12], o Brasil está no lugar 94° com pontuação 38, dentre os 180 países, o que aponta a profundidade da corrupção no país.

Nesse contexto, um conceito ganha inesperada relevância, se contrapondo aos ideais de justiça defendidos por Platão em A República. Trata-se do *trade-off*, conceito de origem econômica, mas que aplicado à política traz à tona uma mentalidade de diversos eleitores da seguinte forma: "ele rouba, mas faz". N. Gregory Mankiw explica que o *trade-off* define uma situação de escolha conflitante, presente "quando uma ação econômica que visa à resolução de determinado problema acarreta, inevitavelmente, outros" (2001, p. 4). Sob a ótica política, o eleitor, visando determinado benefício lícito, escolhe determinado candidato, mesmo sabendo de suas práticas corruptas, uma vez que todos são corruptos (PAVÃO, 2016). Portanto, persevera claramente que o cidadão que respeita o ordenamento jurídico não se sentirá plenamente representado por alguém que não o respeita.

Desta maneira, nota-se o surgimento de um antipartidarismo e uma antipolítica na sociedade brasileira, em virtude da crença popular de que a corrupção está em tudo e, demonstrando-se sistêmica, faz com que o eleitorado não diferencie partidos pelo critério da corruptibilidade (PAVÃO, 2016). Com isso, o eleitor se sente cada vez mais desmotivado de ir às urnas, situação que agrava a crise em de sistema pautado na democracia representativa.

Adjunto a isso, observando Índice de Percepção da Corrupção, percebe-se que, desde 2014, há o aumento constante desse índice, o que invariavelmente está ligado ao ápice da operação conhecida como Lava Jato (BASTOS, 2016), a qual deflagrou numerosos casos de imputação

12 O índice, que classifica 180 países e territórios com base nos níveis percebidos de corrupção no setor público de acordo com especialistas e executivos, usa uma escala de zero a 100, em que zero significa "altamente corrupto" e 100 significa "muito íntegro".

de corrupção a figuras políticas, ligadas a cargos públicos de destaque, e que teriam, em tese, subtraído o erário. A referida operação realizada pelo Ministério Público, em parceria com a Polícia Federal, deflagrou o maior escândalo de corrupção da história brasileira, segundo a Transparência Internacional. Neste esquema:

> [...] empreiteiras organizadas em cartel pagavam propina para altos executivos da estatal e outros agentes públicos. O valor da propina variava de 1% a 5% do montante total de contratos bilionários superfaturados. Esse suborno era distribuído por meio de operadores financeiros do esquema, incluindo doleiros investigados na primeira etapa. (BRASIL, 2016).

Haja vista que, de acordo com Nara Pavão,[13] quando há crise econômica, a população tende a perceber mais os escândalos de corrupção, mostrando assim as razões para referido aumento. Desde o início dos trabalhos da Força Tarefa que consubstanciou a Operação Lava Jato, em 2014, até o ano de 2017, destacou-se a análise da elevação da taxa de desemprego em 96,2% (IBGE, 2018), corroborando a ideia de que a corrupção sistêmica fica mais perceptível à população quando mais patente as crises econômicas.

Logo, os eleitos do povo para representar a nação acabam flagelando seus próprios eleitores, por meio dessas ações criminosas[14]. Percebe-se, por fim, que a corrupção não é exclusiva do Brasil, estando presente em diversos países, que também enfrentam a crise de representatividade, mostrando a periculosidade dessa prática à democracia.

Partindo destas premissas, questiona-se a relação entre a prática do toma lá dá cá, considerado elemento precípuo do presidencialismo de coalizão, e a crise de representatividade decorrente da percepção da elevação da corrupção praticada por agentes políticos. Frisa-se que o problema não está no presidencialismo de coalizão em si, mas sim na maneira com que é trabalhada na governança. Assim, o sociólogo Sérgio Abranches explica a sua origem dizendo que, nascido em 1945 e interrompido por um curto período anterior à instauração do regime militar (de 1961 a 1963), apresenta uma associação entre presidencialismo, federalismo e governo de

---

13 **A complexa relação entre democracia e corrupção sob a ótica de Nara Pavão**. [São Paulo, s.n]: Fecomércio. 04 out 2016. Disponível em: https://www.fecomercio.com.br/video/a-complexa-relacao-entre-democracia-e-corrupcao-sob-a-otica-de-nara-pavao. Acesso em: 07 mar. 2021.

14 Entre as medidas propostas para combate à corrupção e práticas correlatas, destaca-se a edição da Lei nº 12.846, de 1º de agosto de 2013, denominada Lei Anticorrupção (BRASIL, 2013).

coalizão multipartidária, reinventando de maneira bastante diversificada suas regulações e evoluindo ao longo de 30 anos.[15]

A busca pela governabilidade é o estandarte usado para justificar a coalizão, na medida em que o Chefe do Executivo procura condições favoráveis e estáveis na relação com o Legislativo para desenvolver suas propostas de governo. As alianças formadas durante o período de campanha eleitoral nem sempre se mantêm após a posse, e, ainda que sejam as mesmas, não detém força de ligação duradoura, exigindo-se um certo trato de barganha entre os dois poderes. Tudo isso é perfeitamente válido se a perspectiva se voltar tão somente à governabilidade, à aplicação de ações e programas de governo. Afinal de contas, as propostas apresentadas pelo Executivo demandam sintonia com o Congresso Nacional para serem aprovadas. O problema reside nas hipóteses em que a motivação da barganha ultrapassa a mera governança e segue na busca de interesses particulares dos agentes políticos.

A escolha de Ministros sem capacitação técnica, mas por motivação partidária e o loteamento de cargos em empresas estatais, são característicos das ofertas na dinâmica do toma lá dá cá. Os partidos, na maioria das vezes, em sua atuação parlamentar, têm se tornado uma espécie de casa comercial em que cada um "vende" sua influência oficial e informal para o detentor de capital político oficial discricionário que esteja interessado em "comprá-la". Cargos no poder executivo costumam também ser moeda de troca em negociações, como no caso da aceitação de denúncia de crime comum contra o então presidente Michel Temer, situação na qual os "primeiros acordos passam por oferecimento de cargos para troca de apoio na rejeição da denúncia, da seguinte forma: seriam feitas nomeações nos ministérios da Integração Nacional, Minas e Energia e Agricultura, além de agências reguladoras"[16]. Nesse cenário é explícito o caráter puramente fisiológico em seu sentido estrito, isto é, "conduta política que visa a satisfação de inte-

15 CAVALCANTI, Hylda. *Planalto atua para salvar Temer com cargos. Oposição diz que prática é 'compra de votos'*. **Rede Brasil Atual**. 2017, p. 15. Disponível em: https://www.redebrasilatual.com.br/politica/2017/07/planalto-atua-para-salvar-temer-com-cargos-oposicao-diz-que-e-2018compra-de-votos2019/ Acesso em: 7 mar. 2021.

16 CAVALCANTI, Hylda. *Planalto atua para salvar Temer com cargos. Oposição diz que prática é 'compra de votos'*. **Rede Brasil Atual**. 2017. Disponível em: https://www.redebrasilatual.com.br/politica/2017/07/planalto-atua-para-salvar-temer-com-cargos-oposicao-diz-que-e-2018compra-de-votos2019/ Acesso em 7 mar. 2021.

resses pessoais ou partidários em detrimento do bem comum" (BORBA, 2004. p. 622), pois, a gravidade da denúncia e sua razoabilidade passam a ser totalmente irrelevantes para os partidos e parlamentares, uma vez que existe grande possibilidade de ganho pessoal.

Buscando identificar o cerne da dinâmica partidária fisiologista, é necessário lembrar que, até muito recentemente, grande parte dos partidos tinham direito a benefícios pecuniários públicos quando sua fundação era homologada pelo Tribunal Superior Eleitoral. Recentemente, com a aprovação da cláusula de barreira, é necessário um mínimo de votos e representatividade eleitoral para gozar de benesses públicas. A cláusula de barreira vai no sentido de atenuar o problema da pulverização representativa:

> Se a preocupação inicial era a proteção das minorias, o desenvolvimento do fenômeno democrático impõe que a criação abundante de agremiações políticas produzisse uma instabilidade que denega o ideal da própria *demokratia*. Um pluripartidarismo exagerado, com facilidade extrema para a criação de agremiações, incentivado ainda pela fragmentação político-ideológica, impede a formação de maiorias sólidas aptas a governar, fazendo com que pequenas agremiações tenham um poder excessivo de barganha sem amparo na realidade social, no que conduz à fragilização do regime democrático.[17]

Nesse sentido, a mera existência de um partido já o qualificava como ator político influente em função não de sua capilaridade política proveniente do apoio de parte da população, mas das vantagens adquiridas pela maquinação burocrática bem executada junto a órgãos competentes do sistema eleitoral. Ademais, a estrutura interna dos partidos permite que diversas vezes poucos dirigentes possuam o efetivo controle de toda a máquina partidária e da decisão sobre a escolha de candidatos e alianças, sendo tais instituições pouco democráticas internamente, o que se reflete em uma distorção da dinâmica política pretensamente democrática no âmbito eleitoral *per se*.

Atualmente, o risco de instauração de um processo de *impeachment* é iminente para qualquer chefe de Poder Executivo, na medida que tal instrumento é visto por adversários políticos como ferramenta de combate, e o termo tem sido cada vez mais presente no vocabulário

---

17 AGRA, Walber de Moura; NETO, Emiliane Priscilla Alencastro. *A cláusula de barreira como instrumento de aperfeiçoamento da democracia*. **Revista Eletrônica Direito e Política, Programa de Pós-Graduação Stricto Sensu em Ciência Jurídica da UNIVALI,** Itajaí, v.12, n.2, maio-ago 2017. p. 704.

do cidadão, uma vez que, dos seis presidentes eleitos desde a reinstalação da democracia direta no país, um terço foi retirado do poder por referido mecanismo[18]. O descrito em ambos os crimes de responsabilidade que motivaram tais processos, apresentaram variadas percepções pela sociedade, havendo um certo nível de adequação social no caso da mandante petista, uma vez que a população tendia a enxergar o *impeachment* como meras manobras políticas. Há de se destacar que, independentemente da ótica ideológica impressa no processo de 2016, o julgamento de crime de responsabilidade supostamente praticado pelo chefe do Executivo, é um julgamento político, e não jurídico. Certamente devem ser respeitados os liames jurídicos legais que norteiam o procedimento, mas - nesse caso - os juízes são os parlamentares, ditos representantes do povo, exigindo-se boa relação entre o Executivo e o Legislativo.

Mais à frente, no que tange ao instrumento do *impeachment*, tem se visto proliferar a utilização de tal expediente em esferas municipais e estaduais, o que, apesar da existência de adaptações para tal mecanismo, demonstra relativa banalização de seu uso[19]. Logo, o *impeachment*, hoje, se traduz como a mais forte arma ao alcance dos adeptos das negociatas, que visam repartir, lotear a máquina pública e utilizá-la para ganho pessoal como previu Cardozo[20] em sua peça de defesa no processo instaurado contra a então Presidente Dilma Rousseff: "Que pretextos infundados não poderão ser utilizados, sem quaisquer espécies de freios jurídicos e democráticos, para viabilizar um ataque oportunista e mortal a um mandato presidencial legitimamente obtido nas urnas".

Em tal processo, instaurado contra o Chefe do Executivo, a prática em comento de troca de interesses recebe especial atenção. Por se tratar de um julgamento político de supostos crimes de responsabilidade imputados ao gestor, o Chefe do Executivo se vê na obrigação de man-

---

18 IMPEACHMENT. *In* BADIN, Luís Armando; HIPPOLITO, Regina. **FGV Centro de Pesquisa e Documentação de História Contemporânea do Brasil.** Rio de Janeiro, c 2009. Disponível em: <http://www.fgv.br/cpdoc/acervo/dicionarios/verbete-tematico/impeachment> Acesso em: 6 mar. 2021

19 Ibidem.

20 CARDOZO, José Eduardo. **Defesa da presidente Dilma Rousseff apresentada à Câmara dos Deputados.** Brasília, Advocacia Geral da União. 2016, p. 15. Disponível em: https://www.conjur.com.br/2016-abr-04/leia-defesa-dilma-apresentada-cardozo-camara Acesso em 7 mar. 2021.

ter boa relação com o Legislativo, tendo em vista que tal julgamento não se sustenta necessariamente no tecnicismo das ciências jurídicas. Não são observados tão somente as condutas do gestor e sua adequação ao tipo. O que se discute entre os julgadores é, primordialmente, a viabilidade política da manutenção do mandato do denunciado no processo de *impeachment*. Tais afirmações foram facilmente vislumbradas nas experiências vividas na democracia brasileira, nos processos sofridos pelos Presidentes Fernando Collor de Mello em 1992 e Dilma Rousseff em 2016.

Em última análise, o clientelismo fomenta a corrupção no modelo de cooptação, deturpando a ideia de formação de alianças, levando-a a objetivos espúrios. Nesse diapasão, a prática do toma lá dá cá tende a ser renegada à ideia eminentemente negativa, viciada, distorcida, relegada ao mero clientelismo endêmico, à cooptação e consequente corrupção, quando, em verdade, não se limita a isso. A cooptação é uma maneira legítima de formação de alianças no modelo de presidencialismo de coalizão, necessária para a negociação de programas e valores[21]. O que deve ser rechaçado, portanto, é o uso de métodos ilegítimos para referida coalizão, tais como práticas corruptas de satisfação de interesses pessoais em troca de apoio no Congresso Nacional, com ênfase ao supracitado poder de lideranças partidárias as quais de fato controlam a maioria dos votos parlamentares.[22]

4. CONSIDERAÇÕES FINAIS

Após a completa cognição da concatenação de argumentos no presente artigo, é possível assimilar que no modelo de democracia representativa aplicado no Brasil, o poder atribuído ao povo é soberano, sendo ele, portanto, sobressaltado ao poder político e econômico, de modo com que esse segundo não guie as ações das instituições governamentais[23]. Constatou-se também que a plenitude democrática pas-

---

21 ABRANCHES, Sérgio. **Presidencialismo de coalizão:** raízes e evolução do modelo político brasileiro. Ed. Companhia das Letras: São Paulo, 2018, p. 15.

22 FIGUEIREDO, Argelina; LIMONGI, Fernando. *Bases institucionais do presidencialismo de coalizão.* **Lua Nova**: São Paulo, n. 44, 2007, p. 83.

23 KIERECZ, Marlon Silvestre. A Crise da Democracia Representativa no Brasil. **Cadernos do Programa de Pós-Graduação em Direito – PPGDir./UFRGS**, Porto Alegre, v. 11, n. 2, dez. 2016. Disponível em: <https://seer.ufrgs.br/ppgdir/article/view/61967>. Acesso em: 07 mar. 2021.

sou por variadas situações, com altos e baixos numa variação pendular da abertura democrática, estabilizando-se em um modelo de democracia semidireta, amparado pelo texto constitucional de 1988.

Sendo assim, dentre os fatores que originam a crise de representatividade no sistema democrático é o conflito entre o interesse do povo, majoritariamente operariado, e o interesse de certos grupos minoritários, isto é, grandes corporações particulares, empresas ou conglomerados empresariais, que orientam suas ações primordialmente em função do lucro, não da sociedade. Nesse contexto, tais grupos possuem forte influência tanto sobre a circulação de riqueza, quanto sobre o poder estatal, fazendo com que Estado se sujeite cada vez mais às intenções e desejos desses grupos, os quais atuando em sistemas mundiais, de redes complexas, dificultam a aplicação de uma jurisdição nacional ao seu funcionamento[24][25]

Nessa lógica, o Legislativo, peça fundamental do sistema democrático, é compelido a realizar a criação de leis que devem ser aprovadas por políticos em uma coalizão. Essas legislações, apesar do primordial escopo de suprir as necessidades e anseios de todo o povo, uma vez que este detém soberania no Estado democrático, beneficiam parte restrita da sociedade. Com o surgimento de leis contrárias à maior parte da população, há novamente o acirramento da crise democrática em questão, por conta do acirramento das competições entre uniões partidárias e consequente distanciamento da efetiva representatividade.[26]

Em última análise, viu-se que a formação de bases e alianças por meio de modelo de presidencialismo de coalizão não pode ser considerado o único vilão da política brasileira e que o problema do desenvolvimento deste modelo não é necessariamente a prática do toma lá dá cá, essencialmente presente na democracia nacional nas últimas três décadas. A questão mais nociva, no entanto, é o desvio de função

---

24 FARIA, José Eduardo. **Policentrismo x soberania: as novas ordens normativas**. In: Direito e conjuntura. São Paulo: Saraiva, 2010. pp. 37-51.

25 KIERECZ, Marlon Silvestre. A Crise da Democracia Representativa no Brasil. **Cadernos do Programa de Pós-Graduação em Direito – PPGDir./UFRGS**, Porto Alegre, v. 11, n. 2, dez. 2016. ISSN 2317-8558. Disponível em: <**https://seer.ufrgs.br/ppgdir/article/view/61967**>. Acesso em: 07 mar. 2021.

26 BATISTA, Onofre Alves Batista Júnior. **O Outro Leviatã e a Corrida ao Fundo do Poço:** Guerras fiscais e precarização do Trabalho a face perversa da globalização a necessidade de uma ordem econômica global mais justa. São Paulo: Almedina, 2015.

da formação de alianças, quando a sociedade testemunha os interesses particulares dos agentes políticos sobreporem os projetos necessários ao bem-estar da população, e o mercantilismo de cargos, apoios e votos sublimam o interesse público, a fim de garantir tão somente projetos de poder e interesses privados. Referidas práticas tendem a ferir sobejamente a representatividade da população, fomentando crises políticas e enfraquecendo a democracia brasileira.

REFERÊNCIAS BIBLIOGRÁFICAS

ABDALA, Vitor; ÍNDIO, Cristina. **Taxa de desemprego cai no país e fecha 2019 em 11,9%:** Índice é inferior ao de 2018, que encerrou o ano em 12,3%. Agência Brasil, Rio de Janeiro, jan. 2020. Disponível em: https://agenciabrasil.ebc.com.br/economia/noticia/2020-01/taxa-de-desemprego-no-pais-fecha-2019-em-11. Acesso em: 07 mar. 2021

ABRANCHES, Sérgio. **Presidencialismo de coalizão:** raízes e evolução do modelo político brasileiro. Ed. Companhia das Letras: São Paulo, 2018, pp. 15-16.

A complexa relação entre democracia e corrupção sob a ótica de Nara Pavão. [São Paulo, s.n]: Fecomércio. 04 out 2016. Disponível em: https://www.fecomercio.com.br/video/a-complexa-relacao-entre-democracia-e-corrupcao-sob-a-otica-de-nara-pavao. Acesso em: 07 mar. 2021.

AGRA, Walber de Moura; NETO, Emiliane Priscilla Alencastro. *A cláusula de barreira como instrumento de aperfeiçoamento da democracia.* **Revista Eletrônica Direito e Política, Programa de Pós-Graduação Stricto Sensu em Ciência Jurídica da UNIVALI,** Itajaí, v.12, n.2, maio-ago 2017.

BANCO, CENTRAL DO BRASIL. **Direito e conjuntura.** [*S. l.*: *s. n.*], 2010.

BARREIROS NETO, Jaime. **Direito eleitoral.** 10. ed. rev., atual. e ampl. - Salvador: Juspodivm, 2020. pp 53 - 120

BASTOS, Emanuelle de Souza; ROSA, Maycon Peter da; PIMENTA, Marcio Marvila. Os Impactos da Operação Lava Jato e da Crise Internacional do Petróleo nos Retorno Anormais e Indicadores Contábeis da Petrobras 2012-2015. **Pensar Contábil**, CRC-RJ Conselho Regional de Contabilidade do RJ, v. 18, n. 67, p. 49 - 56, 2016. Disponível em: http://www.atena.org.br/revista/ojs-2.2.3-08/index.php/pensarcontabil/article/viewFile/2947/2382. Acesso em: 07 mar. 2021.

BATISTA, Onofre Alves Batista Júnior. **O Outro Leviatã e a Corrida ao Fundo do Poço:** Guerras fiscais e precarização do Trabalho a face perversa da globalização a necessidade de uma ordem econômica global mais justa. São Paulo: Almedina, 2015

BECKER, Camila; CESAR, Camila; GALLAS, Débora Gallas; WEBER, Maria Helena. Manifestações e voto ao *impeachment* de Dilma Rousseff na primeira página de Jornais brasileiros **Revista Latino-Americana de Ciências da Comunicação**, [*s.*

l.], v. 13, ed. 24, 2021. Disponível em: http://revista.pubalaic.org/index.php/alaic/article/view/736/417. Acesso em: 07 mar. 2021

BIZZARRO, Fernando; COPPEDGE, Michael. **Variedades da Democracia no Brasil.** Opinião Pública, Campinas, v. 23, n. 1, abr. 2017 pp. 6 - 38 Disponível em: https://www.scielo.br/pdf/op/v23n1/1807-0191-op-23-1-0001.pdf Acesso em: 6 mar 2021

BRASIL, Ministério Público Federal. **Caso Lava Jato**. Brasília, 2018. Disponível em: http://www.mpf.mp.br/grandes-casos/lava-jato/entenda-o-caso. Acesso em: 3 mar. 2021.

———. [Constituição (1988)]. **Constituição da República Federativa do Brasil.** Senado Federal. Brasília, 2020

CALDAS, Camilo Onoda Luiz; CALDAS, Pedro Neris Luiz. Estado, democracia e tecnologia: conflitos políticos e vulnerabilidade no contexto do big-data, das fake news e das shitstorms. **Perspectivas em Ciência da Informação.** Belo Horizonte, v. 24, n. 2, p. 196 - 220, jun 2019. Disponível em: <http://www.scielo.br/scielo.php?script= sci_arttext & pid=S1413-99362019000200196\ lng= en\ nrm=iso>. Acesso em: 07 mar. 2021.

Câmara do Rio rejeita 9º pedido de impeachment contra Crivella. **PODER360**. 17 de set de 2020. Disponível em: https://www.poder360.com.br/brasil/camara-do-rio-rejeita-9o-pedido-de-impeachment-contra-crivella/. Acesso em 7 mar. 2021.

CARDOZO, José Eduardo. **Defesa da presidente Dilma Rousseff apresentada à Câmara dos Deputados.** 2016: Brasília, Advocacia Geral da União. Disponível em: https://www.conjur.com.br/2016-abr-04/leia-defesa-dilma-apresentada-cardozo-camara Acesso em 7 mar. 2021.

CASTELLS, Manuel. **O poder da comunicação**. 2 ed. Paz e Terra, Oxford University Press, 2009.

CAVALCANTI, Hylda. *Planalto atua para salvar Temer com cargos. Oposição diz que prática é 'compra de votos'.* **Rede Brasil Atual**. 2017. Disponível em: https://www.redebrasilatual.com.br/politica/2017/07/planalto-atua-para-salvar-temer-com-cargos-oposicao-diz-que-e-2018compra-de-votos2019/ Acesso em 7 mar. 2021.

CHAIA, Vera Lúcia; Brugnago. A Nova Polarização Política nas Eleições de 2014; Radicalização ideológica da direita no mundo contemporâneo do *Facebook*. **Aurora: Revista de Arte, Mídia e Política. São Paulo,** v. 7, n. 21, ago. 2019, p. 99-129 Disponível em: https://revistas.pucsp.br/index.php/aurora/article/view/22032. Acesso em: 07 mar. 2021

CRUZ, Elaine Patrícia. *Vox Populi: Maioria quer impeachment, mas acha que processo não resolverá a crise.* **Agência Brasil.** 2016. Disponível em: <https://www.redebrasilatual.com.br/politica/2017/07/planalto-atua-para-salvar-temer-com-cargos-oposicao-diz-que-e-2018compra-de-votos2019/ Acesso em 7 mar. 2021.

FARIA, José Eduardo. **Policentrismo x soberania: as novas ordens normativas.** In: Direito e conjuntura. São Paulo: Saraiva, 2010. pp. 37-51

FERNANDES, Bernardo Gonçalves. **Curso de Direito Constitucional**, 12 ed. rev., atual, ampl. Salvador: JusPodivm, 2020 pp. 295 - 320

FIGUEIREDO, Argelina; LIMONGI, Fernando. *Bases institucionais do presidencialismo de coalizão.* **Lua Nova**: São Paulo, n. 44, 2007, pp. 81-106.

GAUGHAN, A. J. Illiberal Democracy: The Toxic Mix of Fake News, Hyperpolarization, and Partisan Election Administration. **Duke Journal of Constitutional Law & Public Policy**, v. 12, n. 3, p. 57–139, 2017. Acesso em: 07 mar. 2021

GIORDANI, Mario Curtis. **"A escravidão "em história da Grécia Antiguidade Clássica I**. 7. ed Petrópolis: Vozes , 2001 pp 184-196.

GOMES, Wilson da Silva; DOURADO, Tatiana. Fake news, um fenômeno de comunicação política entre jornalismo, política e democracia. **Estudos em Jornalismo e Mídia**, Santa Catarina, v. 16, n. 2, 11 nov, 2019. Disponível em: https://periodicos.ufsc.br/index.php/jornalismo/article/view/1984-6924.2019v16n2p33 Acesso em: 07 mar. 2021

IBGE. Instituto Brasileiro de Geografia e Estatística. **Desemprego recua em dezembro, mas taxa média do ano é a maior desde 2012.** [*S. l.*], 2020. Disponível em: https://agenciadenoticias.ibge.gov.br/agencia-noticias/2012-agencia-de-noticias/noticias/19759-desemprego-recua-em-dezembro-mas-taxa-media-do-ano-e-a-maior-desde-2012. Acesso em: 07 mar. 2021

———. Instituto Brasileiro de Geografia e Estatística. **Especialistas discutem combate à propagação de informações falsas.** [*S. l.*], 2020. Disponível em:https://agenciadenoticias.ibge.gov.br/agencia-noticias/2012-agencia-de-noticias/noticias/23060-especialistas-discutem-combate-a-propagacao-de-informacoes-falsas. Acesso em: 07 mar. 2021

———. Instituto Brasileiro de Geografia e Estatística. **Pesquisa Nacional por Amostra de Domicílios Contínua - PNAD Contínua.**[*S. l.*], 2020. Disponível em: https://www.ibge.gov.br/estatisticas/sociais/trabalho/9171-pesquisa-nacional-por-amostra-de-domicilios-continua-mensal.html?=&t=o-que-e. Acesso em: 07 mar. 2021.

IMPEACHMENT. *In* BADIN, Luís Armando; HIPPOLITO, Regina. **FGV Centro de Pesquisa e Documentação de História Contemporânea do Brasil.** Rio de Janeiro, c 2009. Disponível em: <http://www.fgv.br/cpdoc/acervo/dicionarios/verbete-tematico/impeachment> Acesso em: 6 mar. 2021

JORGE, Flávio Cheim; LIBERATO, Ludgero; RODRIGUES, Marcelo Abelha. **Curso de Direito Eleitoral**, de acordo com a EC 91/2016. Salvador: Juspodivm, 2016.

KAUFMANN , Bruno. **Os caminhos da democracia direta moderna na Suiça**: History. House of Switzerland, [s. l.], 26 abr. 2019. Disponível em: https://www.houseofswitzerland.org/pt-br/taxonomy/term/7/os-caminhos-da-democracia-direta-moderna-na-suica. Acesso em: 6 mar. 2021.

KIERECZ, Marlon Silvestre. A Crise da Democracia Representativa no Brasil. **Cadernos do Programa de Pós-Graduação em Direito – PPGDir./UFRGS**, Porto Alegre, v. 11, n. 2, dez. 2016. ISSN 2317-8558. Disponível em: <**https://seer.ufrgs.br/ppgdir/article/view/61967**>. Acesso em: 07 mar. 2021. doi:**https://doi.org/10.22456/2317-8558.61967**.

MARTINS, Marina Soares Sabioni. **O papel da mídia na construção de sentidos sobre corrupção.** II interprogramas - XV Secomunica Comunicadores e Mutações: Cenários e Oportunidades, Brasília, 19 a 23 set. de 2016. pp 174 - 182 Disponível em: https://portalrevistas.ucb.br/index.php/AIS/article/viewFile/7852/4864. Acesso em: 07 mar. 2021

MENDES, Gilmar Ferreira; BRANCO, Paulo Gustavo Gonet. **Curso de Direito Constitucional.** 13 ed. rev e atual. São Paulo: Saraiva educação, 2018 pp 145 - 152, 1268 - 1286

MORAES, Alexandre de. **Direito Constitucional**, 34 ed. rev. atualizada até a EC 99/2017. São Paulo: Atlas, 2018. pp. 52

NOGUEIRA, Marco Aurélio. Representação, crise e mal-estar institucional. **Sociedade e Estado.** Brasília, v. 29, n. 1, p. 91-111, Apr. 2014. Disponível em: http://www.scielo.br/scielo.php?script=sci_arttext&pid=S0102-69922014000100006&lng=en&nrm=iso. Acesso em: 07 mar. 2021

O que a campanha de Trump nas redes sociais diz sobre a eleição brasileira. Entrevista TORRETA, André. Direção: Duda Teixeira. [*S. l.*: *s. n.*], 2018. Disponível em: https://www.youtube.com/watch?v=Jijj1QtEvXs. Acesso em: 4 mar. 2021.

PADULA, Ana Júlia Akaishi; ALBUQUERQUE, Pedro Henrique Melo. Corrupção governamental no mercado de capitais: um estudo acerca da operação Lava Jato. **Revista de Administração de Empresas.** São Paulo, v. 58, n. 4, p. 405-417, ago. 2018. Disponível em: http://www.scielo.br/scielo.php?script= sci_arttext & pid=S0034-75902018000400405 & lng= en\ nrm=iso. Acesso em: 07 mar. 2021

PLATÃO. **A República**. 6. ed. São Paulo: Atena Editora, 1956. 457 p. 74-153

RAMOS, Luciana de Oliveira; CUNHA, Luciana Gross; OLIVEIRA, Fabiana Luci de; SAMPAIO, Joelson Oliveira; BUENO, Rodrigo de Losso da Silveira; ÚBIDA, Giovanna. Relatório ICJBrasil - 1° semestre/2017. ***In*: Relatório ICJBrasil - 1° semestre / 2017**. Escola de Direito de São Paulo da Fundação Getúlio Vargas, São Paulo, 2020. Disponível em: http://bibliotecadigital.fgv.br/dspace/handle/10438/19034. Acesso em: 07 mar. 2021

RECUERO, Raquel; GRUZD, Anatoliy. Cascatas de Fake News Políticas: um estudo de caso no Twitter. **Galáxia (São Paulo)**, São Paulo, n. 41, p. 31-47, Aug. 2019. Disponível em: https://www.scielo.br/pdf/gal/n41/1519-311X-gal-41-0031.pdf Acesso em: 07 mar. 2021

REIS, Maria Dulce. **DEMOCRACIA GREGA:** A ANTIGA ATENAS (SÉC. V a. C.). Sapere Aude, Belo Horizonte, v. 9, n. 17, p. 45-66, 2018.

SILVA, Ânderson. *Processo de impeachment contra o governador Carlos Moisés é aberto na Alesc*. **NSC total.** 2020. Disponível em: https://www.nsctotal.com.br/colunistas/anderson-silva/alesc-abre-processo-de-impeachment-contra-o-governador--carlos-moises-da Acesso em 7 mar. 2021.

TORRES, Damiana. **Tribunal Superior Eleitoral.** Sistemas eleitorais brasileiros. [*s.l, s.d*]. Disponível em: https://www.tse.jus.br/o-tse/escola-judiciaria-eleitoral/publicacoes/revistas-da-eje/artigos/revista-eletronica-eje-n.-4-ano-4/sistemas-eleitorais-brasileiros. Acesso em: 4 mar 2021

A AUTENTICIDADE DAS INFORMAÇÕES E AS FAKE NEWS: OS PREJUÍZOS À DEMOCRACIA

Camila Cristina de Moura Abreu[1]
Geovanna Magalhães Ganda[2]
Hugo Gabriel Machado Amaral[3]
Isadora Albino Matias[4]
João Vitor Mendes da Silva[5]

1. INTRODUÇÃO

Nos últimos anos, o termo *fake news* tem se popularizado de forma rápida pelo mundo, desde que ele passou a ser mencionado com frequência no meio político. Apesar de ter tomado notoriedade somente após as declarações de Donald Trump durante as eleições presidenciais americanas em 2016, esse termo já era utilizado desde o final do século XIX, segundo o famoso dicionário Merriam-Webster[6]. De acordo com esse mesmo dicionário, a expressão *fake news* é usada para descre-

1 Graduanda em Direito pela Universidade Federal de Minas Gerais (UFMG). E-mail: camilamoura21@hotmail.com.

2 Graduanda em Direito pela Universidade Federal de Minas Gerais (UFMG). E-mail:geoganda1998@gmail.com.

3 Graduando em Direito pela Universidade Federal de Minas Gerais (UFMG). E-mail: hugoamaral56@gmail.com.

4 Graduanda em Direito pela Universidade Federal de Minas Gerais (UFMG).

5 Graduando em Direito pela Universidade Federal de Minas Gerais (UFMG). E-mail: joaovitormsilva2@gmail.com.

6 Dictionary by Merriam Webster, 2018.

ver uma história política feita para danificar a imagem pública de outra pessoa, agência ou entidade.

Durante o período das eleições de 2016, os Estados Unidos da América vivenciaram uma disputa acirrada entre os candidatos, tendo como vitorioso o republicado Donald Trump, que viria a fazer um governo marcado por traços autoritários e preconceituosos, gerando assim, muita polêmica no decorrer dos anos, o que culminou na sua derrota nas eleições de 2020, perdendo para o atual presidente Joe Biden. Foi nesse período de 2016 em diante, que o termo *fake news* ganhou força, quando Donald Trump iniciou um discurso político no qual alegava perseguição por parte dos veículos midiáticos da época. Na obra "Como as democracias morrem", há um trecho no qual os autores explanam esse acontecimento:

> A ADMINISTRAÇÃO TRUMP também intensificou esforços para tirar de campo jogadores importantes do sistema político. Os ataques retóricos de Trump contra críticos na mídia são um exemplo disso. Suas acusações reiteradas de que espaços como o New York Times e a CNN estavam distribuindo "fake news" e conspirando contra ele soam familiares a qualquer estudante de autoritarismo. Num tuíte de fevereiro de 2017, ele chamou a mídia de "inimiga do povo americano", uma terminologia que, observavam os críticos, imitava a de Stálin e Mao. A retórica de Trump era com frequência ameaçadora.[7]

Destarte, é necessário adentrar no âmbito jurídico quando se discute a respeito da *fake news* e a liberdade de expressão. Tratando-se do Brasil, sabe-se que a *fake news* também é bastante comum, principalmente desde as eleições presidenciais de 2018, quando o atual presidente Jair Bolsonaro foi eleito. Sendo assim, é importante salientar que a Constituição Federal de 1988, em seu art. 220, prevê a liberdade de expressão:

> A manifestação do pensamento, a criação, a expressão e a informação, sob qualquer forma, processo ou veículo não sofrerão qualquer restrição, observado o disposto nesta Constituição.[8]

Como é visto, o documento normativo defende a livre expressão em território brasileiro, no entanto, não existe dispositivo dentro da Constituição que proíba a circulação de notícias falsas, embora existam

---

7 LEVITSKY, Steven; ZIBLATT, Daniel. **Como as democracias morrem**. 1º Ed. Rio de Janeiro. 2018. p.140

8 BRASIL. [Constituição (1988)]. **Constituição da República Federativa do Brasil**. Brasília: *s. n.*], 1988. art. 220

artigos do Código Penal que podem ser utilizados para criminalizar a prática da criação de *fake news*. Ademais, ao se tratar das formas como a *fake news* impacta na democracia, é de suma importância adentrar no contexto histórico, na qual essa se desenvolve, desde o momento do surgimento da imprensa, até sua evolução dentro da sociedade brasileira como um todo.

2. FAKE NEWS EM PERSPECTIVA HISTÓRICA: OS PREJUÍZOS À DEMOCRACIA

Embora o termo *fake news* só tenha sido registrado a partir do século XIX, as notícias falsas dominavam o mundo desde os tempos antigos. Antes dos conteúdos impressos, as informações da época eram registradas em pergaminhos, que ficavam sob os cuidados de líderes das camadas mais privilegiadas da sociedade, ou seja, o clero e a nobreza. Essas pessoas tinham total controle sobre a disseminação dessas informações, o que facilitava muito a propagação de notícias falsas e boatos, pois era praticamente impossível de se verificar a veracidade daqueles conteúdos.

Foi no século XV, que surgiu a famosa prensa de Gutenberg[9], que revolucionou a forma como as informações eram produzidas e divulgadas, pois permitiu que mais pessoas tivessem acesso aos conteúdos contidos nos livros, gerando uma grande mudança na mentalidade europeia. Muito tempo depois, surgiram as impressoras e o sistema de editoração, cuja ampla disseminação democratizou o conhecimento pelo mundo. Contudo, nem todas as pessoas eram letradas, o que fez com que muitos indivíduos, privilegiados por serem alfabetizados, utilizassem dessa falta de conhecimento alheia para disseminar *fake news* para as pessoas não letradas, uma vez que elas não tinham como analisar as informações de forma crítica e entender a real veracidade dos fatos divulgados.

Entretanto, nos dias atuais, o que ocorre é um fenômeno diferente, chamado de zumbificação da informação[10], que seria o ato de consumir e divulgar informações falsas sem analisar criticamente e sem verificar as fontes antes de disseminá-las. Segundo Leite e Matos:

---

9 JARDIM, Hallini Izabel Ruberto; ZAIDAN, Phillipe Derwich Silva. **Controle de Informação: uma análise sobre o papel da censura e da fake news na história brasileira.** 2018, Belo Horizonte.

10 *Ibidem* p.4.

> Se algum dia a informação já foi escassa, hoje ela é excedente. Este excesso parece sobrecarregar o sistema cognitivo e fazer com que a informação perca sua principal função: informar. [11]

Nesse sentido, é interessante analisar a história da imprensa especificamente no Brasil, a fim de compreender como esse processo se deu em território nacional. Tratando-se da origem da imprensa, retoma-se à época de 1808, com a vinda da corte portuguesa para o país, quando também começa a circular o primeiro jornal oficial: a Gazeta do Rio de Janeiro[12]. Todavia, esse jornal seguia completamente o ideal português, nunca contrariando a coroa, o que fez com que José Hipólito da Costa, lançasse o "verdadeiro" jornal brasileiro na Inglaterra, chamado Correio Braziliense, que mostrava posições contrárias às da coroa portuguesa.

Anos depois, durante a República Velha, o Brasil teve sua história marcada pelo voto de cabresto, a corrupção e as fraudes eleitorais, mostrando que nesse período a liberdade de expressão era bastante limitada e as informações terrivelmente manipuladas. Já na época de Deodoro da Fonseca até Epitácio Pessoa, há uma retração da imprensa, com diversos jornais sendo fechados. O mesmo fato também ocorreu em governos subsequentes, que visavam sempre limitar as informações divulgadas pelo país.

Na década de 30, houve, então, o chamado Estado Novo, governado por Getúlio Vargas, que subiu ao poder por meio da aplicação de um golpe de estado, denominado Plano Cohen. Tal plano divulgava uma mentira em relação aos comunistas, alegando uma invasão dessa ideologia no país, garantindo assim, a ascensão de Vargas ao poder. Nesse momento histórico, o ditador acabou por criar o Departamento de Imprensa e Propaganda, que tinha como principal objetivo divulgar informações a respeito do governo de forma positiva, para fortalecer o Estado Novo.

Após o fim do Estado Novo, vieram outros presidentes, tais como Juscelino Kubitschek, eleito democraticamente. Infelizmente, esse período democrático não durou muito, pois logo veio a Ditadura Militar,

---

11 LEITE, Leonardo Ripoll Tavares; MATOS, José Claudio. **Zumbificação da informação: a desinformação e o caos informacional**. Revista Brasileira de Biblioteconomia e Documentação, São Paulo, v.13, p. 2334-2349.

12 Cf.JARDIM,Hallini Izabel Ruberto; ZAIDAN, Phillipe Derwich Silva. **Controle de Informação**... cit, p.6.

fortalecida também em cima de um discurso falso sobre a invasão comunista no Brasil. Mais uma vez, o país passava por um golpe endossado por uma *fake news*. Esse foi um período bastante controverso, violento e triste da história brasileira, fortemente marcado pela censura e repressão ao diferente, além de usarem *fake news* como uma das principais armas de manipulação durante a ditadura.

Depois do fim da ditadura, o Brasil passou por um longo processo de redemocratização, com a criação de uma nova Constituição em 1988, a famosa "Constituição Cidadã", que tinha como objetivo garantir os direitos individuais, tão negligenciados durante o período ditatorial. A liberdade de expressão tornava-se, então, um bem jurídico fortemente tutelado pelo Estado.

Embora o Brasil esteja livre da ditadura atualmente, a *fake news* ainda é comum em meio a sociedade brasileira, ganhando destaque, principalmente, a partir de 2018, nas eleições democráticas para presidente da República, que foi cercada por inúmeras polêmicas. Outrossim, desde o início da pandemia do Covid-19 em 2020, a circulação de notícias falsas aumentou exponencialmente[13], segundo o site de notícias da Globo, mostrando que esse problema ainda está muito presente no cenário brasileiro.

Visto todo o contexto histórico mundial e brasileiro exposto acima, o presente artigo irá explorar mais adiante as formas como a falta de autenticidade das informações prejudica a democracia, tanto no âmbito político, quanto no âmbito sanitário, desde que a *fake news* tem colaborado deliberadamente para o aumento de casos de Covid-19, no Brasil e no mundo.

3. AS INFLUÊNCIAS DA FAKE NEWS NA CIVILIZAÇÃO MODERNA CAPITALISTA: UM ATENTADO À DEMOCRACIA

Como exposto, as ferramentas de controle político da população já são usadas há bastante tempo na história e à medida que a sociedade vai adquirindo melhores tecnologias, as ferramentas criadas para isso se tornam cada vez mais eficazes. Com o novo advento da internet, a

---

13 GLOBO. **Em tempos de pandemia, redes sociais potencializam disseminação de fake news.** G1, São Paulo, 26 de jan. de 2021. Disponível em: <http://g1.globo.com/sp/sao-carlos-regiao/jornal-da-eptv-2edicao//videos/v/em-tempos-de-pandemia-redes-sociais-potencializam-disseminacao-de-fake-news/9212844/> Acesso em: 05 de mar. de 2021.

manipulação das massas pelo controle de dados consegue se expandir a ponto de influenciar a forma de ser e pensar das pessoas para a maneira que é desejada por empresas e políticos. Nesse cenário, as *fake news* entram no jogo fortalecendo ainda mais o controle e a democracia se torna cada vez mais frágil. Eleitores agora não votam segundo as ideias que mais lhes convêm, mas pelo interesse de um grande leviatã[14] que controla todo o sistema virtual.

Segundo Byung-Chul Han, "o neoliberalismo é um sistema muito eficiente (...) na exploração da liberdade"[15]. Ele a transformou em "sinônimo de comunidade bem-sucedida" [16], uma vez que o indivíduo é rebaixado a reprodutor e intensificador do capital. O homem se torna explorador e proletário dele mesmo[17]. "Quem fracassa na sociedade neoliberal de desempenho, em vez de questionar a sociedade ou o sistema, considera a si mesmo como responsável e se envergonha por isso"[18], dessa forma, evita-se qualquer tipo de revolta contra a ditadura do capital. Todos agora trabalham para ele, o que leva até a política a se tornar "serva do capital[19]".

Diante disso, forma-se a ditadura da transparência, uma necessidade constante de informações e comunicação, pois, neste contexto, "significam produtividade, aceleração e crescimento"[20]. "A transparência também é reivindicada em nome da liberdade de informação"[21] e, dessa maneira, muitas pessoas vão expondo suas vidas voluntariamente e fortalecendo cada vez mais as ferramentas de controle político das massas.

---

14 Nesse sentido, JÚNIOR, Onofre Alves Batista. **O outro leviatã e a corrida ao fundo do poço**, São Paulo: Almedina, 2015. p. 298. Conforme colocado pelo autor: "O Leviatã que voa não chora pelo sofrimento dos miseráveis; nenhuma "mão invisível" reparte o pão ou cuida de feridos."

15 Cf. HAN, Byung-Chul Han. **Psicopolítica: Neoliberalismo e as novas técnicas de poder**. 1° edição. Belo Horizonte: Editora Âyiné, 2018. p. 11.

16 *Ibidem*, p. 12.

17 *Ibidem* p. 14.

18 *Ibidem*, p. 16.

19 *Ibidem*, p. 17.

20 *Ibidem*, p. 20.

21 *Ibidem*, p. 19.

Até mesmo os políticos se encontram nesse cenário mergulhado pelas ditaduras formadas pelo neoliberalismo e encenam seus papéis de ofertantes, enquanto os eleitores atuam dignamente como consumidores. Han descreve que seguindo corretamente a lógica do consumo, "o eleitor apenas reage de forma passiva à política, criticando, reclamando, exatamente como faz o consumidor diante de um produto ou um serviço que não gosta."[22]. Com isso, mostra-se um palco muito propício para espalhar *fake news*, principalmente quando se está diante de uma ditadura da transparência.

Para afunilar uma análise acerca da conceituação da *fake news*, necessita-se compreendê-la como uma tentativa do homem em suprir uma lacuna social no teor da informatividade. No entanto, em sua elaboração pouco se atentam sobre a veracidade das respostas a serem produzidas, e como resultado, originam-se informações distorcidas, tendenciosamente ou não.

A existência de espaços como a internet e suas derivações virtuais culminam em um maior acesso a redes informacionais com a prerrogativa de noticiar aqueles que delas usufruem. No entanto, os conteúdos informativos pouco se têm a uma crítica compreensão social que em inúmeros casos digerem informações de modo basilar sem qualquer interpretação autônoma, dessa maneira são conduzidas por quem escreve a aderirem pensamentos e ideias pouco autorais. Espaços abrangentes gerados por esses acessos versam com uma famigerada insegurança resultante de uma desinformação sobre conceitos que aparentam informar, de uma maneira metodológica, tais meios de informação acabam de agravar noticiais e textos, em parâmetros mundiais, que celebram movimentos segregacionistas e antidemocráticos. Assim, a propagação de informações que servem especialmente para alimentar e atrair seguidores a tais ideologias são impulsionadas e motivadas por notícias falsas que auxiliam em uma maior adesão social[23].

Especificamente se tratando dessas falsas notícias eleitorais, de acordo com Raquel Recuero e Anatoliy Gruzd, tratam-se de notícias inverídicas que tem como finalidade influenciar em processos eleito-

---

22 *Ibidem*, p. 21.

23 CORSALETTE, C. (2018, maio 27). **Pós-verdade, fake news e as eleições no Brasil**. Nexo Jornal.Acesso em 02 mar. 2021.

rais[24]. Como colocado anteriormente, o processo de "tecnologização" favoreceu a expansão de instrumentos de controle por parte do capital. Nesse sentido, encontram-se dois elementos muito importantes para o espalhamento das *fake news* na internet, como analisado por Recuero e Gruzd,

> O primeiro deles refere-se aos algoritmos de visibilidade dessas ferramentas. Esses algoritmos selecionam o que será visto pelos atores com base em suas próprias ações e nas ações de sua rede social[25]. O segundo elemento diz respeito às próprias escolhas dos atores, que decidem o que vão compartilhar, publicar ou tornar visível à sua rede social. Assim, mídia social, em âmbito de debate político, também é frequentemente associada à polarização[26]. Como os atores tendem a compartilhar informações baseadas em suas próprias crenças e percepções, especialmente em contextos polêmicos, a mídia social tende a apresentar redes de conversação extremamente polarizadas. Este fenômeno é representado pela constituição de polos opostos partidarizados, pouco conectados entre si. [27]

Não obstante os recursos que permitem direcionar informações a alvos específicos, bem como a exposição em massa de conteúdos com caráter radical, ocorre também "a influência de robôs (*bots*[28]) e atores muito engajados que podem criar falsas percepções de consenso, para que determinada informação circule."[29] Com isso, dá-se uma potencia-

---

24 RECUERO, Raquel *et* GRUZD, Anatoliy. ***Cascatas de Fake News Políticas*: um estudo de caso no Twitter. Galaxia** (São Paulo, *online*), n° 41, maio-ago, 2019. p. 32.

25 PARISIER, E. The Filter Bubble. New York: The Penguin Press, 2011 *apud* RECUERO, Raquel *et* GRUZD, Anatoliy. *Cascatas de Fake News Políticas*: ..., cit., p. 32.

26 SOARES, F. B. ; RECUERO, R. ; ZAGO, G. Influencers in Polarized Political Networks on Twitter. In: **Proceedings for the International Conference for Social Media and Society**. Copenhagen, Denmark, 2018. p. 1-10 *et* GRUZD, A. & ROY, J. Investigating Political Polarization on Twitter: A Canadian Perspective. Policy & Internet. Vol 6, Issue 1, 2014. DOI: . Acesso em 20 jul 2018. *apud* RECUERO, Raquel *et* GRUZD, Anatoliy. *Cascatas de Fake News Políticas*: ..., cit., p. 32.

27 RECUERO, Raquel *et* GRUZD, Anatoliy. *Cascatas de Fake News Políticas*: ..., cit. , p. 32..

28 "Bot" pode ser definido como um programa de computador que foi fabricado para automatizar procedimentos, geralmente repetitivos, em ordem de ajudar as pessoas. A palavra "bot" vem de "robot", que, em inglês, significa "robô". Ou seja, um bot nada mais é do que um robô, mas que existe apenas em formato digital. (AGLANTZAKIS, 2020 p.24 apud LOUREIRO, 2016).

29 Nesse sentido, RECUERO, Raquel *et* GRUZD, Anatoliy. **Cascatas de Fake News Políticas: um estudo de casos no Twitter**. Galaxia (São Paulo, online), n° 41,

lização do espalhamento de *fake news*[30] e o fortalecimento do controle neoliberal sobre a política usando-se de falsas notícias, sendo que, quem perde, é a sociedade civil.

Cabe salientar que, como citado, um processo de fomentar notícias falsas que assola perigosamente os eixos democráticos são as próprias intitulações de "*fake news*" - informações em que esses atores políticos engajados discordam. Assim, uma notícia em que está em deliberado desacordo a um pensamento ou ideologia pregados por quem lê, se torna refém de uma discriminação informativa e denominada como uma notícia falsa por pura intolerância a pensamentos contrários por determinado agente do escopo social em questão. Dessa maneira, a própria existência de uma informação de um governo com matriz democrática, pode ser caluniada por pensadores e cidadãos contrários como uma informação leviana por pura discordância em suas operações enquanto representantes do Estado. Logo, compreende-se que a *fake news* pode também ser, uma existência em si própria enquanto função de deslegitimar uma informação em que por ser contrária é chamada de inverídica.

Um problema a ser abordado que impulsiona as disseminações de notícias falsas que ameaçam a permanência democrática, está metodologicamente ligada com a compreensão dos usuários enquanto números de acessos aos portais de notícias. Acerca disso, é importante mencionar que os apreciadores de informações de qualquer natureza, no ambiente virtual, são enxergados enquanto mínimas expressões numéricas, denominadas de algoritmos. Tais algoritmos são ligeiramente gerados com ligação ao assunto em que o cidadão pesquisa, lê ou assiste, dessa maneira, o próprio ambiente virtual orquestra as ferramentas de pesquisas para disponibilizar em holofotes notícias similares aquelas nas quais o leitor procura.

Cabe informar que todas essas informações em que dos acessos são retiradas, é denominada de *big data*. Um conceito que pode ser compreendido como grande armazenamento em uma livre interpretação. Logo, esse "armazenamento" contém, daqueles que acessam, informações pessoais, gostos e ideias e os utilizam para condicionar ou quiçá movimentar suas compreensões para um determinado polo almejado. As informações em questão são disponibilizadas por nós nas redes vir-

---

mai-ago, 2019, p. 34.

30 Nesse sentido, *Ibidem*, p. 35.

tuais e são numericamente analisadas para oferecer um instrumento de manipulação e, assim, sermos conduzidos a agir de uma maneira desejada por terceiros[31]. Logo, pode-se compreender que essas informações armazenadas são utilizadas por movimentos politizados para nos tornar aderentes às ideologias pregadas e propagadas por tais.

Ademais, cabe salientar que a crescente e abrangente conexão nos meios digitais possibilitou uma integração entre grupos, antes apartados pelas questões geográficas e sociais impostas por um sistema desigual de distribuição de riquezas e de espaços, em um debate fortalecido pela liberdade de expressão e opinião em um ambiente que quebra as barreiras impostas pelas questões de distanciamento física. Considerando os aspectos essenciais para o funcionamento da democracia, sendo eles, como definido por Bobbio, tangentes à uma predominância dos ideais defendidos pela maioria, constata-se a necessidade da existência de um sistema no qual aqueles que são chamados a eleger representantes de suas ideias no escopo político - considerando um regime democratico estruturado numa noção de participação - sejam colocados diante de alternativas reais e postos em condições de escolher entre uma e outra ideia.[32]. Portanto, como apresentado por Aglantzakis:

> A democracia, enquanto sistema de governo, não se destina apenas à maioria, mas também para proteger o dissenso da minoria, possibilitando o debate plural, tanto no espaço público quanto no espaço privado, assegurando a pluralidade de ideias, das formas de ser, de informar e ser informado pelo meio que convier.[33]

Dado a definição e exposição do funcionamento de uma democracia plena, ou seja, aquela em que os princípios de participação e escolha são respeitados e assegurados, nota-se que as *fake news*, dado o contexto apresentado, são uma ameaça a esse regime democratico. As notícias falsas que circulam nos meios digitais, com o auxílio dos aparatos tecnológicos que permitem a disseminação e compartilhamento dessas informações, sem que a veracidade e origem sejam desvendados (pela

---

31 OLIVEIRA, A. S., & GOMES, P. O. (2019, maio/agosto). **Os Limites da Liberdade de Expressão: Fake News como ameaça à Democracia**. FDV, v.20 (n.2), 10.

32 BOBBIO, Norberto. **O Futuro da Democracia**. 8. ed. Tradução de Marco Aurélio Nogueira. Rio de Janeiro: Paz e Terra, 2002, p.32.

33 AGLANTZAKIS, Vick Mature. **FAKE NEWS COMO AMEAÇA À DEMOCRACIA E OS MEIOS DE CONTROLE DE SUA DISSEMINAÇÃO**. Revista de Teorias da Democracia e Direitos Políticos, [S. l.], p. 20-37, 27 jul. 2020, p.24

utilização de aparatos como *bots* e robôs digitais), culminam numa desinformação generalizada que ameaça, em diversos aspectos, a civilização moderna ocidental, cuja estruturação foi feita nos moldes da evolução tecnológica e da informação[34].

Portanto é possível perceber que a democracia se encontra extremamente fragilizada, devido ao fortalecimento do interesse do capital. Com a desenfreada manipulação de dados, os indivíduos se encontram reféns de uma força despersonalizada, que usa estratégias sutis e eficazes para explorar cada vez mais em nome da liberdade[35]. A sociedade deixa de ser dividida em grupos de inclinações convergentes, que seguem de acordo com seus próprios desejos, para se tornar agora uma massa guiada por um leviatã sem nenhuma preocupação com os interesses reais da sociedade.[36]

4. FAKE NEWS NO CONTEXTO DA CRISE SANITÁRIA DO COVID-19

Nem mesmo em um estado pandêmico, como o vivido agora com a Severe Acute Respiratory Syndrome Coronavirus 2 (SARS-Cov2) ou popularmente conhecida como Corona Vírus, que até o momento segundo estatísticas já matou mais de dois milhões de pessoas por todo o mundo, as *fake news* deixaram de circular e serem transmitidas pelos diversos meios de comunicações e propagadas tanto por cidadãos comuns, quanto por especialistas e até Chefes de Nações, que deveriam dar o exemplo, e que causaram tantos prejuízos para as sociedades quanto o Coronavírus.

Trazendo para um cenário brasileiro, onde lamentavelmente, 62% da população não consegue reconhecer uma *fake news* segundo o estudo "*Iceberg digital*", desenvolvido pela Kaspersky, empresa global de cibersegurança, em parceria com a empresa de pesquisa CORPA, na América Latina[37], em conjunto com o estado de pânico em que a sociedade se

34 *Ibidem*, p. 28

35 HAN, Byung-Chul Han. **Psicopolítica: Neoliberalismo e as novas técnicas de poder.** 1. ed. Belo Horizonte: Editora Âyiné, 2018. p. 39.

36 Nesse sentido, JÚNIOR, Onofre Alves Batista. **O outro leviatã e a corrida ao fundo do poço.** São Paulo: Almedina, 2015, p. 298.

37 SOUZA, Diego. 62% dos brasileiros não sabem reconhecer fake news, diz pesquisa. **Canaltech**, [*S. l.*], 13 de fev. de 2020. Disponível em: <https://canaltech.com.br/seguranca/brasileiros-nao-sabem-reconhecer-fake-news-diz-pesquisa-160415/>. Acesso em: 03 de mar. de 2021.

encontrava, uma vez que os casos de Covid-19 subiam alarmantemente um dia posterior ao outro. Com essa vulnerabilidade, muitas notícias falsas foram soltas nos meios de comunicação principalmente na internet, como em grupos do whatsapp, facebook, twitter. A maioria dessas informações estão diretamente associadas a nomes de autoridades ou instituições da área da saúde, para conseguir credibilidade científica que não passam de mentiras, assim como foi analisado pelo levantamento da Fundação Oswaldo Cruz - FioCruz, em que cerca de, 45,5% das "*fake news*" relacionadas à instituição citavam-na como orientadora dos métodos caseiros para prevenir o contágio[38]. Assim, o Ministério da Saúde Brasileiro foi obrigado a fazer campanhas de conscientização contra essas notícias .

No contexto mundial não foi diferente, houve um excesso de informações sobre a pandemia e nesse excesso muitas pessoas, sites, empresas se aproveitaram para divulgar notícias falsas, alguns com interesse políticos, outros para causar pânico na população ou tentar minimizar e encobrir a situação, mas todos têm em comum a desinformação e as mentiras. Donald Trump, ex-presidente dos Estados Unidos, foi um bom exemplo de político que disseminou inúmeras fake news ou talvez, como aponta em pesquisas. Um estudo feito por pesquisadores da Universidade Cornell avaliou 38 milhões de reportagens em inglês do mundo todo, que foram publicadas entre 1º de janeiro e 26 de maio. Os pesquisadores encontraram em mais de 522 mil desses artigos informações incorretas sobre o coronavírus, e Trump foi mencionado em 37,9% dos casos de desinformação, com seus remédios milagrosos[39].

5. CONSIDERAÇÕES FINAIS E PERSPECTIVA DE MUDANÇA

Cabe reiterar que as *fake news* são um instrumento utilizado pelo capitalismo neoliberal como uma forma de controle e manutenção do poder político e econômico de determinadas classes sociais. Desse modo,

---

38 ROCHA, Janes. **O cerco da ciências às Fake News.** Biblioteca Central da UFRGS - Blog: Jornal da Ciência, Porto Alegre, 20 de ago. de 2020. Disponível em: <https://www.ufrgs.br/blogdabc/o-cerco-da-ciencia-as-fake-news>. Acesso em: 05 de mar. 2021

39 RIEKMANN, Arnd. Estudo aponta Trump como maior disseminador de fake news sobre covid-19. **DW**,2020. Disponível em: <https://www.dw.com/pt-br/estudo-aponta-trump-como-maior-disseminador-de-fake-news-sobre-covid-19/a-55138056>. Acesso em: 03 mar. 2021

a solução se torna buscar meios estatais para impedir que imperativos neoliberais tomem conta das características naturais da sociedade, barrar o contínuo crescimento do leviatã e, para isso, atuar contra as *fake news* se torna crucial.[40] Portanto, o fortalecimento da democracia somente se dará, à medida que os atores políticos realmente puderem agir de acordo com seus próprios interesses, sem qualquer tentativa por parte dos influenciadores de deturpar ideias e fomentar a radicalização.

Observa-se que tanto no contexto nacional quanto no internacional, as pessoas carecem de saberes científicos, quanto de senso crítico para analisar e julgar uma *fake news*, que em um caso de pandemia, como é vivido agora em inúmeros países ainda hoje, leva inúmeros indivíduos a morte ou atrasa o processo de erradicação da doença por falta de informação correta. Por isso é preciso de um estado democrático eficiente, que, ao proporcionar educação universal[41], age na base da sociedade, construindo um futuro e um mundo melhor para todos os cidadãos.

Cabe, também, maior responsabilidade ao usuário da internet ao utilizar aplicativos no intuito de se informar, mas com uma percepção crítica, questionando as informações apresentadas e as intenções veiculadas com o conteúdo. Ou seja, fomentar o exercício da democracia de maneira mais forte, debatendo e concluindo a partir de seus próprios princípios.[42]

REFERÊNCIAS BIBLIOGRÁFICAS

AGLANTZAKIS, Vick Mature. **Fake news como ameaça à democracia e os meios de controle de sua disseminação**. Revista de Teorias da Democracia e Direitos Políticos, [*S. l.*], p. 20-37, 27 jul. 2020. DOI http://dx.doi.org/10.26668/IndexLawJournals/2525-9660/2020.v6i1.6465. Disponível em: <https://www.indexlaw.org/index.php/revistateoriasdemocracia/article/view/6465> Acesso em: 2 mar. 2021.

40 Nesse sentido, JÚNIOR, Onofre Alves Batista. **O outro leviatãe a corrida ao fundo do poço. São Paulo: Almedina, 2015.**, p. 347.

41 Nesse sentido, JÚNIOR, Onofre Alves Batista. **O outro leviatã e a corrida ao fundo do poço**. São Paulo: Almedina, 2015. p. 347.

42 AGLANTZAKIS, Vick Mature. **FAKE NEWS COMO AMEAÇA À DEMOCRACIA E OS MEIOS DE CONTROLE DE SUA DISSEMINAÇÃO**. Revista de Teorias da Democracia e Direitos Políticos, [*S. l.*], p. 20-37, 27 jul. 2020. DOI http://dx.doi.org/10.26668/IndexLawJournals/2525-9660/2020.v6i1.6465. Disponível em:<https://www.indexlaw.org/index.php/revistateoriasdemocracia/article/view/6465> . Acesso em: 2 mar. 2021. p.34-35

BOBBIO, Norberto. **O Futuro da Democracia**. 8. ed. Tradução de Marco Aurélio Nogueira. Rio de Janeiro: Paz e Terra, 2002.

BRASIL. [Constituição (1988)]. **Constituição da República Federativa do Brasil**. Brasília: *s. n.*], 1988.

BRASIL. Secretaria de Comunicação da Presidência da República. **Pesquisa Brasileira de Mídia 2015: Hábitos de consumo de mídia pela população brasileira.**

CORSALETTE, C. (2018, maio 27). **Pós-verdade, fake news e as eleições no Brasil.** Nexo Jornal. Disponível em: <https://www.nexojornal.com.br/podcast/2018/05/27/P%C3%B3s-verdade-fake-news-e-as-elei%C3%A7%C3%B5es-no-Brasil> , Acesso em: 02 mar. 2021,

GLOBO. **Em tempos de pandemia, redes sociais potencializam disseminação de fake news.** G1, São Paulo, 26 de jan. de 2021. Disponível em: <http://g1.globo.com/sp/sao-carlos-regiao/jornal-da-eptv-2edicao//videos/v/em-tempos-de-pandemia-redes-sociais-potencializam-disseminacao-de-fake-news/9212844/> Acesso em: 05 de mar. de 2021.

GRUZD, A. & ROY, J. Investigating Political Polarization on Twitter: A Canadian Perspective. Policy & Internet. Vol 6, Issue 1, 2014. DOI: <https://doi-org.ezproxy.lib.ryerson.ca/10.1002/1944-2866.POI354>. Acesso em 20 jul 2018. *apud* RECUERO, Raquel *et* GRUZD, Anatoliy. **Cascatas de Fake News Políticas:** um estudo de casos no Twitter. *Galaxia* (São Paulo, *online*), n° 41, mai-ago, 2019, p. 31-47. Disponível em: <https://www.scielo.br/pdf/gal/n41/1519-311X-gal-41-0031.pdf>. Acesso em: 04 mar. 2021.

HAN, Byung-Chul Han. **Psicopolítica: Neoliberalismo e as novas técnicas de poder.** 1. ed. Belo Horizonte: Editora Âyiné, 2018.

JARDIM, Hallini Izabel Ruberto; ZAIDAN, Phillipe Derwich Silva. **Controle de Informação: uma análise sobre o papel da censura e da fake news na história brasileira.** 2018, Belo Horizonte.

JÚNIOR, Onofre Alves Batista. **O outro leviatã e a corrida ao fundo do poço**. São Paulo: Almedina, 2015.

LEITE, Leonardo Ripoll Tavares; MATOS, José Claudio. **Zumbificação da informação: a desinformação e o caos informacional. Revista Brasileira de Biblioteconomia e Documentação**, São Paulo, v.13, p. 2334-2349.

LEVITSKY, Steven; ZIBLATT, Daniel. **Como as democracias morrem**. 1. ed. Rio de Janeiro. 2018.

LOUREIRO, Rodrigo. **Entenda de uma vez por todas o que é um bot e como ele funciona.** In: Olhar Digital. 11 abr. 2016. Disponível em: Entenda de uma vez por todas o que é um bot e como ele funciona. Acesso em: 02 mar 2021.

OLIVEIRA, A. S.; & GOMES, P. O. (2019, maio/agosto). **Os limites da liberdade de expressão: fake news como ameaça a democracia**. *FDV*, *v.20*(n.2), 10. <Vista

do Os limites da liberdade de expressão: fake news como ameaça a democracia> Acesso em: 02 mar. 2021

ORGANIZAÇÃO DOS ESTADOS AMERICANOS (OEA). **Declaração de Chapultepec, 1994 sobre a liberdade de expressão e de imprensa.** Disponível em: <www.direitoshumanos.usp.br/index.php/Documentos-não-Inseridos-nas-Deliberações-daONU/declaracao-de-chapultepec-1994.html>. Acesso em: 02 mar. 2021.

RECUERO, Raquel *et* GRUZD, Anatoliy. **Cascatas de Fake News Políticas:** um estudo de casos no Twitter. *Galaxia* (São Paulo, *online*), n° 41, mai-ago, 2019, p. 31-47. Disponível em: <https://www.scielo.br/pdf/gal/n41/1519-311X-gal-41-0031.pdf>. Acesso em: 04 mar. 2021.

RIEKMANN, Arnd. Estudo aponta Trump como maior disseminador de fake news sobre covid-19. **DW**, 2020. Disponível em: <https://www.dw.com/pt-br/estudo-aponta-trump-como-maior-disseminador-de-fake-news-sobre-covid-19/a-55138056 >. Acesso em: 03 de mar. 2021

ROCHA, Janes. O cerco da ciência às Fake News. **Biblioteca Central - UFRGS**, 2020. Disponível em: < https://www.ufrgs.br/blogdabc/o-cerco-da-ciencia-as-fake-news/>. Acesso em: 04 mar. 2021

SOUSA, Diego. 62% dos brasileiros não sabem reconhecer as fake news, diz pesquisa. **Canaltech**, 2020. Disponível em: <https://canaltech.com.br/seguranca/brasileiros-nao-sabem-reconhecer-fake-news-diz-pesquisa-160415/>. Acesso em: 03 de mar. 2021

SCHMITT, J. (2019, março 25). **Como os algoritmos das redes sociais funcionam**. HÍBRIDO. Disponível em: <https://www.hibrido.com.br/como-os-algoritmos-das-redes-sociais-funcionam/>. Acesso em: 02 mar. 2021.

editoraletramento
editoraletramento
grupoletramento
editoraletramento.com.br
company/grupoeditorialletramento
contato@editoraletramento.com.br

casadodireito.com
casadodireitoed
casadodireito

Grupo
Editorial
LETRAMENTO